Caro aluno, seja bem-vindo à sua plataforma do conhecimento!

A partir de agora, está à sua disposição uma plataforma que reúne, em um só lugar, recursos educacionais digitais que complementam os livros impressos e foram desenvolvidos especialmente para auxiliar você em seus estudos. Veja como é fácil e rápido acessar os recursos deste projeto.

1 Faça a ativação dos códigos dos seus livros.

Se você NÃO tem cadastro na plataforma:
- acesse o endereço <login.smaprendizagem.com>;
- na parte inferior da tela, clique em "Registre-se" e depois no botão "Alunos";
- escolha o país;
- preencha o formulário com os dados do tutor, do aluno e de acesso.

O seu tutor receberá um *e-mail* para validação da conta. Atenção: sem essa validação, não é possível acessar a plataforma.

Se você JÁ tem cadastro na plataforma:
- em seu computador, acesse a plataforma pelo endereço <login.smaprendizagem.com>;
- em seguida, você visualizará os livros que já estão ativados em seu perfil. Clique no botão "Códigos ou licenças", insira o código abaixo e clique no botão "Validar".

Este é o seu código de ativação! → **D1UNX-NYUBR-AJ7YP**

2 Acesse os recursos

usando um computador.

No seu navegador de internet, digite o endereço <login.smaprendizagem.com> e acesse sua conta. Você visualizará todos os livros que tem cadastrados. Para escolher um livro, basta clicar na sua capa.

usando um dispositivo móvel.

Instale o aplicativo **SM Aprendizagem**, que está disponível gratuitamente na loja de aplicativos do dispositivo. Utilize o mesmo *login* e a mesma senha que você cadastrou na plataforma.

Importante! Não se esqueça de sempre cadastrar seus livros da SM em seu perfil. Assim, você garante a visualização dos seus conteúdos, seja no computador, seja no dispositivo móvel. Em caso de dúvida, entre em contato com nosso canal de atendimento pelo **telefone 0800 72 54876** ou pelo *e-mail* atendimento@grupo-sm.com.

215313_2289

ANA LÚCIA LANA NEMI
Bacharela e licenciada em História pela Faculdade de Filosofia, Letras e Ciências Humanas (FFLCH) da Universidade de São Paulo (USP).
Mestra em História Social pela FFLCH-USP.
Doutora em Ciências Sociais pela Universidade Estadual de Campinas (Unicamp).
Professora do curso de História da Universidade Federal de São Paulo (Unifesp).

ANDERSON ROBERTI DOS REIS
Licenciado em História pelas Faculdades Metropolitanas Unidas (FMU/SP).
Mestre em História Cultural pela Unicamp.
Doutor em História Social pela FFLCH-USP.
Professor da Universidade Federal de Mato Grosso (UFMT).

DÉBORA YUMI MOTOOKA
Bacharela e licenciada em História pela FFLCH-USP.
Professora de História em escolas da rede particular.

São Paulo, 5ª edição, 2023

Geração Alpha História 8
© SM Educação
Todos os direitos reservados

Direção editorial	André Monteiro
Gerência editorial	Lia Monguilhott Bezerra
Edição executiva	Valéria Vaz
	Edição: Andressa Pontinha, Gabriel Careta, Isis Ridão Teixeira, Rodrigo Souza, Marina Farias, Mírian C. M. Garrido
	Suporte editorial: Camila Alves Batista, Fernanda de Araújo Fortunato
Coordenação de preparação e revisão	Cláudia Rodrigues do Espírito Santo
	Preparação: Berenice Baeder, Helaine Albuquerque, Luciana Chagas
	Revisão: Berenice Baeder, Camila Durães Torres, Helaine Albuquerque, Ivana Alves Costa
	Apoio de equipe: Camila Lamin Lessa
Coordenação de *design*	Gilciane Munhoz
	Design: Camila N. Ueki, Lissa Sakajiri, Paula Maestro
Coordenação de arte	Vitor Trevelin
	Edição de arte: Alexandre Pereira, Fernando César Fernandes
	Assistência de arte: Fernando César Fernandes
	Assistência de produção: Júlia Stacciarini Teixeira
Coordenação de iconografia	Josiane Laurentino
	Pesquisa iconográfica: Mariana Sampaio, Junior Rozzo
	Tratamento de imagem: Marcelo Casaro
Capa	Megalo	identidade, comunicação e design
	Ilustração da capa: Thiago Limón
Projeto gráfico	Megalo	identidade, comunicação e design; Camila N. Ueki, Lissa Sakajiri, Paula Maestro
	Ilustrações que acompanham o projeto: Laura Nunes
Editoração eletrônica	YAN Projetos Editoriais
Cartografia	João Miguel A. Moreira
Pré-impressão	Américo Jesus
Fabricação	Alexander Maeda
Impressão	Amity Printng

Dados Internacionais de Catalogação na Publicação (CIP)
(Câmara Brasileira do Livro, SP, Brasil)
___

Nemi, Ana Lúcia Lana
  Geração alpha história, 8 / Ana Lúcia Lana Nemi, Anderson Roberti dos Reis, Débora Yumi Motooka. -- 5. ed. -- São Paulo : Edições SM, 2023.

   ISBN 978-85-418-3062-1 (aluno)
   ISBN 978-85-418-3060-7 (professor)

   1. História (Ensino fundamental) I. Reis, Anderson Roberti dos. II. Motooka, Débora Yumi. III. Título.

23-154468   CDD-372.89
___
Índices para catálogo sistemático:
1. História : Ensino fundamental 372.89

Cibele Maria Dias – Bibliotecária – CRB-8/9427

5ª edição, 2023
3ª impressão, 2024

SM Educação
Avenida Paulista, 1842 – 18º andar, cj. 185, 186 e 187 – Condomínio Cetenco Plaza
Bela Vista 01310-945 São Paulo SP Brasil
Tel. 11 2111-7400
atendimento@grupo-sm.com
www.grupo-sm.com/br

APRESENTAÇÃO

OLÁ, ESTUDANTE!

Ser jovem no século XXI significa estar em contato constante com múltiplas formas de linguagem, uma imensa quantidade de informações e inúmeras ferramentas tecnológicas. Isso ocorre em um cenário mundial de grandes mudanças sociais, econômicas e ambientais.

Diante dessa realidade, esta coleção foi cuidadosamente pensada para ajudar você a enfrentar esses desafios com autonomia e pensamento crítico.

As fotografias, as reproduções de obras de arte, as ilustrações, os textos de diferentes gêneros e épocas e as atividades individuais e coletivas apresentados na coleção vão incentivar você e a turma a refletir sobre cada aprendizado e a compartilhar com a comunidade os conhecimentos construídos por vocês durante os Anos Finais do Ensino Fundamental.

Vinculados aos conhecimentos próprios do componente curricular História, também são explorados os Objetivos de Desenvolvimento Sustentável (ODS), da Organização das Nações Unidas (ONU). Ao longo da coleção, você e a turma vão conhecer cada uma das metas, debater sobre elas e realizar ações específicas que permitirão conscientizar a comunidade escolar e também transformar a realidade local.

Desejamos, assim, que esta coleção contribua para que você se torne um jovem atuante na sociedade do século XXI e seja cada vez mais capaz de questionar a realidade em que vive, buscando respostas e soluções criativas para os desafios do presente e para os que virão.

Bons estudos!

Equipe editorial

O QUE SÃO OS OBJETIVOS DE DESENVOLVIMENTO SUSTENTÁVEL

Em 2015, representantes dos Estados-membros da Organização das Nações Unidas (ONU) se reuniram durante a Cúpula das Nações Unidas sobre o Desenvolvimento Sustentável e adotaram uma agenda socioambiental mundial composta de 17 Objetivos de Desenvolvimento Sustentável (ODS).

Os ODS constituem desafios e metas para erradicar a pobreza, diminuir as desigualdades sociais e proteger o meio ambiente, incorporando uma ampla variedade de tópicos das áreas econômica, social e ambiental. Trata-se de temas humanitários atrelados à sustentabilidade que devem nortear políticas públicas nacionais e internacionais até o ano de 2030.

Nesta coleção, você trabalhará com diferentes aspectos dos ODS e perceberá que, juntos e também como indivíduos, todos podemos contribuir para que esses objetivos sejam alcançados. Conheça aqui cada um dos 17 objetivos e suas metas gerais.

1 ERRADICAÇÃO DA POBREZA

Erradicar a pobreza em todas as formas e em todos os lugares

2 FOME ZERO E AGRICULTURA SUSTENTÁVEL

Erradicar a fome, alcançar a segurança alimentar, melhorar a nutrição e promover a agricultura sustentável

11 CIDADES E COMUNIDADES SUSTENTÁVEIS

Tornar as cidades e comunidades mais inclusivas, seguras, resilientes e sustentáveis

10 REDUÇÃO DAS DESIGUALDADES

Reduzir as desigualdades no interior dos países e entre países

9 INDÚSTRIA, INOVAÇÃO E INFRAESTRUTURA

Construir infraestruturas resilientes, promover a industrialização inclusiva e sustentável e fomentar a inovação

12 CONSUMO E PRODUÇÃO RESPONSÁVEIS

Garantir padrões de consumo e de produção sustentáveis

13 AÇÃO CONTRA A MUDANÇA GLOBAL DO CLIMA

Adotar medidas urgentes para combater as alterações climáticas e os seus impactos

14 VIDA NA ÁGUA

Conservar e usar de forma sustentável os oceanos, mares e os recursos marinhos para o desenvolvimento sustentável

3 SAÚDE E BEM-ESTAR
Garantir o acesso à saúde de qualidade e promover o bem-estar para todos, em todas as idades

4 EDUCAÇÃO DE QUALIDADE
Garantir o acesso à educação inclusiva, de qualidade e equitativa, e promover oportunidades de aprendizagem ao longo da vida para todos

5 IGUALDADE DE GÊNERO
Alcançar a igualdade de gênero e empoderar todas as mulheres e meninas

8 TRABALHO DECENTE E CRESCIMENTO ECONÔMICO
Promover o crescimento econômico inclusivo e sustentável, o emprego pleno e produtivo e o trabalho digno para todos

7 ENERGIA LIMPA E ACESSÍVEL
Garantir o acesso a fontes de energia fiáveis, sustentáveis e modernas para todos

6 ÁGUA POTÁVEL E SANEAMENTO
Garantir a disponibilidade e a gestão sustentável da água potável e do saneamento para todos

15 VIDA TERRESTRE
Proteger, restaurar e promover o uso sustentável dos ecossistemas terrestres, gerir de forma sustentável as florestas, combater a desertificação, travar e reverter a degradação dos solos e travar a perda da biodiversidade

16 PAZ, JUSTIÇA E INSTITUIÇÕES EFICAZES
Promover sociedades pacíficas e inclusivas para o desenvolvimento sustentável, proporcionar o acesso à justiça para todos e construir instituições eficazes, responsáveis e inclusivas a todos os níveis

17 PARCERIAS E MEIOS DE IMPLEMENTAÇÃO
Reforçar os meios de implementação e revitalizar a parceria global para o desenvolvimento sustentável

NAÇÕES UNIDAS BRASIL. Objetivos de Desenvolvimento Sustentável. Disponível em: https://brasil.un.org/pt-br/sdgs. Acesso em: 2 maio 2023.

Abertura da unidade

Nesta unidade, eu vou...

Nessa trilha você conhece os objetivos de aprendizagem da unidade. Eles estão organizados por capítulos e seções e podem ser utilizados como um guia para seus estudos.

Uma imagem vai instigar sua curiosidade.

Primeiras ideias

Esse conjunto de questões vai incentivar você e a turma a compartilhar o que sabem sobre o tema da unidade e a levantar algumas hipóteses sobre ele.

Leitura da imagem

Essas questões orientam a leitura da imagem e permitem estabelecer relações entre o que ela retrata e o que será trabalhado na unidade.

Cidadania Global

Aqui são iniciadas as reflexões sobre um dos Objetivos de Desenvolvimento Sustentável (ODS), sempre de modo relacionado aos conteúdos da unidade. Esse ODS será retomado em diversos momentos do capítulo e ao final da unidade.

Capítulos

Abertura do capítulo e Para começar

Logo abaixo do título, as questões do boxe *Para começar* propõem reflexões introdutórias sobre o tema do capítulo. Textos, imagens, mapas e esquemas podem iniciar os diálogos sobre os conteúdos que você vai estudar.

Contexto – Produção escrita

No final de alguns capítulos, você vai produzir textos de diferentes gêneros, com base em temas estudados na unidade.

Arquivo vivo

Aqui você vai ler, interpretar e analisar diferentes fontes históricas, lembrando sempre que o olhar do historiador parte do contexto no qual ele está inserido.

Atividades

As atividades vão ajudar você a desenvolver diferentes habilidades e competências por meio do aprofundamento dos conteúdos do capítulo.

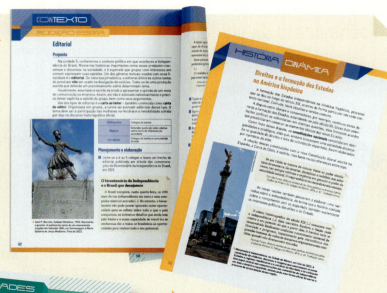

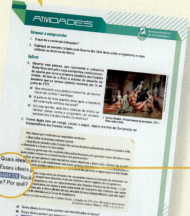

História dinâmica

Nessa seção, você tem contato com textos que apresentam atualizações de debates historiográficos ou analisam interpretações e controvérsias históricas em torno de temas do capítulo.

SABER SER

Esse selo indica momentos oportunos para o desenvolvimento de **competências socioemocionais**, como: tomada de decisão responsável, autogestão, autoconsciência, consciência social e habilidades de relacionamento.

Boxes

Ampliação

Traz informações complementares sobre os assuntos explorados na página.

Glossário

Expressões e palavras que talvez você não conheça são explicadas aqui.

Para explorar

Traz sugestões de livros, *sites* e filmes relacionados ao assunto em estudo.

Cidadania Global

Apresenta informações e propostas de atividades relacionadas a algum aspecto do ODS trabalhado na unidade. O objetivo é que você e a turma possam refletir e se posicionar sobre a meta abordada desde o início da unidade.

7

Fechamento da unidade

Investigar
Nessa seção, você e os colegas vão experimentar diferentes metodologias de pesquisa, como entrevistas, coleta de dados, etc. Também vão desenvolver diferentes formas de comunicação para compartilhar os resultados de suas investigações.

Atividades integradas
Essas atividades relacionam os assuntos da unidade, promovendo ampliações e aprofundamentos de diferentes aspectos dos conteúdos estudados.

Cidadania Global
Ao final da unidade, você e a turma vão realizar uma atividade final sobre o ODS trabalhado ao longo da unidade.
A proposta sempre apresenta duas partes: *Retomando o tema* (parte em que as discussões da unidade são revisitadas e ampliadas) e *Geração da mudança* (momento em que há uma proposta de intervenção que busca contribuir para o desenvolvimento do ODS na comunidade).

No final do livro você também vai encontrar:

Interação
A seção propõe um projeto coletivo que resultará em um produto que pode ser usufruído pela comunidade escolar e/ou do entorno da escola.

Prepare-se!
Traz dois blocos de questões com formato semelhante ao de provas e exames oficiais como Enem e Saeb para você verificar seus conhecimentos.

GERAÇÃO ALPHA DIGITAL

O livro digital oferece uma série de recursos para interação e aprendizagem. No livro impresso eles são marcados com os ícones mostrados a seguir.

Atividades interativas
Ao longo da unidade, você será convidado a realizar atividades que compõem um ciclo avaliativo. No início da unidade, poderá verificar seus conhecimentos prévios. Ao final de cada capítulo e da unidade, você encontrará conjuntos de atividades que permitirão o acompanhamento de sua aprendizagem e, por fim, terá a oportunidade de realizar uma autoavaliação.

 Conhecimentos prévios

 Autoavaliação

 Acompanhamento da aprendizagem

Recursos digitais
O livro digital também oferece uma série de recursos para interação e aprendizagem. São imagens, atividades interativas, animações, vídeos, entre outros. Esses recursos estão identificados com esse ícone.

 Veja mais imagens de **Chicago e Nova York no início do século XX**. Que aspectos dessas cidades as caracterizam como grandes centros urbanos no período?

9

SUMÁRIO

UNIDADE 1

A INGLATERRA SE TRANSFORMA ... 13

1. Revoluções na Inglaterra ... 16
- As guerras civis britânicas ... 16
- A Revolução Inglesa e a Revolução Gloriosa ... 17
- Mudanças no campo ... 18
- Mudanças na produção ... 19
- O desenvolvimento tecnológico ... 20
- Expansão do modo de produção industrial ... 21
- **Atividades** ... 22
- **Arquivo vivo** | John Locke e o nascimento do liberalismo ... 24

2. A sociedade industrial ... 26
- Burguesia e proletariado ... 26
- Condições de trabalho na indústria ... 27
- Impactos urbanos e ambientais da industrialização ... 28
- A organização dos trabalhadores ... 30
- As mulheres e seus direitos ... 32
- **Atividades** ... 33
- **Contexto – Produção escrita** | Crônica ... 34

- **Investigar** | Brasil atual: indústrias e meio ambiente ... 36
- **Atividades integradas** ... 38
- **Cidadania Global** | ODS 9 – Indústria, inovação e infraestrutura ... 40

UNIDADE 2

ILUMINISMO E INDEPENDÊNCIA DOS ESTADOS UNIDOS ... 41

1. O Iluminismo ... 44
- As sociedades da Europa moderna ... 44
- As ideias iluministas ... 45
- Filósofos iluministas ... 46
- Adam Smith e o liberalismo econômico ... 48
- **Atividades** ... 50

2. A independência dos Estados Unidos da América ... 52
- O comércio triangular ... 52
- A Guerra dos Sete Anos ... 53
- Conflitos entre os colonos e a metrópole ... 54
- As leis intoleráveis ... 55
- A Declaração de Independência ... 56
- As repercussões da independência ... 57
- **Atividades** ... 58
- **História dinâmica** | O conceito de **liberdade** na Constituição dos Estados Unidos da América ... 59

- **Atividades integradas** ... 60
- **Cidadania Global** | ODS 16 – Paz, justiça e instituições eficazes ... 62

10

UNIDADE 3

A REVOLUÇÃO FRANCESA E SEUS DESDOBRAMENTOS   63

1. A Revolução Francesa   **66**

A sociedade dos três Estados   66

A crise   67

O processo revolucionário na França   68

O Diretório e o fim da Revolução   71

As mulheres na Revolução   72

As mudanças na França   73

Atividades   **74**

2. O império napoleônico e a Revolução de São Domingo   **76**

O Consulado   76

A expansão do Império Napoleônico   77

As contradições do governo de Napoleão   79

A Revolução de São Domingo   80

Do combate à escravidão à luta pela independência   81

A repercussão da independência haitiana   82

Atividades   **83**

Contexto – Produção escrita | Poema   **84**

Atividades integradas   **86**

Cidadania Global | ODS 10 – Redução das desigualdades   **88**

UNIDADE 4

INDEPENDÊNCIAS NA AMÉRICA ESPANHOLA   89

1. Independências no México e na América Central   **92**

A Espanha sob Napoleão   92

Conflitos na América espanhola   93

A independência do México   95

Independências na América Central   96

Projetos de nação   98

Atividades   **99**

História dinâmica | Direitos e a formação dos Estados na América hispânica   **100**

2. Independências na América do Sul   **102**

A independência da Venezuela e a de Nova Granada   102

A independência do vice-reino do Rio da Prata   104

A independência do vice-reino do Peru   105

Continuidades e rupturas no pós-independência   106

Atividades   **107**

Arquivo vivo | O Pan-Americanismo   **108**

Atividades integradas   **110**

Cidadania Global | ODS 14 – Vida na água   **112**

UNIDADE 5

BRASIL: A INDENPEDÊNCIA E O PRIMEIRO REINADO   113

1. Tensões na colônia   **116**

As reformas pombalinas na América portuguesa   116

A conjuração mineira   117

A conjuração baiana   118

A transferência da Corte para o Rio de Janeiro   119

A Revolução Pernambucana   122

Atividades   **123**

Arquivo vivo | Zumbi, Pai João ou nenhum dos dois?   **124**

2. A Independência do Brasil   **126**

A Revolução Liberal do Porto   126

As exigências das Cortes portuguesas   127

As Cortes contra dom Pedro   128

A Independência   129

As reações à Independência   130

Atividades   **131**

História dinâmica | Narrativas do Bicentenário da Independência   **132**

3. O Primeiro Reinado   **134**

O reconhecimento externo   134

A Assembleia Constituinte   135

A Constituição outorgada   136

A política indigenista no Império   137

A Confederação do Equador   138

A Guerra da Cisplatina   138

A oposição se organiza   139

Atividades   **140**

Contexto – Produção escrita | Editorial   **142**

Atividades integradas   **144**

Cidadania Global | ODS 16 – Paz, justiça e instituições eficazes   **146**

UNIDADE 6

AS REGÊNCIAS E O SEGUNDO REINADO   147

1. O período regencial   **150**

A herança política de dom Pedro I   150

A aliança entre moderados e exaltados   151

Os negros islamizados e letrados na Bahia   154

Atividades   **155**

2. O Segundo Reinado   **156**

O golpe da maioridade   156

A política do Segundo Reinado   157

Revoltas liberais   158

A Guerra do Paraguai   159

O império do café   160

A nação brasileira imaginada   162

Atividades   **163**

História dinâmica | Os indígenas no Segundo Reinado   **164**

3. O fim da escravidão e a imigração no Brasil   **166**

O fim do tráfico de escravizados   166

O crescimento do abolicionismo   167

A abolição da escravidão   168

A imigração   169

Atividades   **171**

Investigar | O legado da escravidão e as ações afirmativas   **172**

Atividades integradas   **174**

Cidadania Global | ODS 8 – Trabalho decente e crescimento econômico   **176**

UNIDADE 7 — REVOLUÇÕES E NACIONALISMOS NO SÉCULO XIX ... 177

1. Rebeliões e unificações ... 180
- A restauração ... 180
- Os movimentos revolucionários ... 181
- As revoluções de 1830 e 1848 na França ... 182
- A Primavera dos Povos ... 183
- O processo de unificação italiana ... 184
- O processo de unificação alemã ... 186
- **Atividades** ... 187
- **Arquivo vivo** | Identidades nacionais em textos escritos e imagens ... 188

2. A expansão da indústria na Europa ... 190
- Novas paisagens urbanas ... 190
- A ascensão da burguesia ... 191
- Novas teorias científicas ... 192
- Novas teorias políticas ... 194
- A Comuna de Paris ... 196
- A luta por direitos às mulheres ... 197
- **Atividades** ... 198
- **História dinâmica** | O discurso da dominação ... 199

▲ **Atividades integradas** ... 200

▲ **Cidadania Global** | ODS 10 – Redução das desigualdades ... 202

UNIDADE 8 — OS ESTADOS UNIDOS NO SÉCULO XIX ... 203

1. A expansão para o Oeste ... 206
- A expansão territorial ... 206
- A Doutrina Monroe ... 207
- A marcha para o Oeste ... 208
- A Lei de Terras ... 210
- **Atividades** ... 211

2. A Guerra de Secessão ... 212
- Questões econômicas e sociais ... 212
- A Guerra de Secessão (1861-1865) ... 213
- A segregação racial ... 214
- A industrialização dos Estados Unidos ... 215
- Fordismo e Taylorismo ... 216
- **Atividades** ... 217
- **Arquivo vivo** | A luta da população negra por direitos civis ... 218
- **Contexto – Produção escrita** | Manifesto ... 220

▲ **Atividades integradas** ... 222

▲ **Cidadania Global** | ODS 15 – Vida terrestre ... 224

UNIDADE 9 — IMPERIALISMOS E RESISTÊNCIAS ... 225

1. Industrialização e Imperialismo ... 228
- A Segunda Revolução Industrial ... 228
- Os novos inventos e a era do otimismo ... 229
- Do capitalismo industrial ao capitalismo financeiro ... 230
- O imperialismo ... 231
- O expansionismo japonês ... 232
- O imperialismo estadunidense ... 233
- A América Latina e o expansionismo estadunidense ... 234
- **Atividades** ... 237

2. O Imperialismo na África ... 238
- A Conferência de Berlim ... 238
- A partilha imperialista da África ... 239
- A resistência africana ... 242
- **Atividades** ... 244
- **Arquivo vivo** | Máscaras africanas ... 245

3. O Imperialismo na Ásia ... 246
- A formação dos impérios na Ásia ... 246
- A Índia britânica ... 247
- O imperialismo na China ... 249
- **Atividades** ... 251
- **História dinâmica** | Fontes históricas materiais do imperialismo ... 252

▲ **Atividades integradas** ... 254

▲ **Cidadania Global** | ODS 1 – Erradicação da pobreza ... 256

PREPARE-SE! ... 257
INTERAÇÃO
A Missão Artística Francesa ... 275
BIBLIOGRAFIA COMENTADA ... 279

A INGLATERRA SE TRANSFORMA

UNIDADE 1

PRIMEIRAS IDEIAS

1. Existem indústrias na cidade onde você mora? Caso a resposta seja positiva, você sabe o que elas produzem?
2. Dê exemplos de indústrias que trabalham com inovações tecnológicas relacionadas ao uso de computadores ou de robôs.
3. Que tipos de problema você acha que podem surgir nas regiões em que há grande concentração de indústrias?

Conhecimentos prévios

Nesta unidade, eu vou...

CAPÍTULO 1 — Revoluções na Inglaterra

- analisar os fatores socioeconômicos que favoreceram o desenvolvimento industrial da Inglaterra no fim do século XVIII.
- entender os conflitos entre o rei e o Parlamento que desencadearam as guerras civis na Inglaterra do século XVII.
- compreender a política econômica de Oliver Cromwell e a Revolução Gloriosa.
- reconhecer os impactos da prática dos cercamentos.
- identificar a alteração das relações de trabalho como uma das principais consequências da expansão do sistema fabril.
- entender a importância do ferro, do carvão mineral e das máquinas a vapor na primeira fase do processo de industrialização.
- saber que o uso do motor a vapor favoreceu o surgimento de novos meios de transporte.

CAPÍTULO 2 — A sociedade industrial

- compreender o surgimento da burguesia industrial e do proletariado.
- problematizar as condições de trabalho do proletariado, composto de homens, mulheres e crianças.
- identificar as principais características do modo de vida nas cidades inglesas no final do século XIX.
- examinar a origem do ludismo e do cartismo e os tipos de ação praticados por esses movimentos sociais.
- problematizar a ação dos sindicatos e as conquistas trabalhistas.
- analisar o protagonismo feminino no contexto da luta operária.

INVESTIGAR

- pesquisar o impacto da indústria no meio ambiente das cidades brasileiras.
- realizar atividade de pesquisa com base em análise de mídias sociais.
- identificar os impactos das *fake news* acerca do tema meio ambiente.

CIDADANIA GLOBAL

- investigar o conceito de **infraestrutura resiliente**.
- aprofundar os conhecimentos sobre os conceitos de **inovação** e **criatividade**.

13

LEITURA DA IMAGEM

1. Você conhece o maquinário que aparece na foto? Qual seria a utilidade dele?
2. Esse tipo de maquinário ainda é utilizado atualmente? Comente com a turma.
3. Em sua opinião, como seria o mundo sem as máquinas que usamos hoje?

CIDADANIA GLOBAL

9 INDÚSTRIA, INOVAÇÃO E INFRAESTRUTURA

O maquinário da foto foi inventado na Revolução Industrial. Para isso, foi necessário o trabalho de pesquisadores, que utilizaram a criatividade e o conhecimento técnico em busca de soluções.

1. Em sua opinião, qual é a relação entre conhecimento técnico e inovação tecnológica?
2. Em quais situações cotidianas você costuma usar a criatividade?

 Conheça outros inventos que são associados às **inovações da Revolução Industrial**. Depois, comente qual deles você acha que impactou mais a sociedade do período no qual foram criados.

Mulheres trabalhando em fábrica de lã na cidade inglesa de Bradford. Foto de Fosters Mill, 1902. O maquinário industrial movido a energia proveniente do carvão mineral foi uma das principais transformações produzidas pela Revolução Industrial.

CAPÍTULO 1
REVOLUÇÕES NA INGLATERRA

PARA COMEÇAR

A exploração das colônias e o comércio ultramarino exerceram grande impacto na sociedade inglesa a partir do século XVII. Você sabe qual é a relação entre o lucro proporcionado por essas atividades e o fortalecimento dos grandes mercadores e banqueiros ingleses?

AS GUERRAS CIVIS BRITÂNICAS

A expansão marítima europeia dos séculos XV e XVI causou importantes mudanças na Inglaterra. A exploração das colônias e o comércio ultramarino enriqueceram a burguesia, camada social formada principalmente por comerciantes.

A Coroa britânica também se beneficiava dessas atividades, pois concedia a determinados grupos o monopólio da exploração das mercadorias e obtinha muita riqueza com a arrecadação de impostos. Fortalecidos e cada vez mais atuantes na política, os burgueses passaram a reivindicar que a Coroa controlasse menos as atividades econômicas e que desse mais poder ao Parlamento, o que gerou constantes conflitos.

O Parlamento era composto de representantes da nobreza e da burguesia, os quais, às vezes, aliavam-se contra medidas do rei. Uma das crises entre o monarca e essa instituição ocorreu durante o reinado de Carlos I, que durou de 1625 a 1649.

O rei, que era anglicano, quis impor sua fé a todos os súditos. Os fiéis fervorosos de diferentes doutrinas religiosas reagiram fortemente à medida real. O impasse terminou por gerar **duas guerras civis** (1642-1646 e 1648-1651). Como resultado da segunda guerra civil, o rei foi derrotado e executado, e o poder do Parlamento se fortaleceu.

anglicano: que professa a fé anglicana, denominação cristã surgida na Inglaterra no século XVI.

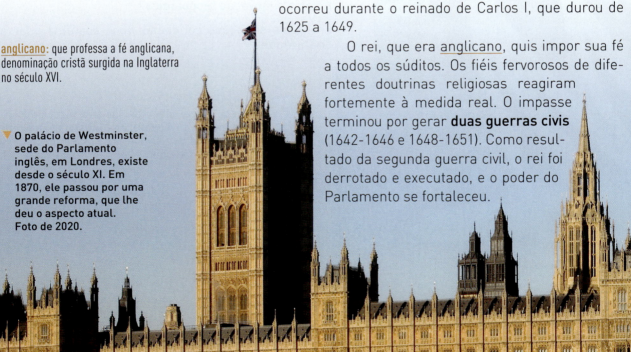

O palácio de Westminster, sede do Parlamento inglês, em Londres, existe desde o século XI. Em 1870, ele passou por uma grande reforma, que lhe deu o aspecto atual. Foto de 2020.

A REVOLUÇÃO INGLESA E A REVOLUÇÃO GLORIOSA

Oliver Cromwell, um dos líderes do movimento que derrotou o rei Carlos I, assumiu o governo e instaurou a república. Sob seu governo, que durou de 1653 a 1658, ele tomou medidas que fortaleceram a Marinha da Inglaterra e possibilitaram a intensificação do comércio marítimo. Esse processo, que vai do início das guerras civis até o fim do governo de Cromwell, foi chamado por alguns historiadores de **Revolução Inglesa**.

Oliver Cromwell morreu em 1658. Com o apoio do Parlamento, Carlos II, filho de Carlos I, assumiu o poder, restabelecendo a monarquia. Após a morte de Carlos II, em 1685, seu irmão Jaime II subiu ao trono. O novo rei buscou reduzir o poder do Parlamento e impor o catolicismo como fé oficial, mas enfrentou forte resistência da Igreja anglicana e da burguesia, que passaram a conspirar contra ele. Sob intensa pressão, Jaime II acabou sendo obrigado a fugir para a França.

Os opositores do rei, então, entregaram o trono aos protestantes Guilherme de Orange e sua esposa, Maria, filha de Carlos II, que se comprometeram a cumprir um conjunto de exigências conhecido como **Declaração dos Direitos**, documento elaborado pelo Parlamento e assinado em 1689.

De acordo com essa Declaração, o rei deveria obedecer à Constituição e ao Parlamento, liderado pelo primeiro-ministro. Com essa forma de governo, denominada **monarquia parlamentar**, quem passou a governar de fato a Inglaterra foi o Parlamento, que podia aprovar ou não a revogação de leis, a convocação do Exército, a criação de impostos, etc. O período que vai da queda de Jaime II até a assinatura da Declaração dos Direitos, considerado menos violento que o das guerras civis, foi chamado de **Revolução Gloriosa**. Esse processo marcou o fim do absolutismo inglês e beneficiou fortemente a burguesia, que ampliou sua influência política e econômica.

> **O PARLAMENTO INGLÊS**
>
> O Parlamento britânico, criado na Idade Média, é um dos mais antigos do mundo. Inicialmente, era formado apenas por representantes da nobreza. No século XIII, a Coroa convocou representantes dos burgos.
>
> No século XIV, os nobres e o alto clero passaram a compor a Câmara Alta (chamada de Câmara dos Lordes), e os representantes da burguesia, a Câmara Baixa (chamada de Câmara dos Comuns).

MUDANÇAS NO CAMPO

As mudanças na Inglaterra provocadas pela expansão marítima não foram apenas políticas. Além de fornecer aos comerciantes do reino itens a serem comercializados na Europa, as colônias também eram um importante mercado consumidor de produtos ingleses.

Entre esses produtos, os mais procurados eram os tecidos de lã, considerados de excelente qualidade. Os lucros obtidos com seu comércio eram tão grandes que incentivaram os proprietários de terra ingleses, em geral pertencentes à nobreza, a trocar o cultivo de alimentos em suas propriedades pela criação de ovelhas, com o objetivo de fornecer matéria-prima para a indústria têxtil inglesa. Essa atividade necessitava de pouca mão de obra, o que levou muitos camponeses a ficar sem trabalho.

A situação dos camponeses se tornou ainda mais difícil porque, gradualmente, os nobres também se apropriaram das **terras comunais**, que eram utilizadas havia séculos pelos camponeses – ali eles plantavam para garantir sua subsistência e exploravam recursos naturais como madeira, peixes, etc. Essas terras foram cercadas, e os camponeses, impedidos de usá-las. Esse processo, que ocorreu principalmente ao longo do século XVIII, foi chamado de **cercamento**.

Após os cercamentos, alguns camponeses conseguiram permanecer no campo e passaram a trabalhar para os nobres, mas a maioria, sem trabalho e moradia, rumou para as cidades para trabalhar nas manufaturas de tecidos, que necessitavam de mais mão de obra para produzir mais lã.

> **MODERNIZAÇÃO NA AGRICULTURA**
>
> Ao mesmo tempo que ocorriam os cercamentos, as técnicas de cultivo modernizavam-se. Assim, houve aumento na produção de alimentos e melhoria no aproveitamento das áreas cultiváveis. Isso tornou mais eficiente o abastecimento das cidades, levando ao aumento da população urbana.

▼ Adriaen van Diest (atribuído). *Casa de Buckingham, vista noroeste*, 1703-1710. Óleo sobre tela. A pintura retrata a residência do duque de Buckingham, construída sobre parte de uma antiga propriedade medieval.

MUDANÇAS NA PRODUÇÃO

Até meados do século XVIII, o sistema de produção dos tecidos ingleses era **artesanal**, e os tecelões trabalhavam em casa. Esses artesãos eram donos das ferramentas que usavam, conheciam as técnicas do trabalho e dominavam todo o processo de produção das mercadorias.

A partir da segunda metade do século XVIII, contudo, essa situação mudou. O sucesso comercial dos tecidos ingleses incentivou o desenvolvimento de máquinas para otimizar a produção, e burgueses com recursos financeiros passaram a contratar pessoas para trabalhar em um local que reunia trabalhadores e máquinas: a fábrica.

Na fábrica, cada trabalhador executava apenas uma etapa do processo produtivo. Como cada um se especializava em uma só função, havia grande economia de tempo e a produtividade era bem maior, ou seja, produziam-se mais mercadorias em menos tempo. Além disso, o trabalho era realizado sob a vigilância de fiscais, que pressionavam os trabalhadores para que produzissem sem pausas. Exigia-se dedicação total ao longo de muitas horas, e as ferramentas pertenciam ao dono da fábrica, o **capitalista**.

Em troca de pagamento, os trabalhadores entregavam sua força de trabalho ao capitalista. Assim, muitos artesãos passaram a ser **operários**.

Essas profundas alterações na maneira de produzir reduziram o preço final dos tecidos. Com o crescimento do consumo e lucros bem maiores, cada vez mais fábricas foram implantadas.

CIDADANIA GLOBAL

CRIATIVIDADE E NOVAS TECNOLOGIAS

Durante a Revolução Industrial, novas tecnologias foram inventadas, possibilitando o surgimento de diferentes tipos de máquinas, novos meios de transporte, etc.

Essas inovações não teriam ocorrido sem a ação de pesquisadores, estudiosos e curiosos dedicados a criar e a testar os próprios inventos.

1. Você conhece algum grande cientista ou inventor da atualidade? Em caso afirmativo, qual?
2. Qual é a importância da descoberta ou criação realizada por ele? Compartilhe seus conhecimentos com a turma.

Observe a **linha do tempo sobre tecnologias**. Depois, responda: Quais delas fazem parte de seu dia a dia?

◀ Interior de fábrica de tecidos na região de Yorkshire, na Inglaterra. Gravura de 1843.

O DESENVOLVIMENTO TECNOLÓGICO

Um dos equipamentos fundamentais para o desenvolvimento das fábricas na Inglaterra foi o motor a vapor. Ele era movido por vapor comprimido – resultante da ebulição da água –, o que garantia o movimento de rodas e engrenagens.

As primeiras máquinas a vapor surgiram na segunda metade do século XVII. Em 1781, o engenheiro James Watt patenteou um motor a vapor extremamente eficiente que seria definitivo para consolidar o sistema fabril. Entre outras aplicações, esse motor foi usado para movimentar máquinas industriais, que passaram a executar tarefas com maior velocidade e de modo constante.

Também foram desenvolvidas técnicas metalúrgicas cada vez mais sofisticadas, o que propiciou a construção de ferramentas e de caldeiras de ferro muito resistentes e possibilitou a utilização de máquinas a vapor mais potentes na produção industrial.

A organização de trabalhadores em fábricas, aliada às novas tecnologias disponíveis, fez a quantidade de produtos fabricados crescer vertiginosamente, caracterizando o que chamamos de **produção em larga escala**.

NOVOS MEIOS DE TRANSPORTE

A criação das locomotivas a vapor, no início do século XIX, e a expansão das ferrovias tornaram mais veloz e seguro o transporte de pessoas e cargas. Caminhos que antes eram muito difíceis de ser percorridos, cheios de montanhas e pântanos, agora podiam ser transpostos com maior facilidade.

A mesma transformação ocorreu no transporte marítimo. Com a instalação de motores a vapor nos navios, a partir do início do século XIX, as viagens marítimas puderam ser mais bem planejadas, pois o deslocamento das embarcações já não dependia apenas da ação dos ventos. Desde então, mais pessoas e maior quantidade de mercadorias puderam transpor grandes distâncias.

As transformações econômicas, tecnológicas e sociais ocorridas na Inglaterra entre o período de 1750 a 1830 foram tão intensas e alteraram tão profundamente a organização daquela sociedade que esse processo ficou conhecido como **Revolução Industrial**.

RECURSOS NATURAIS

Um dos fatores essenciais para o desenvolvimento da Revolução Industrial foi a existência de grandes jazidas de carvão mineral e de ferro na Inglaterra. O carvão mineral foi uma importante fonte de energia para a indústria inglesa, pois era utilizado como combustível das máquinas a vapor. Já o ferro passou a ser indispensável na construção de ferramentas, máquinas, barcos, locomotivas, etc., substituindo a madeira.

▼ Detalhe de litografia de Thomas Mann Baynes, feita em 1830, que retrata a inauguração da estrada de ferro Canterbury & Whitstable, em Kent, Inglaterra. As locomotivas a vapor tornaram as viagens de longa distância mais seguras e mudaram as paisagens da Inglaterra.

SSPL/Getty Images

EXPANSÃO DO MODO DE PRODUÇÃO INDUSTRIAL

A Revolução Industrial não ficou restrita à Inglaterra. A instalação de indústrias também ocorreu em outras regiões europeias que tinham tradição manufatureira e reservas de minérios de ferro e de carvão.

Foi o caso do vale do Ruhr (na Prússia, atual Alemanha), da Bélgica e do norte da França. Esses locais sofreram grandes transformações desde as primeiras décadas do século XIX, sobretudo em razão do desenvolvimento de ferrovias, fábricas e usinas de produção de ferro e do surgimento da classe operária.

Cidades como Paris (França) e Berlim (Prússia) passaram por processos semelhantes aos ocorridos nas cidades inglesas de Londres, Liverpool e Manchester: receberam grande número de migrantes vindos do campo e cresceram em população e em desenvolvimento tecnológico.

PAÍSES INDUSTRIALIZADOS E PAÍSES NÃO INDUSTRIALIZADOS

A eficiência da produção industrial, que oferecia grande quantidade de mercadorias a preços muito baixos, provocou a crise do sistema artesanal em todo o mundo.

Na Índia, por exemplo, a técnica de fabricação de tecidos mediante uso de tear praticamente desapareceu por causa da concorrência com os produtos ingleses; em Portugal e na Espanha, muitas pequenas manufaturas faliram. Sem condições de estabelecer indústrias que pudessem concorrer com aquelas dos países já industrializados do continente, os demais países europeus especializaram-se na produção de matérias-primas e de gêneros agrícolas. Com a venda dessas mercadorias, obtinham recursos para a compra de produtos industrializados.

▼ Ignace-François Bonhomme. *Fábricas em Le Creusot em 1848*, 1855. Óleo sobre papel. Nessa pintura, é possível observar a região francesa de Creusot, que se tornou um importante centro de produção industrial.

ATIVIDADES

Retomar e compreender

1. Leia as frases desta atividade e coloque-as na ordem cronológica dos acontecimentos nelas descritos.

    a) As medidas de Jaime II desagradaram a burguesia e a Igreja anglicana. Pressionado, o rei abdicou do trono, que foi assumido por Guilherme de Orange.

    b) As tensões entre Carlos I e o Parlamento aumentaram, desencadeando duas guerras civis (1642-1646 e 1648-1651).

    c) O Parlamento inglês apoiou a ascensão de Carlos II, filho de Carlos I, ao poder após a morte de Cromwell. Com a morte de Carlos II, seu irmão Jaime II assumiu o trono.

    d) No governo de Carlos I, o anglicanismo foi imposto a todos os súditos, fossem eles ingleses, escoceses ou irlandeses.

    e) Elaborada pelo Parlamento, a Declaração dos Direitos tornou a Inglaterra uma monarquia parlamentar, beneficiando a burguesia com a ampliação de sua influência política e econômica sobre outros Estados.

    f) Oliver Cromwell assumiu o comando da Inglaterra e instaurou uma república. Em seu governo, ele tomou medidas que estimularam o comércio marítimo e fortaleceram a Marinha inglesa.

2. A Inglaterra é, ainda hoje, uma monarquia parlamentar. Elabore um texto que explique o processo que levou à consolidação desse sistema de governo entre os ingleses.

3. Explique o que foi o cercamento na Inglaterra e quais foram os impactos desse processo para os trabalhadores camponeses.

4. As máquinas a vapor foram importantes para as mudanças que ocorreram na Europa durante a Revolução Industrial. Comente como essa invenção afetou diferentes meios de transporte.

5. Durante o século XIX, a Revolução Industrial se expandiu para outras regiões. Que outros locais, além da Inglaterra, se industrializaram nas primeiras décadas do século XIX?

Aplicar

6. O texto citado nesta atividade comenta a situação dos artesãos durante a Revolução Industrial. Leia-o e, com um colega, responda às questões propostas.

Todas essas invenções provocavam transtornos incríveis nas vidas dos homens, que estavam confusos, pois não subsistia quase mais nada dos sistemas antigos [...].

[...] a cidade já não precisava deles. Tudo o que tinham aprendido ao longo de muitos anos se tornava inútil. A máquina fazia o mesmo trabalho mais depressa e melhor e, ainda por cima, por um custo muito menor. Evidentemente, uma máquina não precisa comer nem dormir como um ser humano. Ela não precisa descansar. Graças à máquina, o fabricante economizava o que cem tecelões poderiam pretender para ter uma vida feliz e agradável. Era ele que tirava maior proveito da máquina. [...] o fabricante, de qualquer modo, precisava de operários para pôr as máquinas em funcionamento. Claro que precisava, mas de um número menor de operários e sem uma formação especial.

Ernst Hans Gombrich. *Breve história do mundo*. São Paulo: Martins Fontes, 2001. p. 287.

a) Quais vantagens as máquinas ofereciam em relação aos artesãos?
b) Quem se beneficiava com a introdução das máquinas no processo de produção? Por quê?
c) De que maneira o uso de máquinas nas indústrias afetava a vida dos artesãos?

7. Observe a imagem e, em seguida, responda às questões propostas.

A Declaração de Direitos, 1688, 1827. Óleo sobre tela. Nessa obra, o pintor James Northcote buscou retratar o desfecho do processo que levou à instauração da monarquia parlamentar na Inglaterra.

a) Em que data foi feita essa pintura e qual é o seu tema?
b) Que imagem o artista buscou transmitir sobre esse fato: de conflito ou de harmonia? Explique.
c) Você considera que a concepção do artista sobre o fato representado é semelhante ao que você estudou sobre o mesmo evento? Justifique sua resposta.

8. Além das pinturas que buscavam retratar e, ao mesmo tempo, enaltecer as mudanças ocorridas na Inglaterra do século XIX, outras imagens eram produzidas e apresentavam um cenário diferente. Observe o caso a seguir:

a) Qual é o espaço retratado na imagem?
b) O artista buscou ressaltar aspectos positivos ou negativos do processo de industrialização?
c) Quais elementos da imagem podem ser usados para confirmar sua resposta anterior?
d) **SABER SER** Na atualidade, ainda é possível encontrar cenas como essa. Quais ações poderiam contribuir para a solução dessas questões?

Gustavo Doré. Gravura colorizada, feita em madeira. Ela data do ano de 1872.

23

ARQUIVO VIVO

John Locke e o nascimento do liberalismo

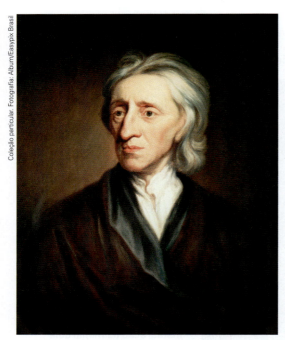

▲ *Sir* **Godfrey Kneller**. *Retrato de John Locke*, 1697. Óleo sobre tela.

John Locke nasceu em Wrington, no sul da Inglaterra, em 1632. Ele estudou na Universidade de Oxford, onde aprendeu filosofia, medicina e ciências naturais, e, posteriormente, foi nomeado professor pela instituição, ensinando grego antigo e retórica. Viveu na Holanda entre 1683 e 1688 e retornou à Inglaterra quando Guilherme de Orange se tornou rei. Chegou a atuar politicamente no país, onde veio a falecer em 1704.

Locke defendia a liberdade, o direito à propriedade, a tolerância religiosa e o direito da sociedade de elaborar as leis às quais se submete. É considerado um dos precursores do liberalismo, conjunto de ideias que estudaremos na próxima unidade.

Leia a seguir dois trechos do *Segundo tratado sobre o governo civil*, texto escrito na década de 1680. O primeiro trecho aborda parte dos argumentos que Locke usa para defender o direito de as pessoas se apropriarem de terras.

> [...] a principal questão da propriedade [é] a terra em si, na medida em que ela inclui e comporta todo o resto [...]. A superfície da terra que um homem trabalha, planta, melhora, cultiva, e da qual pode utilizar os produtos, pode ser considerada sua propriedade. Por meio do seu trabalho, ele a limita e a separa do bem comum. Não bastará, para provar a nulidade de seu direito, dizer que todos os outros podem fazer valer um título igual, e que, em consequência disso, ele não pode se apropriar de nada, nada cercar, sem o consentimento do conjunto de seus coproprietários, ou seja, de toda a humanidade. Quando Deus deu o mundo em comum a toda a humanidade, também ordenou que o homem trabalhasse, e a penúria de sua condição exigia isso dele. Deus e sua razão ordenaram-lhe que submetesse a terra, isto é, que a melhorasse para beneficiar sua vida, e, assim fazendo, ele estava investindo [em] uma coisa que lhe pertencia: seu trabalho. Aquele que, em obediência a este comando divino, se tornava senhor de uma parcela de terra, a cultivava e a semeava, acrescentava-lhe algo que era sua propriedade, que ninguém podia reivindicar nem tomar dele sem injustiça.
>
> John Locke. *Segundo tratado sobre o governo civil e outros escritos*. Petrópolis: Vozes, 1994. p. 100-103 (Coleção Clássicos do Pensamento Político).

O segundo trecho traz um aprofundamento da defesa de Locke sobre a propriedade da terra, traçando relações entre a propriedade e outras dimensões da vida cotidiana, como o trabalho e as relações de uma pessoa com seus vizinhos.

[...] A medida da propriedade natural foi bem estabelecida pela extensão do trabalho do homem e pela conveniência da vida. Nenhum trabalho humano podia subjugar ou se apropriar de tudo; seu prazer só podia consumir uma pequena parte; dessa maneira, era impossível para qualquer homem usurpar o direito de outro, ou adquirir para uso próprio uma propriedade em prejuízo de seus vizinhos [...]. Esta medida restringia a posse de todo homem a uma proporção bastante moderada, pois no início do mundo ele só podia tomar para si o que não prejudicasse ninguém, e nesses primórdios do mundo os homens se arriscavam mais a se perder vagando sozinho pelos imensos espaços virgens da terra do que restritos por vontade própria em uma terra a ser cultivada. E ainda podemos nos servir da mesma medida, sem causar prejuízo a ninguém, por mais povoado que pareça o mundo. [...] Sem o trabalho, a superfície do solo tem tão pouco valor que me afirmaram que na Espanha chega-se ao ponto de permitir que um homem are a terra, semeie e colha sem ser perturbado, em uma terra sobre a qual ele não tem qualquer título exceto o uso que faz dela.

John Locke. *Segundo tratado sobre o governo civil e outros escritos*. Petrópolis: Vozes, 1994. p. 100-103 (Coleção Clássicos do Pensamento Político).

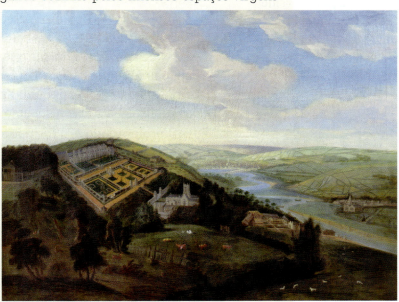

▲ Autoria desconhecida. Vista da propriedade Tawstock Court, em Devon, Inglaterra, por volta de 1740. Óleo sobre tela. A pintura mostra a propriedade cercada e seus arredores.

Organizar ideias

1. Para John Locke, em que situação alguém pode ser considerado proprietário de uma parcela de terra?

2. Locke expõe o argumento de quem é contrário à propriedade da terra. Localize esse argumento, copie-o no caderno e explique-o com suas palavras.

3. Para Locke, quem dá ao ser humano o direito de se apropriar de uma parcela de terra, desde que trabalhe nela e a melhore?

4. Extraia dos textos de John Locke ao menos dois trechos que confirmem a necessária relação entre o trabalho e o direito à posse da terra. Em seguida, explique os trechos com suas palavras.

5. Junte-se a um colega. Elaborem um parágrafo que relacione o pensamento de Locke sobre a propriedade da terra e a pintura inglesa do século XVIII.

CAPÍTULO 2
A SOCIEDADE INDUSTRIAL

PARA COMEÇAR

O processo de industrialização ocorrido na Inglaterra a partir do século XVII gerou profundas mudanças na vida das pessoas. Você sabe que mudanças foram essas?

insalubre: prejudicial à saúde.

▼ Joseph Mallord William Turner. *Leeds*, de 1816 (detalhe). Aquarela. A obra retrata a cidade industrial de Leeds, na Inglaterra, no início do século XIX.

BURGUESIA E PROLETARIADO

Dois grupos sociais bem distintos se configuraram com a Revolução Industrial: a **burguesia** e o **proletariado**.

O primeiro grupo era formado por proprietários de fábricas, minas, estradas de ferro, bancos, entre outros empreendimentos. Nele, havia a alta burguesia, representada pelos grandes banqueiros, industriais e comerciantes, e a pequena burguesia, composta dos donos de manufaturas e de comércios menores e dos profissionais liberais, como médicos, jornalistas e advogados.

O proletariado era formado pelos trabalhadores cuja sobrevivência dependia do salário pago pelos donos dos empreendimentos. Nesse grupo, estavam os operários das fábricas, que viviam basicamente nas cidades e enfrentavam condições precárias de trabalho e habitação.

Enquanto a burguesia vivia em residências amplas, com vários cômodos que asseguravam conforto e luxo, os operários habitavam moradias miseráveis, em espaços pequenos que abrigavam várias famílias. Esses locais eram insalubres, caracterizados por deficiência no abastecimento de água ou por total ausência de saneamento básico.

Por causa da concentração de indústrias, a população de Londres e de outras cidades inglesas cresceu de maneira rápida e desordenada, ocupando os espaços em torno das fábricas e transformando esses lugares em grandes aglomerados urbanos.

CONDIÇÕES DE TRABALHO NA INDÚSTRIA

Além de dependerem dos empresários para ter trabalho e de viverem em condições precárias de habitação, os trabalhadores ingleses enfrentavam outro problema: não existiam leis que definissem a duração da jornada de trabalho, os dias de descanso ou a proteção contra acidentes. O trabalhador acidentado não tinha direito a nenhum tipo de indenização e deixava de receber salário durante o período de afastamento. Se não conseguisse se recuperar, ficava sem trabalho.

O uso de mão de obra infantil era também muito comum. Crianças que viviam em orfanatos eram entregues para trabalhar nas fábricas em jornadas de 14 ou 16 horas diárias. Em pouco tempo, as crianças que tinham família também passaram a integrar o grupo de trabalhadores mirins. Aquelas que adormeciam ou conversavam durante a jornada eram castigadas com agressões físicas.

CIDADANIA GLOBAL

INVESTIMENTOS INDUSTRIAIS

De acordo com as principais teorias econômicas, é o trabalho que gera as riquezas em uma produção. Assim, durante a Revolução Industrial, a exploração da mão de obra dos operários, muitas vezes submetidos a condições precárias, gerou as riquezas desse período. Essas riquezas se tornaram investimentos que viabilizaram o surgimento de ainda mais indústrias.

- Como ocorrem os investimentos em novas indústrias e iniciativas atualmente? Forme dupla com um colega e façam uma investigação sobre o tema. Gravem um áudio de até três minutos sobre as principais descobertas de vocês. Combinem com o professor uma data e uma forma para compartilhar o áudio com a turma.

◀ Crianças trabalhadoras de uma olaria carregando argila. Gravura de 1871.

Homens, mulheres e crianças trabalhavam em salas ou em galpões em que a ventilação e a luminosidade eram bastante deficientes. O ruído do maquinário era ensurdecedor. As piores remunerações eram pagas a mulheres e crianças – estas últimas recebiam cerca de 1/5 do salário dos homens adultos.

Há documentos com relatos de crianças informando que começavam a trabalhar às seis horas da manhã e só paravam às oito e meia da noite, tendo somente meia hora de descanso para almoçar. Algumas delas, que moravam distante do local de trabalho, precisavam acordar às três horas da manhã e chegavam em casa às dez da noite.

Além dessas questões sociais, o processo de industrialização causava impactos urbanos e ambientais. Veja os principais deles no infográfico "Impactos urbanos e ambientais da industrialização".

IMPACTOS URBANOS E AMBIENTAIS DA INDUSTRIALIZAÇÃO

As cidades industriais da primeira metade do século XIX misturavam riqueza e miséria, conforto e insalubridade. As precárias condições de subsistência aumentaram a mortalidade infantil e reduziram a expectativa de vida. Além disso, o crescimento descontrolado dessas cidades gerou sérios problemas ambientais.

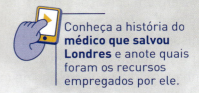

Conheça a história do **médico que salvou Londres** e anote quais foram os recursos empregados por ele.

EM LONDRES
Em 1850, a cidade era a mais rica, influente e populosa do mundo, mas a crescente concentração de riqueza deixava a maior parte dos habitantes em extrema pobreza.

Um grave surto de cólera matou dezenas de pessoas na cidade em 1849. A doença foi controlada graças a um mapa elaborado pelo médico John Snow.

RIQUEZA E POBREZA
Enquanto algumas famílias enriqueciam com a indústria, outras sofriam com desemprego, baixos salários e longas jornadas de trabalho. Os mais pobres eram obrigados a colocar suas crianças para trabalhar nas fábricas e contribuir para o orçamento familiar.

DOENÇAS
Com a sujeira, epidemias de diarreia, cólera, varíola, difteria e tuberculose, entre outras doenças, tornaram-se frequentes. Ao mesmo tempo, a medicina buscava entender os mecanismos pelos quais as doenças se espalhavam e como poderiam ser evitadas.

Varredores de rua ganhavam gorjetas para limpar os cruzamentos onde lixo e fezes de animais se acumulavam.

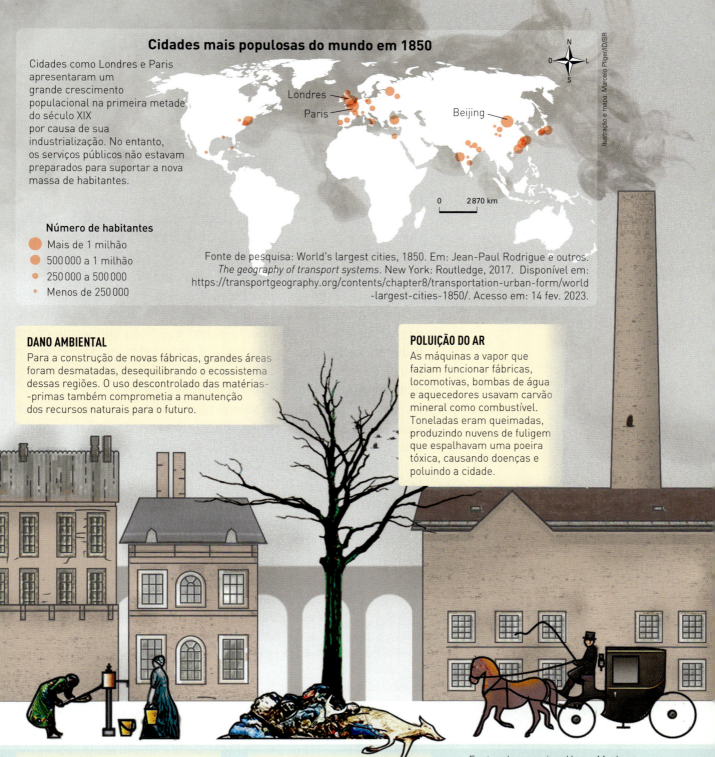

Cidades mais populosas do mundo em 1850

Cidades como Londres e Paris apresentaram um grande crescimento populacional na primeira metade do século XIX por causa de sua industrialização. No entanto, os serviços públicos não estavam preparados para suportar a nova massa de habitantes.

Número de habitantes
- Mais de 1 milhão
- 500 000 a 1 milhão
- 250 000 a 500 000
- Menos de 250 000

Fonte de pesquisa: World's largest cities, 1850. Em: Jean-Paul Rodrigue e outros. *The geography of transport systems*. New York: Routledge, 2017. Disponível em: https://transportgeography.org/contents/chapter8/transportation-urban-form/world-largest-cities-1850/. Acesso em: 14 fev. 2023.

DANO AMBIENTAL
Para a construção de novas fábricas, grandes áreas foram desmatadas, desequilibrando o ecossistema dessas regiões. O uso descontrolado das matérias-primas também comprometia a manutenção dos recursos naturais para o futuro.

POLUIÇÃO DO AR
As máquinas a vapor que faziam funcionar fábricas, locomotivas, bombas de água e aquecedores usavam carvão mineral como combustível. Toneladas eram queimadas, produzindo nuvens de fuligem que espalhavam uma poeira tóxica, causando doenças e poluindo a cidade.

ÁGUA E ESGOTO
O abastecimento de água limpa era precário. Os esgotos industriais e domésticos eram despejados nos rios e córregos sem nenhum tratamento, poluindo as águas e provocando doenças.

LIMPEZA PÚBLICA
A sujeira se alastrava pelas ruas, e dejetos residenciais e industriais flutuavam pelos rios, causando um intenso mau cheiro. Isso tornava insalubre a vida da população.

Fontes de pesquisa: Henry Mayhew. *London labour and the London poor*. London: Penguin Classics, 1985; Martin Daunton. London's "Great Stink" and Victorian urban planning. *BBC*, 11 abr. 2004. Disponível em: http://www.bbc.co.uk/history/trail/victorian_britain/social_conditions/victorian_urban_planning_02.shtml. Acesso em: 24 maio 2023.

A ORGANIZAÇÃO DOS TRABALHADORES

As duras condições de vida e de trabalho não eram aceitas passivamente pelos operários. Muitos deles lutavam de diversas formas para que seus interesses fossem atendidos em meio à próspera economia industrial. Essas formas de resistência iam desde a recusa em realizar as funções exigidas na fábrica até a formação de associações de trabalhadores.

As primeiras associações surgiram ainda no século XVIII, na Inglaterra, mas foi apenas no século XIX, no contexto das grandes indústrias fabris, que as organizações de operários passaram a ter uma atuação mais significativa nas reivindicações por melhores condições de trabalho.

No início da década de 1810, por exemplo, trabalhadores da indústria têxtil de algumas cidades inglesas começaram a destruir a marteladas as máquinas das fábricas onde trabalhavam, dando início a um movimento social que ficou conhecido como **ludismo**. O uso das máquinas era visto pelos ludistas como a causa da redução dos salários, da falta de emprego e, consequentemente, da miséria da população operária.

Os ludistas também agiam secretamente enviando cartas anônimas para os donos das indústrias; nessas cartas, exigiam a eliminação do uso das máquinas e o aumento de vagas para os trabalhadores. As autoridades inglesas reprimiram severamente o ludismo e, em 1813, criaram uma lei que previa a punição com a pena de morte àqueles que danificassem os maquinários das indústrias de tecidos. Com o surgimento dos primeiros sindicatos na Inglaterra, o movimento ludista acabou extinto.

Outro importante movimento social foi iniciado ainda na primeira metade do século XIX, por uma associação de trabalhadores, com o envio da **Carta do Povo** ao Parlamento inglês, em 1838. Esse documento reivindicava maior participação política da população operária, exigindo: sufrágio universal masculino, ou seja, que todos os homens, independentemente de sua condição social ou origem, tivessem direito ao voto; o voto secreto; e a participação de representantes dos trabalhadores no Parlamento.

O Parlamento recusou as reivindicações defendidas na Carta, agravando a resistência dos trabalhadores, que organizaram greves e outras manifestações. O movimento, que ficou conhecido como **cartismo**, também foi duramente reprimido pelas autoridades inglesas, custando a vida de muitos trabalhadores.

▼ Charge publicada em 1838 que mostra um representante do movimento cartista tentando entregar a Carta do Povo.

OS SINDICATOS

As primeiras organizações operárias funcionavam na ilegalidade, até que na década de 1820 o Parlamento inglês descriminalizou a existência desse tipo de associação. Surgiram, então, as organizações conhecidas como **sindicatos**, que tinham como objetivos principais a redução da jornada de trabalho, o aumento salarial e a regulamentação do trabalho infantil.

Ainda que a existência dos sindicatos fosse permitida, o governo inglês manteve a repressão a greves e campanhas por direitos trabalhistas. Vários líderes sindicais foram presos, e alguns foram executados, ao longo do século XIX.

Em 1830, constituiu-se uma associação geral de operários ingleses que reunia mecânicos, fundidores, ferreiros, mineiros, etc. Era a Associação Nacional para a Proteção do Trabalho, liderada por John Doherty, que representava cerca de 100 mil trabalhadores e tinha como objetivo unificar os sindicatos de todas as categorias, além de lutar por salários dignos e apoiar as ações de greve.

Em setembro de 1864 foi fundada, em ato público realizado em Londres, a Associação Internacional dos Trabalhadores (AIT), cuja meta era unificar os movimentos trabalhistas da Europa e das Américas para garantir e proteger a melhoria das condições de trabalho dos operários.

As mulheres tinham importante participação no movimento operário. Além da luta por melhores condições gerais de trabalho, elas se organizavam pela conquista de direitos trabalhistas iguais aos dos homens, como a equiparação salarial, e pelo próprio reconhecimento profissional.

Embora a maioria das propostas de reforma trabalhista não tenha sido aceita de início, ao longo do século XIX os trabalhadores conseguiram a aprovação de leis que melhoraram suas condições de trabalho.

CONQUISTAS DAS LUTAS OPERÁRIAS

Os trabalhadores das fábricas e de outras atividades, como os da mineração de carvão, conseguiram conquistar alguns direitos por meio das organizações sindicais e de suas lutas constantes.

A eclosão de greves e o aumento das reivindicações por melhores salários e condições de trabalho forçaram a criação de leis que protegiam o trabalho feminino e o infantil e estabeleciam limites para as jornadas diárias de trabalho.

Não só na Inglaterra, mas também em outros países da Europa, as organizações e os movimentos dos trabalhadores motivaram a criação de uma legislação que regulamentava as relações entre empregadores e empregados.

Ilustração que representa trabalhadores reunidos em Londres para a fundação da Associação Internacional dos Trabalhadores, em 1864.

AS MULHERES E SEUS DIREITOS

Como foi apresentado, as mulheres também se engajaram para melhorar as condições de trabalho e reivindicar a igualdade de direitos nas fábricas e em outras atividades, uma vez que elas ganhavam menos que os homens, embora realizassem a mesma função e cumprissem a mesma jornada. Além disso, as operárias eram muitas vezes desrespeitadas e assediadas pelos colegas e pelos patrões no ambiente de trabalho.

É importante lembrar, ainda, que a atividade diária nas fábricas não liberava as mulheres de suas obrigações domésticas, o que as deixava sobrecarregadas. Apesar das conquistas alcançadas, elas estavam sempre em desvantagem em relação aos homens, pela necessidade de cumprir essa dupla jornada. No final do século XIX, ocorreu uma série de manifestações protagonizadas por mulheres que reivindicavam a igualdade política e jurídica entre os sexos.

Na Inglaterra, ficou famoso o movimento das **sufragistas**, que reivindicaram o direito ao voto feminino. A escritora inglesa Mary Wollstonecraft (1759-1797) foi pioneira na defesa desse direito, produzindo livros e manifestos sobre o tema. Suas ideias também influenciaram ativistas estadunidenses como Elizabeth Cady Stanton (1815-1902) e Susan Anthony (1820-1906), que fundaram, em 1869, uma associação para a defesa do voto feminino e viajaram pelos Estados Unidos promovendo os direitos das mulheres. Na maior parte dos países, contudo, as mulheres só puderam votar a partir das primeiras décadas do século XX.

▼ Ilustração que representa uma manifestação durante greve de funcionárias da fábrica de fósforos Bryant e May, em Londres, Inglaterra, em 1888. As operárias protestavam contra as longas jornadas de trabalho e a excessiva cobrança de multas por falarem durante o expediente ou irem ao banheiro sem permissão, além de denunciarem condições de insalubridade. Os cartazes dizem: "Bryant e May devem providenciar melhores condições"; "Protesto – Reforma agora!"; "Uma humilde petição – trabalhadoras da fábrica Bryant e May".

ATIVIDADES

Retomar e compreender

1. Com a Revolução Industrial, configuraram-se dois grupos sociais bem distintos: o proletariado e a burguesia. Explique as características de cada um deles.
2. O que foram os movimentos ludista e cartista?
3. Como surgiram os sindicatos? Qual era o objetivo dessas organizações?

Aplicar

4. Em 1842, um encontro de mineiros ingleses em greve foi descrito em um artigo do jornal *Wolverhampton Chronicle*. Leia um trecho desse artigo e responda às questões a seguir.

> [...] um dos maiores encontros que aconteceram desde que a greve começou ocorreu na tarde de quinta-feira em um descampado de Wednesbury. Homens [...] marcharam através da cidade de Dudley, uns 10 mil deles carregando faixas que diziam [...] "nove horas de trabalho por dia". Disseram que havia 20 mil pessoas no encontro.
>
> Dorothy Thompson. The chartists. Em: Edgar de Decca; Cristina Meneguello. *Fábricas e homens*: a Revolução Industrial e o cotidiano dos trabalhadores. São Paulo: Atual, 1999. p. 65.

   a) Segundo esse artigo, qual era a reivindicação dos mineiros ingleses?
   b) De acordo com o que você estudou neste capítulo, a reivindicação estava de acordo com os objetivos dos primeiros sindicatos?
   c) **SABER SER** As greves também ocorrem na atualidade por motivos diversos. Você já leu alguma informação a respeito desse tema, viu na TV ou já presenciou alguma manifestação grevista? Converse com seus colegas e anote no caderno sua opinião sobre o direito de greve.

5. Leia o texto e, depois, responda às questões.

> As fábricas enriqueceram muitos e empobreceram milhares de outros. A pobreza era mais dolorosa nas cidades. O povo do campo sofria com os maus-tratos dos senhores de terras e com os períodos de escassez de alimentos – numa dessas ocasiões os camponeses italianos chegaram a comer feno. Mas os camponeses podiam caçar às escondidas, pegar lenha e comer frutas silvestres; os moradores das cidades não podiam. Quando não eram mais necessários, os operários eram demitidos <u>sumariamente</u>. Não havia seguro social para ajudar os desempregados, os sem-moradia ou os doentes. Muitas pessoas pensavam que a pobreza era resultado de "preguiça". Achavam também que a classe trabalhadora devia ser "mantida no seu lugar", para evitar que "se julgasse melhor do que era" e interrompesse o funcionamento disciplinado e constante das fábricas.
>
> Muitos viviam honestamente [...]. Mas alguns tornavam-se criminosos. [...] Em 1800, a Grã-Bretanha teve mais de duzentas condenações à forca por delitos como roubo em lojas, roubo de pão, queima de <u>medas</u> de milho ou a destruição de uma das novas máquinas numa fábrica – os governos temiam que os trabalhadores se revoltassem contra as novas fábricas.
>
> Eric Russell Chamberlin. *O cotidiano europeu no século XIX*. São Paulo: Melhoramentos, 1994. p. 34.

meda: amontoado de feixes de trigo, palha, etc.

sumariamente: de modo direto, sem aviso prévio.

   a) Que comparação o autor faz entre a vida dos camponeses e a dos operários europeus no século XIX?
   b) Como as autoridades inglesas tratavam os delitos cometidos pelos trabalhadores desempregados?
   c) Há, no texto, uma relação entre a ausência de seguro social e a criminalidade?

33

CONTEXTO
PRODUÇÃO ESCRITA

Crônica

Proposta

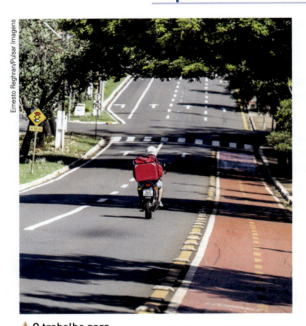

▲ O trabalho para aplicativos de entrega expõe os motoristas a diversos riscos de acidentes. Além disso, muitos desses trabalhadores não possuem garantias trabalhistas. Foto de avenida em Londrina (PR), 2020.

Nesta unidade, estudamos as transformações ocorridas na Inglaterra entre os séculos XVII e XIX e os profundos impactos dessas mudanças nas relações sociais. As experiências cotidianas ganharam novos sujeitos e dinâmicas, e a dura rotina dos operários ingleses se tornou objeto de interesse de escritores na produção de **crônica**.

A crônica é um gênero textual narrativo curto que aborda aspectos do cotidiano, sendo caracterizada pelo uso de linguagem simples e por sua forte ligação com publicações diárias ou semanais. Geralmente, apresenta tom crítico aos fatos relatados, podendo também utilizar-se de humor e ironia, bem como de literariedade.

A proposta, agora, é que você elabore uma crônica sobre o cotidiano de um trabalhador do século XXI que sofre com a falta de direitos trabalhistas, como os entregadores e motoristas de aplicativos.

Público-alvo	Pessoas interessadas na leitura de relatos do cotidiano e do contexto social em que estão inseridas.
Objetivo	Abordar de maneira crítica as dinâmicas das relações corriqueiras de trabalhadores informais.
Circulação	Colegas de sala e comunidade escolar.

Planejamento e elaboração

1 Junte-se a 2 ou 3 colegas e leiam juntos o trecho da crônica "Melô da contradição", de Cidinha da Silva, apresentado a seguir.

Melô da contradição

O menino negro estava muito triste e contava ao outro que apresentou seguidos atestados médicos à empresa para ser demitido. Assim, pretendia pagar a dívida do primeiro semestre na faculdade e trancar a matrícula, para retomar Deus sabe quando.

[...]

Ingênuo, como todo garoto sonhador de 23 anos, ele pensou que seria promovido (recompensado) pela aprovação no vestibular de uma boa universidade e por fazer um curso ligado à sua área profissional. Que nada, o gerente foi insensível e ainda disse que logo, logo, ele desistiria dessa ideia de curso superior, "coisa de burguês".

[...]

Fez outra investida, dessa vez para tentar diminuir o cansaço e os gastos com transporte. Pediu transferência para uma unidade da drogaria mais próxima da faculdade, onde ninguém quer trabalhar, principalmente quem goza do status de trabalhar numa loja do centro. Recebeu outro não. Aí, não lhe restou outro caminho senão pirraçar o gerente para ser despedido. Não podia se demitir porque perderia o seguro desemprego e aí não teria mesmo como quitar a dívida que o atormentava.

[...]

Cidinha da Silva. *Cada tridente em seu lugar*. 2 ed. Belo Horizonte: Mazza Edições, 2007, p. 59-60.

2 Após a leitura, o grupo deverá dialogar buscando identificar: tempo e espaço prováveis da narração, o contexto retratado, o tipo de crítica feito pela autora e a proximidade da situação descrita na crônica com a realidade vivida atualmente.

3 Então, cada grupo deverá fazer breves anotações sobre as semelhanças e diferenças percebidas entre o texto e o conteúdo estudado na unidade 1, principalmente no que se refere às relações trabalhistas do Brasil do século XXI e da Inglaterra dos séculos XVIII e XIX.

4 Com base nesses registros, criem uma ou mais personagens e elaborem uma crônica que retrate situações vividas por ela/elas nos dias de hoje. Observem as modificações e ganhos trabalhistas alcançados no decorrer do tempo, bem como as precariedades que ainda permanecem nas condições de trabalho.

5 Lembrem-se de que a crônica é um texto curto, de linguagem simples, em que a coloquialidade e o humor podem estar presentes. As perguntas abaixo podem ajudar em suas reflexões:

- Você utiliza aplicativos de entrega de refeições e de mobilidade? Como você percebe a rotina de quem trabalha nesses serviços? Quais direitos trabalhistas você acredita que esses trabalhadores têm?

Revisão e reescrita

1 Ao final da escrita, cada integrante do grupo deverá fazer uma leitura individual da crônica e observar os seguintes pontos:

- O texto é narrativo? A linguagem é simples e de fácil compreensão?

- A(s) personagem(ns) criada(s) e a realidade são <u>verossímeis</u>?

- Existem relações entre o cotidiano abordado e o que foi estudado na unidade 1?

- O tom reflexivo e crítico se fez presente? Há humor ou ironia?

verossímil: que parece verdadeiro; aceitável, acreditável.

2 Ao fim da leitura, as observações feitas deverão ser consideradas pelo grupo para a reescrita da crônica com as modificações necessárias.

Circulação

1 O grupo elegerá um integrante para ler o texto em voz alta. Em seguida, os grupos se organizarão para que cada estudante escolhido apresente a crônica à turma.

2 Ao fim das apresentações, as crônicas deverão circular pela turma de modo que todos e todas possam lê-las e interpretá-las.

3 Se a turma julgar pertinente, os textos poderão ser expostos para a comunidade escolar em algum mural ou espaço externo.

INVESTIGAR

Brasil atual: indústrias e meio ambiente

Para começar

A industrialização brasileira avançou significativamente após a Segunda Guerra Mundial (1939-1945), quando se implementou uma política de substituição de importações e deixou-se de focar no modelo agroexportador. A maioria das indústrias fixou-se no eixo Sudeste-Sul do país, mas outros polos também tiveram destaque, como Salvador e Manaus.

Ao iniciar suas atividades, os primeiros conglomerados industriais brasileiros negligenciaram o planejamento ambiental. Dessa forma, muitos terrenos e rios foram contaminados, a qualidade do ar piorou bastante e uma grande quantidade de energia e de matérias-primas foi consumida. Somente a partir dos anos 1970, sob a pressão de movimentos civis que alertavam para a degradação do meio ambiente, é que as autoridades brasileiras passaram a tomar algumas medidas de proteção ambiental.

Um caso representativo foi o da cidade de Cubatão, em São Paulo. Na década de 1980, essa cidade era uma das mais poluídas do país. Em 1983, foi implementado um plano de recuperação ambiental que alcançou grande sucesso. Em 1992, 98% dos causadores da poluição local estavam controlados, e a população de guarás-vermelhos – ave símbolo da região – já havia retornado à cidade, sinalizando a revitalização do lugar.

◀ A cidade de Cubatão, em São Paulo, ficou conhecida como Vale da Morte por causa da poluição ambiental provocada pelas indústrias ali instaladas. Foto de 1981.

O problema
- Qual é, hoje, o impacto da indústria no meio ambiente das cidades brasileiras?

A investigação
- **Práticas de pesquisa:** análise de mídias sociais.
- **Instrumento de coleta:** registros institucionais e mídias sociais.

Material
- computador com acesso à internet
- materiais pesquisados na internet
- folhas de papel avulsas
- caneta, lápis de cor e borracha

36

Procedimentos

Parte I – Coleta de dados e troca de informações

1. Forme grupo com quatro colegas.
2. Inicialmente, o grupo deve conversar sobre o que são *fake news* e se sabem reconhecer quando uma notícia ou informação é falsa.
3. Em seguida, cada estudante do grupo ficará responsável por pesquisar na internet *fake news* relacionadas ao impacto do meio ambiente e à ação da indústria. Será necessário encontrar exemplos dos seguintes tipos: uma notícia, uma postagem em rede social, um meme e um elemento visual (uma foto manipulada, um infográfico, um gráfico, etc.).
4. Para auxiliar na pesquisa *on-line* de *fake news*, consultem primeiro as seguintes fontes (acessos em 14 fev. 2023):
   - https://fakebook.eco.br/, *site* criado pelo Observatório do Clima (OC); rede composta de diversas organizações não governamentais e movimentos sociais que tem como objetivo combater a desinformação.
   - https://www.gov.br/mma/pt-br, *site* do Ministério do Meio Ambiente que apresenta diversas informações sobre o impacto de resíduos industriais no ambiente.

   Nas plataformas de busca, procurem pelas seguintes expressões: "*fake news* sobre meio ambiente", "como as *fake news* prejudicam o meio ambiente" e "*fake news* e sustentabilidade".

Parte II – Consolidação das informações levantadas pelo grupo

1. O grupo deverá reunir em um único texto as *fake news* pesquisadas.
2. Anotem as *fake news*, as informações verdadeiras e as fontes *on-line* onde cada uma foi encontrada.

Questões para discussão

1. Como podemos identificar as *fake news*?
2. Por que as *fake news* conseguem mobilizar tanta gente?
3. Como podemos evitar a propagação de notícias falsas?

Comunicação dos resultados

Apresentação dos textos e organização das informações

Após a discussão, cada grupo deve eleger um integrante para ler à turma, em voz alta, o texto elaborado pelo grupo com base nas *fake news* pesquisadas. Dessa forma, todos poderão ter acesso aos resultados da pesquisa de cada grupo.

Por fim, no caderno, elaborem uma tabela comparativa com as diferenças e as semelhanças entre as informações apresentadas pelos grupos da turma.

Liniker Eduardo/ID/BR

ATIVIDADES INTEGRADAS

Retomar e compreender

1. Ao perceberem que as revoltas contra as máquinas não estavam surtindo efeito, os operários ingleses revoltosos passaram a mudar suas estratégias de luta. Um exemplo de nova estratégia foi a criação da Associação Nacional para a Proteção do Trabalho. Descreva as principais características dessa associação.

2. No contexto da Revolução Industrial, quais foram as reivindicações das mulheres?

Aplicar

3. Leia a seguir um trecho de uma obra de ficção científica escrita com personagens históricas do século XIX.

> Este movimento combateu a nova tecnologia engendrada pela Revolução Industrial, inovações que ameaçavam os empregos dos trabalhadores ingleses. [...] os manifestantes invadiam fábricas e destruíam seu maquinário. [...] formavam pequenos grupos organizados e disciplinados [...].
>
> William Gibson; Bruce Sterling. *A máquina diferencial.* 2. ed. São Paulo: Aleph, 2015. p. 77.

a) A qual movimento o texto se refere?

b) Que trechos do texto ajudaram você a identificar esse movimento?

c) Ainda no início do século XIX, a partir da ação de uma associação de trabalhadores que entregou uma carta ao Parlamento, ocorreu outro movimento social importante. Qual é o nome desse movimento?

4. Leia a seguir um artigo do Decreto-lei n. 1402, de 1939, o primeiro da legislação brasileira sobre o direito dos sindicatos. Depois, responda às questões.

> Art. 3º – São prerrogativas dos sindicatos:
>
> a) representar, perante as autoridades administrativas e judiciárias, os interesses da profissão e os interesses individuais dos associados, relativos à atividade profissional;
>
> b) fundar e manter agências de colocação;
>
> c) firmar contratos coletivos de trabalho;
>
> d) eleger ou designar os representantes da profissão;
>
> e) colaborar com o Estado, com órgãos técnicos e consultivos no estudo e solução dos problemas que se relacionam com a profissão;
>
> f) impor contribuições a todos aqueles que participam das profissões ou categorias representadas.
>
> Decreto-lei n. 1402, de 5 de julho de 1939. Disponível em: http://www.planalto.gov.br/ccivil_03/decreto-lei/Del1402.htm. Acesso em: 14 fev. 2023.

a) Qual dos itens desse artigo é semelhante a um dos objetivos dos primeiros sindicatos ingleses?

b) Em 2017, uma reforma nas leis trabalhistas brasileiras eliminou a contribuição obrigatória dos trabalhadores para os sindicatos, determinada pelo item **f**. Você é favorável ou contrário a essa eliminação? Explique.

5. Leia o texto citado. Em seguida, responda às questões e faça o que se pede.

> Nossa tendência ainda é perguntar: ela [a Revolução Industrial] deixou as pessoas em melhor ou em pior situação? E até que ponto? [...] em suas fases iniciais ela destruiu seus antigos estilos de vida, deixando-os livres para descobrir ou criar outros novos, se soubessem ou pudessem.
>
> Existe, na verdade, uma relação entre a Revolução Industrial como provedora de conforto e como transformadora social. As classes cujas vidas sofreram menor transformação foram também, normalmente, aquelas que se beneficiaram de maneira mais óbvia em termos materiais [...].
>
> Assim, salvo para melhor, a aristocracia e os proprietários de terra britânicos foram pouquíssimo afetados pela industrialização. Suas rendas inflaram com a procura de produtos agrícolas, com a expansão das cidades (em solos de sua propriedade) e com o desenvolvimento de minas, forjas e estradas de ferro [...].
>
> Eric J. Hobsbawm. Da Revolução Industrial inglesa ao imperialismo. Em: Adhemar Marques e outros. *História contemporânea através de textos.* São Paulo: Contexto, 1994. p. 34-35.

a) De acordo com o primeiro parágrafo, de que modo a Revolução Industrial modificou o estilo de vida das pessoas?

b) Segundo o autor, quais grupos sociais se beneficiaram com ganhos materiais promovidos pela Revolução Industrial?

c) Escreva um parágrafo comentando a importância das minas e das estradas de ferro durante a Revolução Industrial, conforme o que estudou nesta unidade.

Analisar e verificar

6. Observe no mapa as linhas férreas construídas na ilha da Grã-Bretanha no século XIX, entre os anos de 1825 e 1852.

Grã-Bretanha (século XIX)

Fonte de pesquisa: *Atlas histórico*. Madrid: SM, 2005. p. 106.

a) Observe, no mapa, as principais regiões manufatureiras. As linhas férreas passavam por essas regiões?

b) Muitas dessas linhas férreas alcançavam o litoral do país. Em sua opinião, por que isso acontecia?

c) As principais cidades da Grã-Bretanha no século XIX estão representadas no mapa. Essas cidades correspondiam às áreas de maior concentração populacional na época. Explique a relação entre a concentração populacional e a presença de indústrias nessas áreas.

7. A Nova Zelândia foi o primeiro país do mundo a implantar o voto feminino, ainda no século XIX, em 1893. Atualmente, no Brasil, as mulheres podem votar e ser eleitas. No entanto, a representatividade feminina em cargos públicos ainda é baixa. Na cidade onde você mora, quantas mulheres exercem o cargo de vereadora? Pesquise e anote no caderno.

8. Observe a tabela a seguir e, depois, responda às questões.

PRODUTIVIDADE DOS OPERÁRIOS DA INDÚSTRIA INGLESA DE TECIDOS (SÉCULO XIX)		
Período	Número de horas de trabalho	Produção por operário (unidades)
1829-1831	100	100
1844-1846	87	372
1859-1861	87	708
1880-1882	82	948

Fonte de pesquisa: Gustavo de Freitas. *900 textos e documentos de história*. Lisboa: Plátano, s. d. p. 203.

a) Em que período o número de horas equivalia ao número de unidades produzidas por um operário?

b) O que aconteceu com a produtividade dos operários durante o século XIX?

c) Com base no que você estudou nesta unidade, explique as razões que levaram a essa mudança na produtividade.

Criar

9. **SABER SER** Imagine que você seja um operário que trabalha em uma fábrica inglesa no século XIX. De acordo com o que você estudou nesta unidade, crie um texto contando como é seu dia a dia, tanto em casa como no trabalho. Você e os colegas devem combinar com o professor uma data na qual os textos serão expostos em um mural ou lidos em sala de aula, para que o resultado desta atividade seja compartilhado.

39

CIDADANIA GLOBAL
UNIDADE 1

9 INDÚSTRIA, INOVAÇÃO E INFRAESTRUTURA

Retomando o tema

Ao longo desta unidade, você analisou diferentes aspectos das revoluções inglesas. Observou que as mudanças na forma de produzir e de se relacionar com o trabalho representaram também maior exploração do meio físico.

A Revolução Industrial foi vista por muitos como a vitória do ser humano sobre a natureza. Porém, esse modelo de desenvolvimento tem sido questionado. Atualmente, por exemplo, existem incentivos globais para a construção de infraestruturas resilientes.

1. Durante a Revolução Industrial, havia preocupação ambiental e social diante do crescimento urbano?
2. Qual é a definição de infraestrutura resiliente?
3. É correto afirmar que a ideia de infraestrutura resiliente é oposta à visão de controle da natureza pelo ser humano? Converse com os colegas e levantem hipóteses.

Geração da mudança

- Com base nas discussões realizadas para a resolução das atividades, organizem-se em grupos para investigar e produzir um folheto explicativo, impresso ou digital, sobre infraestruturas resilientes.

- O primeiro passo é complementar seus conhecimentos a respeito de sua comunidade ou região, para identificar potenciais problemas (naturais ou de infraestrutura) que exigem planejamento. Dessa forma, o folheto contribui para a resolução de problemas vivenciados em sua comunidade.

- Em seguida, busquem quais seriam as possíveis ações individuais e coletivas para construir uma infraestrutura resiliente aos problemas identificados.

- Selecionem um aplicativo de edição de documentos escritos e de imagens. Nele, disponibilizem as informações coletadas e sistematizadas, acompanhadas de imagens que ajudem a explicitar as informações do folheto.

- Sob a orientação do professor, apresentem os folhetos para a comunidade escolar. Dessa maneira, as informações alcançarão um número maior de pessoas em sua comunidade.

Autoavaliação

Liniker Eduardo/ID/BR

40

ILUMINISMO E INDEPENDÊNCIA DOS ESTADOS UNIDOS

UNIDADE 2

PRIMEIRAS IDEIAS

1. Você acha que a divulgação de todo e qualquer conhecimento é importante para a humanidade? Por quê?
2. Há filmes e séries de televisão que abordam a luta pela independência dos Estados Unidos da América. Você já viu algum? Qual?
3. A divulgação de informações pode ser feita de muitas maneiras. Pense em uma forma de divulgação que já existia no século XVIII e que ainda é usada nos dias de hoje.

Conhecimentos prévios

Nesta unidade, eu vou...

CAPÍTULO 1 — O Iluminismo

- caracterizar o Antigo Regime.
- analisar os princípios do Iluminismo.
- compreender as ideias centrais dos principais representantes do pensamento iluminista.
- identificar as características do liberalismo e do Iluminismo.
- conhecer o despotismo esclarecido.

CAPÍTULO 2 — A independência dos Estados Unidos da América

- relacionar o comércio triangular com a política mercantilista da Metrópole inglesa.
- contextualizar a Guerra dos Sete Anos, relacionando-a às tensões entre as Treze Colônias e a Metrópole inglesa.
- compreender o contexto das tensões entre os colonos e a Metrópole.
- associar a Declaração de Independência dos Estados Unidos com as ideias iluministas.
- analisar as repercussões do processo de independência dos Estados Unidos no mundo.

CIDADANIA GLOBAL

- refletir sobre os impactos das manifestações coletivas públicas nas instituições governamentais.
- debater sobre a construção de uma sociedade justa, com base em aspectos da Constituição Brasileira de 1988.

41

LEITURA DA IMAGEM

1. Que tipo de evento está sendo celebrado na imagem?
2. Observe as pessoas da fotografia. Em sua opinião, o que elas têm em comum?
3. Você já participou de um evento parecido com esse? Se sim, como foi?

CIDADANIA GLOBAL

As manifestações cívicas, como a comemoração retratada na fotografia, relacionam-se a valores e práticas de compromisso entre a sociedade civil e o Estado.

1. Quais são os eventos cívicos que ocorrem em sua comunidade? Você costuma participar deles?
2. Em sua opinião, por que é importante realizar comemorações que reforcem o sentimento cívico em uma sociedade?

Veja alguns **eventos cívicos brasileiros**, do passado e do presente. Há algum elemento em comum entre os eventos registrados? Se sim, quais?

Comemoração da independência dos Estados Unidos em Prescott, Arizona. Foto de 2021. Em primeiro plano, uma das pessoas está fantasiada de Estátua da Liberdade. A obra foi um presente dado pela França aos Estados Unidos, no século XIX.

CAPÍTULO 1
O ILUMINISMO

PARA COMEÇAR

As sociedades europeias que viviam sob governos absolutistas eram profundamente hierarquizadas. A partir do século XVIII, essa situação passou a ser questionada com mais veemência pelo movimento iluminista. O que você entende por Iluminismo? Por que esse movimento de contestação ao absolutismo foi assim denominado?

intervencionismo: política que promove a intervenção do Estado na economia do país, inclusive na iniciativa privada.

protecionismo: adoção de medidas econômicas para proteger a produção de uma região ou de um país, sobretudo pela taxação de produtos estrangeiros.

AS SOCIEDADES DA EUROPA MODERNA

No volume anterior, vimos que, no período conhecido como Idade Moderna, entre o final do século XV e o século XVIII, a organização social e política de vários reinos da Europa era caracterizada principalmente como **monarquia absolutista**. Os monarcas definiam as leis, julgavam os indivíduos, controlavam as atividades econômicas e comandavam o exército e o governo.

Considerado divino e incontestável, o poder dos monarcas absolutistas era hereditário, ou seja, definido pelo nascimento. A origem ou o nascimento também determinava a posição de cada indivíduo na sociedade.

Na França daquele período, por exemplo, a sociedade era dividida em três estamentos ou grupos sociais: Primeiro Estado, representado pelo clero; Segundo Estado, formado pela nobreza; e Terceiro Estado, constituído pela burguesia, pelos camponeses e pelos trabalhadores urbanos.

Como a posição social era definida pela origem do indivíduo, não havia, em princípio, mobilidade social. Assim, apesar do dinamismo mercantil e do enriquecimento dos burgueses, estes sempre fariam parte do Terceiro Estado, que tinha pouco espaço nas decisões políticas do reino.

Sem poder político, a burguesia era obrigada a seguir, em seus negócios, as regras mercantilistas impostas pelo rei e por seus ministros, caracterizadas pelo protecionismo e pelo intervencionismo.

AS IDEIAS ILUMINISTAS

Cientistas, matemáticos, filósofos e intelectuais de diversas áreas do conhecimento contestaram, em livros e cartas, os princípios que regiam a sociedade absolutista. Eles defendiam a ideia de que era possível reorganizar a sociedade em outras bases, de modo que a posição social de cada indivíduo não fosse tão rigidamente definida por sua origem e que a Igreja não tivesse tanto poder.

No entanto, para isso, era necessário que o homem priorizasse a razão na busca do **conhecimento**, desligando-se de valores essencialmente religiosos. Esse movimento filosófico recebeu o nome de **Iluminismo**.

Para os iluministas, a divulgação do conhecimento era fundamental. Por isso, uma equipe de estudiosos, dirigida pelos franceses Denis Diderot (1713-1784) e Jean le Rond d'Alembert (1717-1783), produziu uma obra chamada *Enciclopédia*. Essa obra pretendia ser um resumo de tudo o que os europeus ocidentais conheciam ou haviam produzido até então. Dividida em 28 volumes, foi publicada entre 1751 e 1772.

O LIBERALISMO

O pensamento político iluminista ficou conhecido por defender o **liberalismo político**. Os iluministas acreditavam que os homens eram livres por natureza e iguais em direitos, por isso deveriam organizar-se socialmente segundo seus talentos e seu trabalho, e não por privilégios de nascimento.

Assim, os filósofos iluministas difundiram a ideia de que a sociedade deveria ser governada por leis, e não pela vontade dos monarcas, e que caberia a um grupo de representantes da sociedade criar essas leis. Caso esse grupo não correspondesse aos interesses sociais coletivos, ele deveria ser destituído.

> **PARA EXPLORAR**
>
> *Robinson Crusoé*, de Daniel Defoe. São Paulo: Scipione, 2012 (Coleção Reencontro).
> Esse clássico da literatura universal, originalmente publicado em 1719, foi uma das primeiras obras a abordar ideias iluministas, como o valor do indivíduo e do conhecimento. O marinheiro inglês Robinson Crusoé sobrevive a um naufrágio e refugia-se em uma ilha deserta, onde passa a lutar pela sobrevivência.

Conheça a **história da criação da *Enciclopédia*** e registre no caderno: Quais foram as áreas do conhecimento contempladas por essa obra?

▼ *A coroação de Luís XVI*. Detalhe de gravura do século XVIII, de autoria desconhecida. Na cena, membros do Primeiro Estado, o clero, e do Segundo Estado, a nobreza.

Biblioteca Nacional de Paris, França. Fotografia: Album/akg-images/Fotoarena

FILÓSOFOS ILUMINISTAS

Como vimos, os filósofos iluministas questionaram a ordem vigente até então, posteriormente chamada de **Antigo Regime** por seus críticos.

No decorrer do século XVIII, o Iluminismo consolidou-se como uma corrente de pensamento variada e composta de diversos intelectuais. Conheça, a seguir, os principais pensadores vinculados a esse movimento.

DESCARTES

René Descartes (1596-1650) foi um pensador francês que se dedicou principalmente a buscar uma base para o pensamento filosófico, rompendo com tradições anteriores.

Foi o criador do **método cartesiano**, que se baseia na realização de quatro tarefas (verificar, analisar, sintetizar e enumerar), a fim de provar a existência de alguma coisa, fenômeno ou fato. É sua a célebre frase: "Penso, logo existo".

VOLTAIRE

O pensador francês Voltaire (1694-1778), pseudônimo de François-Marie Arouet, chamou a atenção para a tolerância religiosa, defendendo um Estado laico em que todos tivessem o direito de manifestar a própria fé, sem a imposição de outra.

Voltaire também defendia a liberdade de expressão, ou seja, a possibilidade de todas as pessoas expressarem suas ideias sem serem reprimidas por governantes ou por religiosos.

Com grande conhecimento eclético, Voltaire foi responsável por uma vasta produção literária de gêneros diversos, como peças de teatro, romances, poemas e ensaios.

laico: que é independente de religião ou das instituições do clero.

Charles Lemonnier. *Leitura da tragédia O órfão da China, de Voltaire, no salão de madame Geoffrin*, 1812. Óleo sobre tela. Em meados do século XVIII, filósofos iluministas, outros pensadores e a elite parisiense reuniam-se em salões literários com o intuito de promover e discutir novas ideias.

46

LOCKE

Na unidade 1 deste livro, foi apresentado um texto do filósofo inglês John Locke (1632-1704). Considerado um dos precursores do Iluminismo, Locke defendia a liberdade e a tolerância religiosa e condenava o absolutismo.

Ele concebeu a teoria política de que o Estado deve assegurar os direitos naturais do povo, como a proteção à vida, o direito à liberdade e a garantia da propriedade. Além disso, Locke acreditava que o poder dos governantes só era legítimo se atendesse aos interesses da sociedade como um todo.

MONTESQUIEU

O barão de Montesquieu (1689-1755), filósofo francês, entendia que o poder do Estado deveria ser dividido em três – Poder Executivo, Poder Legislativo e Poder Judiciário –, e não se concentrar em uma única pessoa, o que para ele facilitava os abusos e a tirania. Montesquieu apresentou essa teoria em sua obra mais importante, o livro *O espírito das leis*.

JEAN-JACQUES ROUSSEAU

Jean-Jacques Rousseau (1712-1778), pensador suíço, era a favor da participação popular irrestrita no poder. Ele afirmava que um bom governo era resultado de um pacto, um **contrato social** baseado em leis feitas por representantes de todos os segmentos sociais. Todos teriam direito ao voto, e o governo deveria atender aos interesses da maioria. Assim, seria formada uma **democracia**.

Rousseau participou da *Enciclopédia*, de Denis Diderot e Jean le Rond D'Alembert, escrevendo sobre música, o que demonstra como era eclético o conhecimento dos pensadores da época.

Outra contribuição importante de Rousseau foi a obra *Emílio ou Da educação*, que alcançou grande sucesso quando foi lançada. Esse livro trata do tema da educação em uma história ficcional de um órfão nobre e rico. Nele, o autor expõe a ideia de que, para educar uma criança, é necessário considerar os seus instintos naturais.

CIDADANIA GLOBAL

CIDADANIA E VOTO

Os iluministas não tinham uma visão única sobre o voto e sobre a representatividade política e social. Alguns, como Jean-Jacques Rousseau, propunham o voto universal, enquanto outros, como Montesquieu, acreditavam que apenas a elite intelectual e financeira deveria ter direito a participar das eleições. Atualmente, em nosso país, o voto é uma das ferramentas cidadãs que garantem a participação política ativa da população.

1. Em sua opinião, o que é mais justo: o voto universal ou o voto restrito a alguns eleitores? Explique.

2. No Brasil atual, há instituições responsáveis por zelar pelos processos eleitorais, garantindo que ocorram de acordo com a lei e que todos possam participar em igualdade. Quais instituições são essas? Por que elas são importantes?

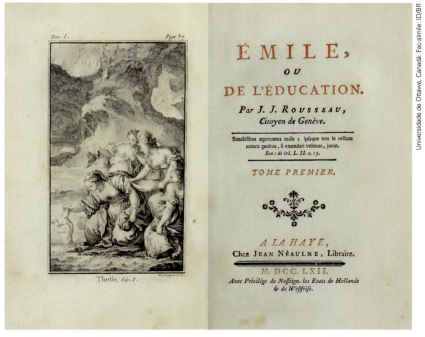

▲ Reprodução da capa e do frontispício da primeira edição de *Emílio ou Da educação*, obra de Rousseau publicada em 1762.

ADAM SMITH E O LIBERALISMO ECONÔMICO

O escocês Adam Smith (1723-1790) foi um dos mais importantes teóricos do **liberalismo econômico**. Seu principal livro, *A riqueza das nações*, foi publicado em 1776. Nessa obra, o autor criticou as teses mercantilistas que defendiam o acúmulo de metais como indicador de riqueza de uma nação.

Para Smith, a riqueza de um país era gerada pelo **trabalho**. Então, devia-se tornar o trabalhador mais produtivo, o que seria possível com a divisão e a especialização do trabalho.

O aumento da produtividade geraria excedentes de valor, que, por sua vez, elevariam os investimentos e o mercado consumidor. Todo esse processo formaria o capital que garantiria a riqueza de um país.

Adam Smith defendia a livre-concorrência, que, na França, ganhou forma no lema *Laissez-faire, laissez-passer*, que significa "Deixe fazer, deixe passar". De acordo com essa concepção, sem o controle do Estado, os empresários disputariam o mercado consumidor. Assim, para ganhar esse mercado, eles teriam de elevar a qualidade de seus produtos e oferecer melhores preços.

Com base nessas ideias, Smith também reprovava a prática mercantilista do exclusivo colonial, ou seja, a determinação de que as colônias fizessem trocas comerciais apenas com a Metrópole. Em sua opinião, o **livre-comércio** entre as nações era importante para que houvesse mais lucro.

▲ Reprodução da página inicial do primeiro volume de *A riqueza das nações*, de Adam Smith. Esta edição foi publicada em 1796.

▼ Estátua de Adam Smith em Edimburgo, Escócia. Foto de 2019.

O DESPOTISMO ESCLARECIDO

O Iluminismo surgiu na Europa em defesa de ideais contrários aos do absolutismo. Contudo, a partir da segunda metade do século XVIII, o racionalismo, que se tornara notório entre os filósofos iluministas, foi adotado por alguns governantes absolutistas.

Aqueles que conciliaram as ideias do racionalismo às práticas do absolutismo passaram a ser conhecidos como **déspotas esclarecidos**.

A palavra **déspota** é um sinônimo para tirano, que era o modo como os governantes absolutistas eram compreendidos pelos pensadores iluministas. Ao aliar o racionalismo às práticas despóticas, no modo de gerir recursos do Estado, era como se esses governantes tivessem sido "iluminados" pelas novas ideias. Assim, foram chamados de esclarecidos.

Os mais famosos déspotas esclarecidos foram José II, da Áustria, Frederico II, da Prússia, e Catarina II, da Rússia, além do português José I. Eles aliaram uma crescente centralização monárquica a medidas de valorização da educação, de fortalecimento da economia e de ruptura das relações entre a Igreja e o Estado.

Essas medidas são baseadas em diversos princípios iluministas, como a percepção da importância da educação para o desenvolvimento de um reino; o fim do vínculo entre Igreja e Estado, algo que possibilitava o livre pensamento, longe dos dogmas religiosos; as medidas econômicas que tornavam a gestão de recursos do reino mais eficiente e melhorava a burocracia; entre outros.

▲ Vigilius Eriksen. *Catarina, a Grande, em seu manto de coroação*, datada entre 1788 e 1789. Óleo sobre tela. Catarina II foi Imperatriz da Rússia entre 1762 e 1796, ano de sua morte.

▼ Louis-Michel van Loo e Claude-Joseph Verne. *O Marquês de Pombal iluminando e reconstruindo Lisboa*, feita em 1759. Óleo sobre tela. Na obra, Pombal está rodeado por elementos que fazem alusão ao iluminismo: papéis com escritos, mapas e projetos arquitetônicos, livros, pena e tinteiro.

Despotismo esclarecido na América portuguesa

Dom José I (1714-1777), déspota esclarecido de Portugal, tinha como primeiro-ministro o Marquês de Pombal (1699-1782). A partir da década de 1750, Pombal implementou uma série de medidas com o objetivo de incrementar a atividade econômica na América portuguesa e aperfeiçoar a arrecadação de impostos. Se, por um lado, essas medidas aumentaram os rendimentos da Metrópole, por outro, prejudicaram os negócios da elite colonial. Essa situação acabou por provocar fortes tensões entre Portugal e a América portuguesa.

ATIVIDADES

Retomar e compreender

1. No caderno, monte um quadro comparativo entre o Antigo Regime e o Iluminismo, contemplando os seguintes itens:
   - política;
   - economia;
   - sociedade.

2. O que Adam Smith defendia em relação à economia de um país?

3. Leia cada sentença a seguir e identifique quais são verdadeiras e quais são falsas.
   a) O Iluminismo foi um movimento alinhado aos valores do Antigo Regime, apoiando práticas como o absolutismo e o teocentrismo.
   b) Ainda hoje, é possível observar influências das ideias Iluministas em nossa sociedade, como a busca pela construção da igualdade e da justiça social.
   c) O liberalismo é um sistema de governo segundo o qual todos os indivíduos são livres e podem viver sem regras, do modo como quiserem.
   d) Adam Smith e John Locke foram pensadores que defendiam a permanência das práticas mercantilistas nos Estados Modernos.
   e) Entre os déspotas esclarecidos, é possível citar o Marquês de Pombal, da América portuguesa.

Aplicar

4. Para explicar sua teoria da divisão do trabalho, Adam Smith usou uma metáfora. O texto a seguir aborda esse tema.

> [...] em uma manufatura pequena (onde já ocorre a divisão do trabalho) o produto a ser fabricado são alfinetes, e para sua confecção, se usamos um trabalhador não treinado e não familiarizado com a utilização das máquinas, dificilmente poderia se fabricar um único alfinete em um dia inteiro de trabalho. Mas se dividido em setores aumenta consideravelmente essa produção, ou seja:
>
> Um operário desenrola o arame, outro o endireita, um terceiro o corta, um quarto faz as pontas, um quinto o afia nas pontas para a colocação da cabeça do alfinete; para fazer uma cabeça de alfinete requerem-se 3 ou 4 operações diferentes; montar a cabeça já é uma atividade diferente, e alvejar os alfinetes é outra; a própria embalagem dos alfinetes também constitui uma atividade independente. [...]
>
> Jean Michel de Lima Silva. A divisão do trabalho em Adam Smith. Em: 2º Encontro de Pesquisa e Pós-Graduação em Humanidades. 8ª Semana de Humanidades. Humanidades: entre fixos e fluxos. Repositório Institucional Universidade Federal do Ceará. *Anais* [...]. Fortaleza: Universidade Federal do Ceará, 2011. p. 1-10. Disponível em: https://repositorio.ufc.br/handle/riufc/20871. Acesso em: 26 maio 2023.

   a) O texto que você leu não foi escrito por Adam Smith. Quem o escreveu?
   b) Em sua opinião, por que esse tipo de texto, que faz referência a outro, é importante?
   c) Como você explicaria a metáfora de Adam Smith sobre a teoria da divisão do trabalho? Você pode elaborar a sua explicação em tópicos e, depois, gravar um áudio, de até três minutos, sobre ela. Compartilhe seu áudio em uma data combinada com o professor.

5. Leia um trecho da obra *Do contrato social*, de Rousseau. Depois, responda às questões propostas.

50

Acompanhamento da aprendizagem

Se eu considerasse tão somente a força e o efeito que dela deriva, diria: Enquanto um povo é constrangido a obedecer e obedece, faz bem; tão logo ele possa sacudir o jugo e o sacode, faz ainda melhor; porque, recobrando a liberdade graças ao mesmo direito com o qual lha arrebataram, ou este [direito] lhe serve de base para retomá-la ou não se prestava em absoluto para subtraí-la. Mas a ordem social é um direito sagrado que serve de alicerce a todos os outros. Esse direito, todavia, não vem da Natureza; está, pois, fundamentado sobre convenções. [...]

Visto que homem algum tem autoridade natural sobre seus semelhantes e que a força não produz nenhum direito, só restam as convenções como base de toda a autoridade legítima existente entre os homens.

Jean-Jacques Rousseau. *Do contrato social*. São Paulo: Nova Cultural, 1999. p. 60-61.

constrangido: no sentido do texto, forçado.

convenção: acordo.

jugo: domínio.

a) Rousseau afirma que a ordem social como um direito, ou seja, a forma como a sociedade é organizada para preservar os indivíduos, não vem da natureza. Como então essa ordem se estabeleceria?

b) Podemos considerar as leis um tipo de convenção, como propõe o texto? Justifique.

c) Você concorda com a ideia de Rousseau de que a força não produz nenhum direito? Converse com os colegas e, em seguida, anote sua opinião no caderno.

6. Observe as imagens, que representam aspectos do corpo humano.

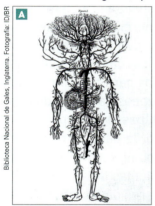 

Ilustrações de anatomia da *Enciclopédia*, de Diderot e D'Alembert, 1763.

a) Qual foi a primeira impressão que você teve ao observar essas ilustrações?

b) Elas ilustram um artigo da *Enciclopédia* que trata da anatomia humana. Mas esse é só um dos muitos temas abordados pela obra. Explique por que a *Enciclopédia* aborda temas tão diversos.

c) Quais aspectos da anatomia humana foram representados em cada ilustração? Levante hipóteses com base nas imagens.

d) Por divulgar conhecimentos diversos, a *Enciclopédia* foi uma publicação muito importante para sua época (século XVIII). Hoje, onde podemos obter grande número de informações sobre assuntos variados?

7. Ainda hoje, costuma-se explicar alguns acontecimentos por meio de crenças populares. Discuta com os colegas sobre estas questões:

a) Você conhece alguma crença popular? Em caso afirmativo, qual?

b) Por que coexistem, em nossa sociedade, explicações científicas e explicações com base em crenças populares para fatos do cotidiano?

CAPÍTULO 2
A INDEPENDÊNCIA DOS ESTADOS UNIDOS DA AMÉRICA

PARA COMEÇAR

Desde o início da colonização inglesa na América, as colônias do Norte sofreram menos controle da Inglaterra do que as colônias do Sul. Como isso influiu nos rumos tomados pelas Treze Colônias inglesas durante o processo de independência dos Estados Unidos?

O COMÉRCIO TRIANGULAR

Nas Treze Colônias, como era chamado o território dominado pelos ingleses na América do Norte, havia uma distinção clara entre a organização social e econômica das colônias do sul e a das colônias do norte.

As colônias do sul, bem como as colônias inglesas do Caribe, cultivavam produtos agrícolas em grande escala para exportação, com mão de obra escravizada. Nas colônias mais ao norte – Massachusetts, Connecticut, New Hampshire e Rhode Island –, conhecidas como Nova Inglaterra, predominavam as propriedades familiares voltadas ao cultivo de produtos agrícolas para o abastecimento do mercado interno. Nessa região também se desenvolveu uma importante indústria naval.

Até meados do século XVIII, os comerciantes da Nova Inglaterra negociavam com outras regiões, dentro e fora das Treze Colônias, praticamente sem interferência da Metrópole inglesa. Eles vendiam madeira, cereais e tecidos para as colônias do sul e das Antilhas, conjunto de ilhas localizadas na região do Caribe. Das colônias inglesas do sul e das Antilhas, esses comerciantes compravam algodão, açúcar e melaço de cana. O rum, produzido do melaço, era trocado por cativos no continente africano. Os escravizados eram vendidos nas colônias do sul. As relações econômicas estabelecidas entre essas regiões foram chamadas de **comércio triangular**.

▼ Autoria desconhecida. Gravura de 1659. Nela, foi representada New Amsterdam, vila fundada por holandeses na ilha de Manhattan. A região passou para o domínio britânico no fim do século XVII e foi renomeada mais tarde como Nova York. No local representado, havia um porto importante para o comércio triangular.

A GUERRA DOS SETE ANOS

A partir do século XVIII, as ambições da Coroa britânica, interessada nos lucros do comércio triangular (no qual não tinha participação direta), passaram a gerar conflitos e tensões com os colonos da Nova Inglaterra, que queriam a todo custo manter a autonomia.

As tensões entre a Metrópole e as Treze Colônias assumiram grandes proporções a partir da Guerra dos Sete Anos (1756-1763). O conflito envolveu principalmente a França e a Inglaterra, que disputavam territórios coloniais na América do Norte. Os colonos, de maneira geral, lutaram ao lado do Exército britânico, e os franceses contaram com a aliança de alguns grupos indígenas.

A Inglaterra venceu a guerra e conquistou extensos territórios (observe o mapa), mas terminou o conflito com sérios problemas financeiros. Por isso, a Coroa determinou que as Treze Colônias deveriam ajudar a recuperar as finanças da Metrópole por meio do pagamento de novos impostos, argumentando que a causa da guerra teria sido a proteção dos colonos ingleses diante dos avanços dos franceses. Além dos novos impostos, estipulou, na **Proclamação de 1763**, que as terras a oeste dos montes Apalaches ficariam reservadas aos nativos, pois grande parte dos indígenas tinha se aliado aos franceses, e a Coroa acreditava que essa medida serviria para apaziguá-los. Essa determinação impedia os colonos de se apropriarem de terras nas quais tinham grande interesse, diminuindo, assim, a possibilidade de expansão de seu domínio territorial. Observe no mapa a seguir a linha que indica essa delimitação do território.

> **A PROCLAMAÇÃO DE 1763**
>
> Leia a seguir trechos da Proclamação de 1763:
>
> [...] é justo, razoável e essencial ao nosso interesse e à segurança de nossas colônias que as várias nações ou tribos indígenas, com as quais estamos ligados e que vivem sob nossa proteção, não sejam molestadas ou perturbadas na posse de terras de nossos domínios e territórios que, não tendo sido cedidas por eles ou compradas por nós, são reservados a eles [...].
>
> [...] a fim de que os indígenas possam ser convencidos de nossa justiça e determinação de remover toda causa razoável de descontentamento, nós [...] estritamente ordenamos e exigimos que nenhuma pessoa faça qualquer compra [de terras] a não ser naquelas partes de nossas colônias onde achamos apropriado permitir a colonização [...].
>
> *Encyclopaedia Britannica*. Proclamation of 1763. Tradução nossa. Disponível em: https://www.britannica.com/event/Proclamation-of-1763. Acesso em: 26 maio 2023.

América do Norte após a Guerra dos Sete Anos (século XVIII)

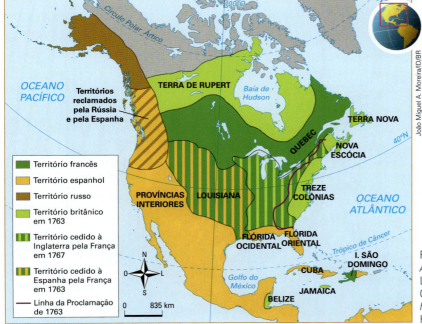

Fontes de pesquisa: Geoffrey Parker. *Atlas Verbo de história universal*. Lisboa-São Paulo: Verbo, 1996. p. 80; Geoffrey Wawro (Consultor). *Atlas histórico*: historia del mundo. Potsdam: H. F. Ullmann, 2013. p. 277.

CONFLITOS ENTRE OS COLONOS E A METRÓPOLE

Para aumentar a arrecadação de impostos, a Coroa inglesa criou uma série de leis nas décadas de 1760 e 1770. A primeira ficou conhecida como **Lei do Açúcar**, aprovada em 1764. Como parte do comércio triangular, os comerciantes da Nova Inglaterra compravam produtos, como açúcar e melaço, das Antilhas, onde havia colônias francesas, inglesas e espanholas, escolhendo entre aquelas que oferecessem produtos a menores preços.

A Lei do Açúcar impunha novas taxas aos carregamentos de produtos que fossem comprados em colônias não inglesas das Antilhas, o que encareceu vários produtos e obrigou os colonos a adquirir o melaço apenas das Antilhas inglesas.

Em 1765, a **Lei do Selo** determinava que qualquer material impresso (documentos legais, cartazes, jornais, etc.) só poderia circular nas Treze Colônias se tivesse um selo de autorização da Coroa inglesa. Esse selo era vendido por um preço alto, o que aumentava a carga de impostos sobre os colonos. Inconformados, eles suspenderam as atividades mercantis com a Inglaterra até conseguir a revogação dessa lei, em 1766.

Em 1773, a Coroa inglesa criou a **Lei do Chá**, que obrigava os colonos a comprar chá apenas da Companhia Britânica das Índias Orientais, em Londres. Essa medida prejudicava os colonos, pois eles produziam e comercializavam chá no mercado interno. Em protesto, em dezembro daquele ano, um grupo de 150 colonos disfarçados de indígenas jogou ao mar um carregamento de chá que havia chegado da Europa em três navios ancorados no porto de Boston, na colônia de Massachusetts. O protesto ficou conhecido como **Festa do Chá de Boston** (*Boston Tea Party*).

CIDADANIA GLOBAL

PROTESTOS E QUESTIONAMENTOS

No início da unidade, debatemos sobre manifestações cívicas em espaços públicos. Há, porém, outros tipos de manifestação coletiva organizados pelos cidadãos, como os protestos. A Festa do Chá de Boston é um exemplo disso. Trata-se de eventos que questionam as medidas institucionais e buscam pressionar o governo a mudar de posição sobre elas. A respeito desse tema, dialogue com a turma com base nas questões a seguir.

1. Como os protestos públicos, com manifestantes que saem às ruas, impactam as instituições do governo?
2. Pensando na cultura de paz e no respeito aos espaços públicos, como seria um protesto ideal? Que regras as pessoas que participam dele precisam seguir para garantir a segurança de todos?

▼ Sarony e Major. *A destruição de chá no porto de Boston*, publicada em 1846. Litogravura.

AS LEIS INTOLERÁVEIS

Em 1774, em reação ao protesto realizado em Boston, a Coroa inglesa aprovou uma série de leis, chamadas pelos colonos de **Leis Intoleráveis**. Essas leis determinavam:

- o fechamento do porto de Boston até que os colonos envolvidos pagassem todo o valor do chá jogado ao mar;
- a ocupação da colônia de Massachusetts por tropas do exército inglês, tornando-a uma colônia real;
- a restrição ao direito de reuniões, o que impedia manifestações públicas contrárias à Metrópole;
- o controle militar das terras localizadas a oeste das Treze Colônias;
- a prisão e o julgamento, por tribunais da Metrópole, dos colonos participantes do protesto Festa do Chá de Boston.

Essas leis foram o estopim para que os colonos começassem a organizar a luta pela independência. No mesmo ano em que elas foram impostas, representantes das Treze Colônias reuniram-se no **Primeiro Congresso Continental da Filadélfia**. Nesse congresso, decidiram boicotar o comércio de todos os produtos vindos da Inglaterra enquanto a Coroa não revogasse as Leis Intoleráveis. Mesmo assim, a Metrópole não cedeu.

Em 1775, houve o primeiro conflito armado entre as tropas organizadas pelos colonos e as forças leais à Coroa. Era o início da **Guerra de Independência**.

▼ Emanuel Leutze. *Washington atravessando o rio Delaware*, 1851. Óleo sobre tela. O general George Washington (em pé, na frente da embarcação) foi um dos líderes do movimento de independência das Treze Colônias. O evento retratado nessa obra ocorreu em dezembro de 1776, durante a Guerra de Independência americana, e representou uma importante vitória para as Treze Colônias.

> Aprofunde seus conhecimentos sobre a **Declaração de Independência dos Estados Unidos da América** e, no caderno, faça um mapa mental sobre as principais características dessa fonte histórica.

A DECLARAÇÃO DE INDEPENDÊNCIA

Em meio à Guerra de Independência, ainda em 1775, os representantes das colônias reuniram-se no **Segundo Congresso Continental da Filadélfia**. Não havia um consenso entre eles sobre a ideia de independência. Alguns defendiam a separação da Inglaterra e atribuíam à Metrópole os problemas que enfrentavam. Criticavam os abusos da monarquia sobre as colônias e o próprio sistema monárquico como instituição. Representantes de outras colônias, no entanto, tinham o receio de que a separação da Inglaterra pudesse representar dificuldades para suas atividades econômicas.

Apesar dessas divergências, nesse encontro, ficou resolvido que as Treze Colônias romperiam relações com a Inglaterra e que a **Declaração de Independência dos Estados Unidos da América** começaria a ser redigida. À época, na Europa, as ideias iluministas circulavam entre as elites econômicas e intelectuais da América e, assim, a Declaração teve forte inspiração nos ideais de liberdade e de igualdade difundidos pelos iluministas, especialmente os do filósofo inglês John Locke, que defendia a igualdade entre os homens e o direito à vida, à liberdade e à propriedade.

Em 4 de julho de 1776, a Declaração de Independência foi aprovada pelos representantes das colônias. No entanto, a Inglaterra não reconheceu a independência e intensificou os ataques às tropas dos colonos. Os colonos que lutavam pela separação da Inglaterra receberam auxílio da França, da Espanha e da Holanda, e isso ajudou a decidir a guerra. O exército inglês se rendeu em 1781, mas apenas em 1783, com a assinatura do **Tratado de Paris**, a Inglaterra reconheceu a independência dos Estados Unidos. Era a primeira vez que um país europeu reconhecia a independência de uma colônia.

Após o reconhecimento da independência pela Inglaterra, as antigas colônias tornaram-se um só país e organizaram o novo Estado como uma república federalista e presidencialista.

Os Estados Unidos da América pós-independência

Fonte de pesquisa: Werner Hilgemann; Hermann Kinder. *Atlas historique*. Paris: Perrin, 2006. p. 286.

AS REPERCUSSÕES DA INDEPENDÊNCIA

Evidentemente, a Inglaterra foi o país mais atingido pela independência dos Estados Unidos. A derrota inglesa nos conflitos pela independência e o Tratado de Paris abalaram o poderio inglês por um período.

A França absolutista também foi afetada, pois os soldados franceses que apoiaram os colonos estadunidenses na guerra pela independência voltaram para seu país influenciados por ideais republicanos. Além disso, as elevadas despesas da França com essa guerra debilitaram o tesouro francês, o que contribuiu para o enfraquecimento do poder real e, consequentemente, para a deflagração da Revolução Francesa (que será estudada na próxima unidade).

No restante da América, a independência dos Estados Unidos – primeiro país do continente a se tornar independente – serviu de exemplo para as colônias ibéricas que desejavam se separar das metrópoles.

Para os povos indígenas da América do Norte, a independência estadunidense teve efeitos negativos, pois significou a retomada de ambições expansionistas dos antigos colonos sobre seus territórios, que, até então, tinham a autonomia amparada pela Declaração de 1763. Para os africanos escravizados, a independência não significou a conquista da liberdade. Para as mulheres, não representou a igualdade, já que elas continuavam proibidas de participar da vida política. Os ideais da independência, portanto, valiam apenas para os homens brancos, adultos e com alguma renda financeira. O restante da população permaneceu excluído, em diferentes graus, dos direitos políticos e sociais.

▲ Ilustração representando indígenas iroqueses, nativos da região dos Grandes Lagos, situada entre os Estados Unidos e o Canadá. Como outros povos nativos, os iroqueses foram obrigados a combater o expansionismo dos colonos estadunidenses. Detalhe de litografia de Friedrich Wilhelm Goedsche, c. 1835-1840.

◀ Gravura de c. 1750, de autoria desconhecida, representando escravizados trabalhando no corte de cana em Louisiana. A independência dos Estados Unidos não promoveu a liberdade nem a igualdade de direitos para esse grupo social.

57

ATIVIDADES

Acompanhamento da aprendizagem

Retomar e compreender

1. O que foi o comércio triangular?

2. Explique as tensões criadas pela Guerra dos Sete Anos entre a Inglaterra e suas colônias na América do Norte.

Aplicar

3. Observe esta pintura, que representa a costureira Betsy Ross (em pé) e suas assistentes confeccionando aquela que seria a primeira bandeira dos Estados Unidos. Atribui-se a Ross a autoria do desenho da bandeira que se tornou símbolo nacional em 14 de junho de 1777.

    a) Que sensação essa pintura transmite: de harmonia ou de conflito? Justifique.
    b) A pintura foi feita quantos anos após a bandeira ter se tornado símbolo nacional?
    c) Em sua opinião, qual foi a intenção do artista ao retratar dessa forma o surgimento do símbolo nacional dos Estados Unidos da América?

▲ Henry Mosler. *O nascimento da bandeira*, 1911. Óleo sobre tela.

4. Forme dupla com um colega. Leiam, a seguir, alguns trechos da Declaração de Independência dos Estados Unidos.

> Nós temos por evidentes as seguintes verdades:
> • Que todos os homens nascem iguais;
> • Que foram dotados pelo Criador de certos direitos inalienáveis, entre os quais a vida, a liberdade e a busca da felicidade;
> • Que os governos são estabelecidos pelos homens para garantir estes direitos e seu justo poder emana do consentimento dos governados;
> • Que, se um governo não reconhece esses objetivos, o povo tem o direito de modificá-lo ou aboli-lo e de estabelecer um novo governo fundamentando-o nos princípios e sobre a forma que lhe pareça a mais própria para lhe garantir a segurança e a felicidade.
> [...]
> Quando uma longa série de abusos e de usurpação marca a intenção de submeter os homens a um despotismo absoluto, é de seu direito e dever rejeitar um tal governo.
> [...] Em consequência, nós, os representantes dos Estados Unidos da América, [...] declaramos solenemente, em nome e pela autoridade do bom povo das colônias, que estas colônias unidas são, e têm o direito de ser, estados livres e independentes; que são desligadas de toda obediência à Coroa da Inglaterra.
>
> Declaração de Independência dos Estados Unidos, 4 de julho de 1776. Em: *900 textos e documentos de história*. Lisboa: Plátano, 1978. v. III, p. 60-61.

a) Quais ideais iluministas podem ser identificados no texto?
b) Esses ideais podem ser associados a quais filósofos do período?
c) **SABER SER** Vocês consideram que esses ideais ainda são importantes atualmente? Por quê?

HISTÓRIA DINÂMICA

O conceito de **liberdade** na Constituição dos Estados Unidos da América

Embora o movimento de independência dos Estados Unidos tivesse forte influência dos princípios iluministas que defendiam o direito à liberdade, a liberdade conquistada pelas colônias inglesas não se estendeu à totalidade de sua população. O texto a seguir trata das discussões presentes na elaboração da Constituição do novo país. Leia-o e, depois, faça as atividades.

A lenta discussão preparatória da Constituição perturbava o andamento de outras medidas. Unidade em torno de um governo central forte ou liberdade para as colônias agirem de forma mais autônoma? Esse problema fora levantado ainda antes da Independência e permaneceu mal resolvido até o século XIX, acabando por gerar a Guerra Civil Americana.

Durante vários meses, a Convenção da Filadélfia discutiu o texto da nova Constituição. James Madison foi um dos mais destacados redatores desse texto. Desde que foi submetido ao Congresso, em setembro de 1787, até maio de 1790, quando ratificado pelo mesmo Congresso, transcorreram quase três anos, demonstrando a dificuldade de consenso em torno de algumas questões.

De muitas formas, o texto constitucional é inovador. Começa invocando o povo e falando dos direitos, inspirados em Locke. A nação americana procurava assentar sua base jurídica na ideia de representatividade popular, ainda que o conceito de povo fosse, nesse momento, extremamente limitado.

Já no início da Constituição encontramos a expressão: "Nós, o povo dos Estados Unidos...". Quem eram "nós"? Certamente não todos os habitantes das colônias. A maior parte dos "americanos" estava excluída da participação política. O processo de independência fora liderado por comerciantes, latifundiários e intelectuais urbanos. Com a Constituição, cada estado, por exemplo, tinha a liberdade de organizar suas próprias eleições.

Leandro Karnal e outros. *História dos Estados Unidos*: das origens ao século XXI.
São Paulo: Contexto, 2007. p. 93.

Em discussão

1. Com base no texto lido e no que foi estudado neste capítulo, explique em quais aspectos o texto da Constituição dos Estados Unidos – e o movimento de independência como um todo – pode ser considerado inovador.

2. Comente qual é, segundo o autor do trecho citado, a limitação do texto da Constituição.

3. O autor do texto cita algumas concepções de liberdade que aparecem no processo de elaboração da Constituição dos Estados Unidos.

    a) Quais são elas?

    b) Essas concepções de liberdade, em sua opinião, implicavam a liberdade de todos os que viviam nas Treze Colônias naquele período?

4. Em sua opinião, no Brasil atual, a liberdade de uma pessoa é plenamente respeitada? Para refletir sobre essa questão, considere sua experiência cotidiana ou casos noticiados pela mídia. Dê um exemplo que justifique sua resposta.

ATIVIDADES INTEGRADAS

Retomar e compreender

1. Classifique as afirmações a seguir em verdadeiras ou falsas. Em seguida, reescreva aquelas que você considerou falsas, corrigindo-as.

a) Os estudiosos iluministas acreditavam que a sociedade deveria ser regida conforme a vontade do monarca.

b) Os liberais defendiam a limitação do poder político por meio de leis. Segundo eles, um grupo de representantes da sociedade ficaria encarregado de criar essas leis.

c) Um dos pilares do Iluminismo era a luta pela igualdade e a participação feminina na política.

d) O liberalismo econômico defendia a livre concorrência e a especialização do trabalho.

Aplicar

2. O texto citado trata da preservação do documento original da Declaração de Independência dos Estados Unidos. Leia-o, converse com um colega e responda no caderno às questões propostas.

Você sabe o que é um pergaminho? Trata-se de uma pele animal, geralmente de cabra, preparada para que sobre ela se possa escrever. A Declaração de Independência dos Estados Unidos, debatida e assinada durante o Congresso Continental instalado na cidade da Filadélfia, em 1776, foi escrita sobre um pergaminho.

A fragilidade deste suporte levou os americanos a criarem diversos mecanismos e técnicas para proteger esse documento fundador da nação. Até o início do século XX, o documento foi guardado no Departamento de Estado, em Washington [...]. Em 1921, a Declaração foi transferida para a Biblioteca do Congresso, também em Washington, [...]. Após [a entrada dos] Estados Unidos [...] na Segunda Guerra Mundial [...] a preocupação com a preservação de seu documento-símbolo aumentou. Acondicionada em um *container* protegido por agentes do serviço secreto, a Declaração foi levada para a zona militar de Fort Knox, no estado do Kentucky. Com o fim da guerra, o documento voltou para Washington e nos anos [19]50 foi finalmente depositado nos Arquivos Nacionais, onde permanece exposto à visitação até hoje.

Os originais da Declaração de Independência [...] são expostos em molduras de bronze e *containers* de vidro à prova de balas e protegidos com gás hélio, para evitar os danos causados pela umidade e pelo oxigênio. À noite, os documentos originais são guardados em uma câmara que pesa 55 toneladas. [...]

Larissa Viana. A independência das Treze Colônias inglesas na América. Associação Nacional de Pesquisadores e Professores de História das Américas (Anphlac). Disponível em: https://www.anphlac.org/conteudo/view?id_conteudo=485. Acesso em: 26 maio 2023.

a) Por que é importante para o governo estadunidense preservar os documentos citados no texto?

b) Não seria mais fácil deixar esses documentos guardados se é tão importante protegê-los? Por que eles ficam expostos ao público?

3. A independência dos Estados Unidos foi proclamada em 1776, inspirada nos ideais de pensadores iluministas. Apesar disso, no início do século XIX, os sulistas estadunidenses ainda mantinham a escravidão em suas fazendas. Leia a seguir alguns trechos da obra *Do contrato social*, de Jean-Jacques Rousseau, publicada em 1762. Depois, faça o que se pede.

[...] é uma inútil [...] convenção a que [...] estipula uma autoridade absoluta, e [...] uma obediência sem limites. [...]

[...] nulo é o direito de escravidão não só por ser ilegítimo, mas por ser absurdo e nada significar. As palavras *escravidão* e *direito* são contraditórias, excluem-se mutuamente. [...]

[...] o pacto social estabelece entre os cidadãos uma tal igualdade, que eles se comprometem todos nas mesmas condições e devem todos gozar dos mesmos direitos. [...]

Jean-Jacques Rousseau. *Do contrato social* [e outros]. São Paulo: Nova Cultural, 1997. p. 61-62, 65, 97-98 (Coleção Os Pensadores, v. 1).

a) Por que, segundo o texto de Rousseau, **escravidão** e **direito** são palavras contraditórias?

b) Se considerarmos que os estadunidenses mantiveram a escravidão por quase noventa anos após a proclamação da independência, o que fica evidente quando comparamos o que é dito no texto de Rousseau com o que realmente foi praticado nos Estados Unidos?

Analisar e verificar

4. Durante os anos que antecederam a Independência dos Estados Unidos, houve grande resistência dos colonos às leis elaboradas pela Inglaterra para aumentar a arrecadação de impostos. A Lei do Açúcar, a Lei do Selo e a Lei do Chá, entre outras, provocaram reações contrárias por parte dos colonos, que consideravam abusivas as imposições da Metrópole. Nesse período, além das manifestações, charges foram criadas para criticar essas medidas. Observe esta imagem e responda às questões.

    a) Descreva as pessoas e o espaço retratado na imagem.
    b) Na imagem, qual figura simboliza o cobrador de impostos?
    c) O que os habitantes de Boston estão fazendo com ele?
    d) A qual evento do processo de independência dos Estados Unidos essa imagem se relaciona?

Ilustração atribuída a Philip Dawe, publicada em Londres, em 31 de outubro de 1774. Na parte de baixo da imagem, em inglês, lê-se: *The Bostonians Paying the Excise-Man, or Tarring & Feathering* (em tradução livre: "Os habitantes de Boston pagando o cobrador de impostos, ou cobrindo-o com piche e penas").

Criar

5. Em interdisciplinaridade com Língua Portuguesa e Artes, reúna-se com um colega para elaborar uma charge criticando uma das leis contestadas pelos colonos estadunidenses na época anterior à independência, nas décadas de 1760 e 1770. Para isso, sigam as etapas.
    - Conversem sobre o tema da charge de vocês e definam os objetivos dela. Quais ideias vocês querem comunicar?
    - Escolham se a charge terá personagens, balões de fala, cenário, etc.
    - Passem, então, para o desenho da charge. Ele pode ser feito com lápis e papel ou em aplicativos digitais de edição de imagens.
    - Em data combinada, exponham as charges de vocês e vejam as obras criadas pelos colegas.

CIDADANIA GLOBAL
UNIDADE 2

Retomando o tema

Ao longo desta unidade, você estudou os princípios iluministas e a relação deles com o processo de independência dos Estados Unidos. Das proposições feitas pelos iluministas, chama a atenção a defesa de que os seres humanos são livres por natureza e iguais em direito. Três séculos depois, essa concepção ainda é reafirmada como princípio fundamental para a construção de uma sociedade justa e igualitária.

1. Na época estudada, é possível afirmar que havia uma contradição entre os discursos iluministas e as práticas exercidas pela burguesia? Explique.

2. Atualmente, a Constituição Federal do Brasil prevê, em seu artigo terceiro, item I, como um dos objetivos da República brasileira, "construir uma sociedade livre, justa e solidária". Mais de trinta anos depois da discussão e aprovação do texto constitucional, esse objetivo já foi efetivado? Converse com os colegas e levantem hipóteses.

Geração da mudança

- Com base nas hipóteses que você e os colegas levantaram na atividade 2, vocês deverão buscar informações complementares para o aprofundamento do tema, formando, assim, argumentos para fundamentar suas posições em uma roda de conversa.

- Primeiro, retomem os pontos levantados que indicavam avanços e permanências no que se refere à construção de uma sociedade brasileira livre, justa e solidária.

- Em seguida, busquem dados que reafirmem ou refutem essas hipóteses. Entre essas informações, incluam possíveis dados estatísticos que permitam visualizar a dimensão numérica dos problemas e soluções identificados.

- Sob a orientação do professor, a turma deve realizar uma roda de conversa pautada nos dados investigados. O importante não é confirmar as hipóteses iniciais, mas sim perceber como a discussão pautada em dados permite melhor compreensão da realidade.

Autoavaliação

A REVOLUÇÃO FRANCESA E SEUS DESDOBRAMENTOS

UNIDADE 3

PRIMEIRAS IDEIAS

1. Alguma vez você ouviu o lema "Liberdade, igualdade e fraternidade"? Sabe dizer a que evento histórico ele se refere?
2. Você já observou o uso dos termos "direita", "esquerda" e "centro" em comentários sobre política? Sabe o que eles significam?
3. Você já ouviu falar de Napoleão Bonaparte? Que informações tem sobre ele?
4. O que você sabe sobre o Haiti, antiga colônia francesa de São Domingo, na região do Caribe?

Conhecimentos prévios

Nesta unidade, eu vou...

CAPÍTULO 1 — A Revolução Francesa

- conhecer a estrutura da sociedade na França no período que antecedeu a Revolução Francesa.
- examinar a crise econômica na França no período pré-revolucionário.
- caracterizar todas as fases do processo revolucionário na França.
- compreender o golpe do 18 Brumário.
- identificar as mudanças socioeconômicas, políticas e culturais ocorridas a partir da Revolução Francesa.
- analisar a repercussão da Revolução Francesa na França, na Europa e nas colônias da América.

CAPÍTULO 2 — O Império Napoleônico e a Revolução de São Domingo

- caracterizar o período em que Napoleão assumiu o governo como primeiro-cônsul.
- identificar os principais acontecimentos que impulsionaram a expansão e a consolidação do Império Napoleônico.
- analisar as contradições nas relações entre Napoleão e a nova nobreza.
- explicar o que foi o Bloqueio Continental e suas consequências.
- descrever os conflitos militares e o governo dos cem dias.
- examinar o contexto social e histórico da revolta dos escravizados na ilha de São Domingo.
- conhecer a inspiração política da independência haitiana.

CIDADANIA GLOBAL

- refletir sobre o ideal de igualdade nos contextos da Revolução Francesa e da Revolução do Haiti.
- debater sobre a importância do esforço coletivo para a redução das desigualdades no mundo atual.

63

LEITURA DA IMAGEM

1. Que personagens históricos foram representadas nessa imagem?
2. Quais elementos dessa fonte histórica permitem inferir que se trata de uma cena que se refere à França e não a outro país?
3. Em sua opinião, por que essas pessoas encenam uma batalha que aconteceu há tanto tempo?

CIDADANIA GLOBAL

10 REDUÇÃO DAS DESIGUALDADES

Durante o período em que a França foi governada por Napoleão Bonaparte, muitos dos ideais da Revolução Francesa permaneceram em circulação. Entre eles, é possível citar a **igualdade**.

1. Atualmente, esse ideal ainda representa um valor para a sociedade? Compartilhe seus conhecimentos sobre o tema.
2. Você considera que ele seja importante para a vida em comunidade? Por quê?

Observe os detalhes dos **uniformes do exército de Napoleão**. Em seguida, registre as semelhanças e as diferenças entre eles e os uniformes que aparecem na foto de abertura.

Encenação de acampamento militar durante batalha realizada em 1805 por tropas sob o comando de Napoleão Bonaparte. A batalha ocorreu na região onde hoje é a República Tcheca. Foto de 2020.

CAPÍTULO 1
A REVOLUÇÃO FRANCESA

PARA COMEÇAR

No decorrer do século XVIII, a França foi palco de acontecimentos que inspiraram movimentos de contestação à organização social, econômica e política vigente em diferentes regiões da Europa. Você sabe dizer quais foram esses acontecimentos?

A SOCIEDADE DOS TRÊS ESTADOS

No final do século XVIII, a sociedade francesa organizava-se em **três Estados**. As pessoas que faziam parte do Primeiro e do Segundo Estado eram isentas da maioria dos tributos e desfrutavam de muitos privilégios sociais, além de direitos como cobrar impostos dos integrantes do Terceiro Estado.

Formado por camponeses, pela burguesia e por trabalhadores urbanos, o **Terceiro Estado** representava, à época, mais de 95% da população francesa (veja no esquema da página seguinte como se compunham os três Estados). Essa parcela da sociedade não tinha direitos políticos nem privilégios e era obrigada a pagar diversos tributos, alguns deles vigentes desde a Idade Média. Além de arcar com esse custo, muitas dessas pessoas viviam em péssimas condições. Nos centros urbanos, artesãos, trabalhadores pobres e pequenos comerciantes tinham muita dificuldade de ganhar o suficiente para suprir as necessidades básicas.

A situação no campo era ainda mais grave. Entre 1787 e 1789, a França registrou três más colheitas seguidas, causadas sobretudo por problemas climáticos, o que diminuiu a quantidade de alimentos disponíveis e provocou o aumento de preços. Milhões de camponeses passavam fome. Mesmo nessas circunstâncias, a cobrança de impostos se manteve.

▼ Jean-François Rigaud. Detalhe de *A Bastilha em Paris.* A gravura, do século XVIII, retrata as imediações da Bastilha (à direita, rodeada por um fosso), uma importante prisão parisiense e local simbólico do processo revolucionário.

A CRISE

Ao longo do século XVIII, grande parte da tradicional aristocracia francesa, que formava o **Segundo Estado**, deixou o campo e passou a viver na corte, em Paris. Essa situação fez aumentar ainda mais os custos do Estado francês, pois o luxo e a ostentação da corte eram sustentados pelos cofres públicos.

Esses custos ficavam ainda maiores quando somados às altas despesas com os conflitos militares nos quais a França tinha se envolvido em anos anteriores, como a campanha desencadeada na Guerra de Independência dos Estados Unidos (1775-1783).

ALIMENTAÇÃO E TRIBUTOS

Havia dificuldades também na produção agrícola. As más colheitas provocaram uma crise no abastecimento, e os salários não acompanharam a elevação dos preços dos produtos. Devido à fome, milhares de pessoas roubavam para se alimentar, gerando inúmeros conflitos. A dívida externa só aumentava, e quem sofria diretamente as consequências desses problemas era o povo.

Embora desfrutasse de uma situação financeira muito mais confortável que o restante do Terceiro Estado, a alta burguesia questionava a pesada carga tributária à qual era submetida e exigia maior participação política, pois queria ter voz nas decisões do governo em relação à economia.

A elevação dos custos do Estado forçava o aumento da arrecadação, e a solução costumeira era criar impostos. Por esse motivo, em agosto de 1788, o rei Luís XVI convocou os **Estados Gerais**, uma assembleia que reunia representantes dos três Estados e que tinha a prerrogativa de tomar decisões sobre esse tipo de situação.

POPULAÇÃO (EM NÚMEROS ARREDONDADOS)

Primeiro Estado
- Clero → 130 000

Segundo Estado
- Nobreza → 350 000

Terceiro Estado
- Alta burguesia (banqueiros, grandes negociantes) → 500 000
- Burguesia (empresários, professores, advogados) → 500 000
- Pequena burguesia (artesãos e pequenos comerciantes) → 2 000 000
- Camponeses e trabalhadores urbanos → 21 500 000

Fonte de pesquisa: Gustavo de Freitas. *900 textos e documentos de história*. Lisboa: Plátano, s. d. p. 72.

O PROCESSO REVOLUCIONÁRIO NA FRANÇA

> **GRUPOS POLÍTICOS DA CONVENÇÃO NACIONAL**
>
> **Jacobinos:** defendiam a república e a igualdade social. Lutavam pelo voto universal e pela abolição da escravidão nas colônias francesas. Representavam a pequena burguesia e os trabalhadores.
>
> **Girondinos:** formavam a alta burguesia. Temiam o avanço dos movimentos populares, por isso muitos preferiam a monarquia constitucional.
>
> Entre esses dois grupos movimentava-se um terceiro, chamado de **planície**, que apoiava as medidas dos jacobinos ou as dos girondinos conforme sua conveniência.

As discussões dos Estados Gerais iniciaram-se em maio de 1789. Considerando essas reuniões um espaço de pressão por mudanças baseadas nos ideais iluministas, os representantes do Terceiro Estado questionaram a prática do **voto unitário**, ou seja, de um único voto para cada Estado. Essa forma tradicional de encaminhar as discussões favorecia o clero e a nobreza, que se uniam ao optar por propostas que lhes garantissem mais vantagens.

Muitos dos integrantes do Terceiro Estado, sobretudo os da pequena burguesia, defendiam que cada pessoa tivesse direito a um voto, o chamado **voto por cabeça**. A ideia é que as votações fossem mais equilibradas, uma vez que havia 578 membros do Terceiro Estado, contra 291 representantes do clero e 270 da nobreza.

Diante da recusa do Primeiro e do Segundo Estado em aceitar essa proposta, parte do Terceiro Estado, então, formou a **Assembleia Nacional Constituinte**, em 9 de julho de 1789. A pressão desse novo protagonista social contra a Coroa foi muito grande, e Luís XVI viu-se forçado a fazer os demais Estados participarem da Assembleia.

Enquanto os constituintes discutiam leis e tributos, a população urbana também se mobilizava. No dia 14 de julho de 1789, cinco dias após a proclamação da Assembleia, rebeldes parisienses invadiram a prisão da **Bastilha** para libertar inimigos do rei e adquirir munição e pólvora, marcando o início da **Revolução Francesa**. Seguiu-se a esse evento uma série de revoltas camponesas contra a opressão da nobreza.

▼ Charles Monnet e Isidore-Stanislas Helman. *Abertura dos Estados Gerais em Versalhes em 5 de maio de 1789*, feita em 1789. Gravura colorizada.

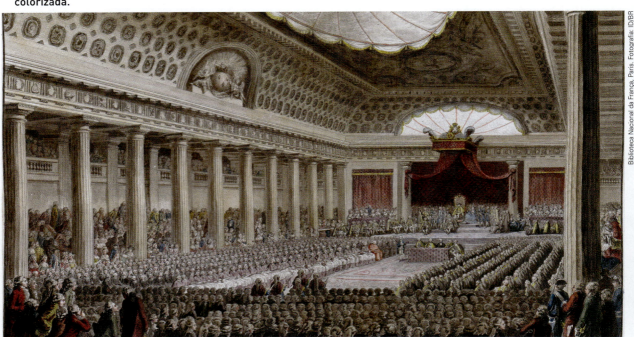

AS TRANSFORMAÇÕES POLÍTICAS

Em resposta às revoltas no campo, ainda em 1789, a Assembleia aprovou a abolição da servidão e de privilégios feudais, o que desagradou a nobreza. Também foi determinado o confisco dos bens da Igreja, subordinando o clero à autoridade do governo.

O sistema de voto passou a ser **censitário**, ou seja, com base na renda do eleitor. Com isso, a alta burguesia garantia para si o direito à participação política, ao mesmo tempo que excluía a maioria da população da tomada de decisões. Os representantes da burguesia conseguiram, ainda, aprovar leis que estabeleciam a liberdade de comércio e de organização de seus negócios.

A conquista mais importante da Assembleia foi a **Declaração dos Direitos do Homem e do Cidadão**, que afirmava que todos nascem livres e iguais, com direito à liberdade, à segurança e à propriedade. O chamado Antigo Regime chegava ao fim, e a França tornava-se uma **monarquia parlamentar**.

Contudo, o movimento revolucionário continuou e se radicalizou. A nobreza teve seus bens nacionalizados e passou a ser perseguida; muitos nobres buscaram refúgio em outras monarquias da Europa. Ainda em 1789, com grande parte da população ainda assolada pela fome, uma nova onda de revolta foi incentivada pelos *sans-culottes*. Luís XVI, então, foi obrigado a deixar Versalhes e mudar-se para o palácio das Tulherias, em Paris.

Sentindo-se acuados, em 1791, o rei e sua família tentaram fugir para a Áustria, terra de origem da rainha Maria Antonieta, mas foram descobertos e reconduzidos à força a Paris. Embora entre os revolucionários houvesse aqueles que defendessem a monarquia constitucional, também havia os que queriam executar o rei por traição e criar uma república. Em setembro de 1792, os republicanos conseguiram abolir oficialmente a monarquia. Julgados em audiência pública, Luís XVI e Maria Antonieta foram condenados à morte na guilhotina; ele foi executado em janeiro de 1793, e ela, em outubro do mesmo ano.

Preocupados com a ameaça aos poderes das dinastias reais, os governos monárquicos da Áustria e da Prússia, defensores do Antigo Regime, organizaram um exército para depor o governo revolucionário, entrando em guerra contra a França.

 Leia todos os artigos da **Declaração dos Direitos do Homem e do Cidadão**. Anote os termos desconhecidos e busque seus significados em um dicionário.

CIDADANIA GLOBAL

IMPACTOS DA REVOLUÇÃO FRANCESA

Alimentada pelos ideais iluministas, a Revolução Francesa gerou intensas transformações sociais, culturais, políticas e econômicas. Com base no que você estudou, dialogue com a turma sobre a seguinte questão:

- Quais foram as principais transformações decorrentes da Revolução Francesa em relação à igualdade? Busque formular argumentos levando em consideração os documentos históricos apresentados até o momento.

sans-culotte: sem culote, nome dado aos representantes do povo, pois eles vestiam calças compridas em vez do culote, calça usada por nobres e burgueses ricos.

▼ *Declaração dos Direitos do Homem e do Cidadão*, 1789. Óleo sobre tela.

> **O CALENDÁRIO REVOLUCIONÁRIO**
>
> Em 1792, com o intuito de acabar com qualquer herança religiosa, os revolucionários criaram, na Convenção Nacional, um novo calendário para substituir o calendário cristão.
>
> Esse novo calendário, elaborado com base no clima e nas estações do ano na França, era dividido em doze meses, todos com trinta dias.
>
> Ao final do ano, sobravam cinco dias, chamados dias *sans-culottes*, considerados feriados nacionais. O mês de Termidor, por exemplo, correspondia ao período de 19 de julho a 17 de agosto.

A CONVENÇÃO NACIONAL

Com o fim da monarquia, iniciava-se o período republicano governado pela **Convenção Nacional**, dividida entre girondinos e jacobinos. A Assembleia Nacional foi destituída, e os republicanos convocaram eleições. Os deputados eleitos escreveram uma nova Constituição, aprovada em 1793.

No entanto, o governo revolucionário enfrentou graves problemas. O povo ainda sofria com a falta de alimentos, e os conflitos externos continuavam sangrando a França. Os diferentes grupos políticos divergiam sobre os rumos que o governo deveria tomar. Nesse contexto de conflitos políticos, os jacobinos, apoiados pelas camadas populares, prenderam os representantes girondinos, assumindo o controle político da Convenção.

O PERÍODO JACOBINO

A instabilidade política levou a Convenção a criar o **Comitê de Salvação Pública**. Esse comitê era responsável por perseguir e punir quem supostamente agisse contra o governo jacobino e, assim, se mostrasse contrário aos rumos da Revolução.

Consequentemente, entre 1793 e 1794, a França viveu o período mais radical da Revolução, conhecido como **Terror Jacobino**. As pessoas consideradas inimigas do bem público eram presas, julgadas e guilhotinadas. Maximilien de Robespierre e Louis-Antoine de Saint-Just, líderes do Comitê, chegaram a aprovar a execução de colegas jacobinos, como Georges Jacques Danton, outro líder revolucionário, menos radical e contrário aos atos mais extremistas, como a execução de Maria Antonieta. Cerca de 17 mil "inimigos" foram guilhotinados durante esse período.

Ao mesmo tempo, nessa época foi aprovado o maior número de medidas que beneficiavam diretamente o povo. Entre elas, destacaram-se a inauguração de escolas públicas laicas, o estabelecimento de um teto para os preços dos produtos e o fim da escravidão nas colônias francesas.

A REAÇÃO TERMIDORIANA

O extremismo dos jacobinos fez diminuir o apoio que recebiam do povo e foi pretexto para que os moderados, liderados por girondinos e membros da planície, tomassem o poder. Esse golpe ficou conhecido como **Reação Termidoriana**, pois ocorreu no dia 9 Termidor do calendário revolucionário francês, correspondente a 27 de julho do calendário cristão. No dia seguinte, Robespierre e outros líderes jacobinos foram guilhotinados.

▼ *A Reação Termidoriana*. A gravura do século XIX, de autoria desconhecida, representa o golpe que destituiu os jacobinos do poder.

O DIRETÓRIO E O FIM DA REVOLUÇÃO

Em 1795, o governo vigente aprovou a nova Constituição, mediante a qual instituiu o **Diretório**, regime em que cinco diretores eleitos governavam por um período de cinco anos.

As medidas do novo governo deixavam claro o retorno da alta burguesia liberal ao poder. O voto censitário e a escravidão nas colônias foram retomados, e as revoltas populares que ocorreram nesse período foram violentamente reprimidas.

O governo do Diretório enfrentou inúmeros problemas. Os anos de Revolução haviam desorganizado a produção, e a forte crise econômica deixava a população descontente. Além disso, as guerras consumiam esforços financeiros e vidas humanas.

O GOLPE DO 18 BRUMÁRIO

Similarmente ao que ocorrera durante o período do Terror Jacobino, o governo do Diretório também perseguiu seus opositores e conseguiu retirar os jacobinos e os monarquistas (chamados **realistas**) do cenário político. Enquanto isso, continuavam os conflitos entre a França e os países contrários à Revolução.

O militar **Napoleão Bonaparte** destacou-se nas batalhas e, em poucos anos, tornou-se general. Graças aos êxitos que obteve, Napoleão ficou conhecido como o grande líder da vitória sobre os opositores da Revolução. Além de garantir as vitórias externas, ele foi responsável pelo fim das conspirações internas entre jacobinos e realistas.

Para se fortalecer politicamente, Napoleão aproveitou seu prestígio e a fraqueza dos grupos políticos que atuavam na França. Em 1799, com o apoio do exército, derrubou o governo liberal e tomou o poder em 18 Brumário do calendário da Revolução Francesa, que corresponde ao dia 9 de novembro do calendário gregoriano.

Brumário: mês das brumas e o segundo do calendário revolucionário francês.

François Bouchot. *O general Bonaparte no Conselho dos Quinhentos em Saint-Cloud*, 1840. Óleo sobre tela.

AS MULHERES NA REVOLUÇÃO

As mulheres participaram ativamente de todo o período da Revolução Francesa e estavam presentes tanto nos encontros da Assembleia Nacional como nos encontros das organizações que elas haviam criado para discutir política e cidadania, entre outros temas.

O primeiro grupo feminino a reagir de modo mais significativo era formado por mulheres que viviam em condições menos favorecidas – lavadeiras, operárias e lojistas, por exemplo. Elas manifestavam-se em motins contra a miséria e a fome, e um desses levantes desencadeou a **Marcha sobre Versalhes**, que obrigou a família real a mudar-se para Paris. Mulheres da pequena burguesia também participavam das reuniões organizadas por grupos populares.

A despeito de sua participação no movimento revolucionário, as mulheres foram excluídas dos benefícios concedidos aos homens pela Declaração dos Direitos do Homem e do Cidadão. Entre outras determinações, elas não podiam votar nem ser eleitas para o Parlamento ou para cargos públicos, o que limitava a atuação política feminina.

Em 1791, a escritora Olympe de Gouges chegou a redigir a **Declaração dos Direitos da Mulher e da Cidadã**, que defendia direitos iguais para homens e mulheres. No primeiro artigo dessa declaração, lia-se: "A mulher nasce livre e permanece igual ao homem em direitos".

O documento foi rejeitado pelo governo e, durante o Terror Jacobino, Olympe de Gouges foi acusada de se aliar aos girondinos. Acabou guilhotinada em 1793 por ser considerada perigosa demais. Enquanto era encaminhada à execução, teria proferido um trecho do décimo artigo de sua Declaração: "A mulher tem o direito de subir ao cadafalso; ela deve igualmente ter o direito de subir à tribuna".

cadafalso: tablado, geralmente de madeira, utilizado para a execução pública de condenados à morte.

Gravura de 1798, de autoria desconhecida, representando a ação de mulheres durante o processo revolucionário francês. As manifestantes desejavam invadir o palácio de Versalhes.

AS MUDANÇAS NA FRANÇA

A Revolução promoveu modificações em todas as esferas da sociedade. O poder, antes centrado na figura do rei, passou a ser dividido; a Igreja perdeu grande parte da supremacia da qual desfrutava; os privilégios do clero e da nobreza, que existiam havia centenas de anos, também foram atingidos.

Além das mudanças sociais, houve transformações culturais. Com a Revolução, entraram em cena os representantes da coletividade. Os artistas da época, por exemplo, deixaram de retratar somente os homens ilustres para incluir em suas obras personagens comuns, típicas do cotidiano.

A REPERCUSSÃO DA REVOLUÇÃO

Os acontecimentos de 1789 transformaram não apenas a França, mas também outras regiões do Ocidente. Movimentos inspirados pelo ideário iluminista e pelo lema "Liberdade, igualdade e fraternidade" tiveram forte repercussão em colônias da América.

Na colônia francesa de São Domingo, na ilha Hispaniola, que atualmente corresponde aos territórios do Haiti e da República Dominicana, após muita luta, africanos escravizados conquistaram a independência.

No Brasil, em 1798, houve a Conjuração Baiana, também denominada Revolta dos Alfaiates ou Revolta dos Búzios, um movimento social de emancipação que defendia a independência, o fim da escravidão e a adoção de um governo republicano.

> **PARA EXPLORAR**
>
> *A Revolução Francesa*, de André Diniz. São Paulo: Escala Educacional, 2008 (Coleção História Mundial em Quadrinhos).
> Histórias em quadrinhos com os principais protagonistas da Revolução Francesa, que tinha por lema a liberdade, a igualdade e a fraternidade.

Etienne Béricourt. *Erguendo a árvore da liberdade*, c. 1784-1794. Aquarela sobre papel. Essa árvore, usada a partir de 1792 como símbolo revolucionário, representa a vida, o crescimento e a perpetuação da liberdade.

ATIVIDADES

Retomar e compreender

1. Descreva como era a sociedade francesa às vésperas da Revolução.

2. O que provocou a crise financeira na França?

3. Leia um trecho de uma mensagem divulgada em folheto distribuído durante a Revolução Francesa.

> O que é o Terceiro Estado? [...]
> Tudo.
> O que ele foi até agora na ordem política?
> Nada.
> Que quer ele?
> Tornar-se alguma coisa.
>
> Guy Chaussinand-Nogaret. *A queda da Bastilha*: o começo da Revolução Francesa. Rio de Janeiro: Zahar, 1989. p. 35.

a) Por que o texto diz que o Terceiro Estado é tudo?

b) Qual é o significado da resposta dada à pergunta "O que ele foi até agora na ordem política?"?

c) Para o Terceiro Estado, o que significava "tornar-se alguma coisa"?

4. Leia o trecho de um livro escrito por Louis-Antoine de Saint-Just, revolucionário francês. Em seguida, responda às questões.

> A servidão consiste em depender de leis injustas; a liberdade, de leis sensatas [...].
> O espírito da igualdade consiste em que cada indivíduo seja uma porção igual da soberania [...].
> Um povo é livre quando não pode ser oprimido nem conquistado, goza de igualdade quando é soberano, é justo quando é dirigido por leis.
>
> Louis-Antoine Léon de Saint-Just. *O espírito da Revolução e da Constituição na França*. São Paulo: Ed. da Unesp, 1989. p. 37-38.

a) Quais são as "leis injustas" mencionadas pelo autor?

b) Para Saint-Just, o que é a liberdade?

Aplicar

5. O texto citado a seguir reproduz trechos da Declaração dos Direitos do Homem e do Cidadão, de 1789.

> Art. 6º A lei é a expressão da vontade geral. [...] Ela deve ser a mesma para todos, seja para proteger, seja para punir. [...]
> Art. 10º Ninguém pode ser molestado por suas opiniões, incluindo opiniões religiosas, desde que sua manifestação não perturbe a ordem pública estabelecida pela lei.
> Art. 11º A livre comunicação das ideias e das opiniões é um dos mais preciosos direitos do homem; todo cidadão pode, portanto, falar, escrever, imprimir livremente, respondendo, todavia, pelos abusos desta liberdade nos termos previstos na lei. [...]
> Art. 15º A sociedade tem o direito de pedir contas a todo agente público pela sua administração.
>
> Declaração dos Direitos do Homem e do Cidadão (1789). Disponível em: https://www.legifrance.gouv.fr/contenu/menu/droit-national-en-vigueur/constitution/declaration-des-droits-de-l-homme-et-du-citoyen-de-1789. Acesso em: 29 maio 2023.

a) Identifique características iluministas nos artigos transcritos.

b) O que significa dizer que o cidadão deve responder "pelos abusos desta liberdade"?

c) Hoje, no Brasil, as religiões afro-brasileiras ainda são vistas com preconceito por muitas pessoas. Em sua opinião, quais artigos dessa Declaração podem ser utilizados para promover atitudes de tolerância e respeito? Explique.

d) Qual dos artigos acima, se respeitado e seguido por todos, evitaria a corrupção?

6. Em 1791, a escritora Olympe de Gouges escreveu a Declaração dos Direitos da Mulher e da Cidadã. Esse documento foi rejeitado oficialmente, e a escritora foi condenada à morte em plena Revolução Francesa. Considerando a atual situação da sociedade brasileira, elabore três artigos que poderiam fazer parte de uma Declaração dos Direitos da Mulher e da Cidadã.

7. Observe esta imagem e, depois, faça o que se pede.

▶ Gravura de autoria desconhecida, 1789. Nos textos em francês, leem-se as frases (de cima para baixo): "Dívida nacional", "Imposto territorial" e "O tempo presente quer que cada um carregue o Grande Fardo".

a) Descreva a imagem.
b) Como cada personagem está caracterizada? O que isso representa?
c) Com base no que você aprendeu neste capítulo, qual é o significado da legenda original da imagem?
d) Em 2022, estudos do Instituto de Pesquisa Econômica Aplicada (IPEA) sobre a Organização para a Cooperação e Desenvolvimento Econômico (OCDE), formada por 35 países-membros, indicavam que o Brasil era o país com a maior carga tributária em toda a América Latina. Podemos afirmar que taxas, impostos e contribuições são o "grande fardo" que a sociedade brasileira carrega? Justifique.

8. A tabela a seguir apresenta a relação das **despesas** (dinheiro gasto) e da **receita** (dinheiro arrecadado) do Estado francês durante o ano de 1788.

Orçamento do Estado francês, em libras (1788)		
Despesas	Despesas civis (gastos com saúde, administração, serviços do governo, Corte, etc.), pagamento da dívida e despesas militares	629 628 182
Receitas	Total de receitas (impostos arrecadados e outros ganhos)	503 646 049

Fonte de pesquisa: Albert N. Hamscher. *The royal financial administration and the prosecution of crime in France*: 1670-1789 [A administração financeira real e a repressão à criminalidade na França: 1670-1789) (Tradução nossa)]. Newark: University of Delaware, 2012. p. 407-408.

a) Em 1788, qual foi o total de impostos arrecadados e de outros ganhos obtidos pelo governo?
b) Com base na tabela, o Estado francês teve lucro ou prejuízo em 1788?
c) O governo brasileiro atualmente tem alguns gastos em áreas semelhantes às citadas na tabela. No entanto, um dos gastos mencionados não tem correspondência com nossa forma republicana de governo. A que se refere esse gasto?
d) De acordo com o que você estudou neste capítulo, entre as despesas citadas na tabela, quais eram as mais criticadas pelos membros do Terceiro Estado?

75

CAPÍTULO 2
O IMPÉRIO NAPOLEÔNICO E A REVOLUÇÃO DE SÃO DOMINGO

PARA COMEÇAR

A ascensão de Napoleão Bonaparte, em 1799, teve impactos diferentes na França revolucionária e na ilha de São Domingo. Você imagina que diferenças foram essas? Quais foram as mudanças ocorridas na França e na ilha de São Domingo?

O CONSULADO

Napoleão Bonaparte assumiu o governo da França e, como primeiro-cônsul, teve plenos poderes para administrar o país. O Consulado (governo dos cônsules, 1799-1804) contou com o apoio da burguesia, que se mostrou satisfeita com o controle dos conflitos internos e externos.

A França entrou, então, em fase de recuperação econômica e administrativa. Em 1800, foi criado o Banco da França, que, ao controlar a emissão de moeda, diminuiu a inflação. O incentivo ao financiamento da agricultura e da indústria permitiu a reorganização e o aumento da produção. Além disso, a execução de obras públicas possibilitou a criação de empregos.

Em 1804, foi aprovado o **Código Civil**. Esse conjunto de leis reafirmava o casamento civil, a igualdade de todos perante a lei e o direito à liberdade e à propriedade individual. O governo napoleônico consolidava, assim, as conquistas obtidas pela burguesia com a Revolução.

O sucesso dessas medidas dava cada vez mais credibilidade ao governo e à imagem de Napoleão. Aproveitando-se disso, com a intenção de assegurar sua permanência no poder, o governante promoveu um plebiscito para que a população decidisse se ele se tornaria imperador da França. O resultado foi favorável a Napoleão, e ele governou o país de 1804 a 1814.

▼ Jacques-Louis David. *Consagração de Napoleão e coroação da imperatriz Josefina na catedral de Notre-Dame de Paris, 2 de dezembro de 1804* (detalhe). Óleo sobre tela, 1806-1807.

76

A EXPANSÃO DO IMPÉRIO NAPOLEÔNICO

Consolidado no poder, Napoleão implantou uma política de expansão territorial, com a justificativa de que era necessária para fortalecer e estender a toda a Europa as conquistas da Revolução Francesa. Nos territórios conquistados, promovia a instauração de governos constitucionais segundo os princípios liberais.

Para enfrentar os exércitos napoleônicos, países como Prússia, Rússia, Áustria e Inglaterra se aliaram em diferentes ocasiões. Napoleão obteve inúmeras vitórias sobre esses países, conquistando e dominando boa parte do continente europeu. Nas batalhas marítimas, contudo, a Inglaterra, grande inimiga e principal concorrente da França no mercado internacional, mantinha-se imbatível.

Sem conseguir derrotar a Inglaterra militarmente, Napoleão buscou outro meio de enfraquecê-la. Em 1806, exigiu que os países europeus deixassem de comercializar com os ingleses; a desobediência implicaria a invasão de seus territórios pelos exércitos napoleônicos. Essa proibição ficou conhecida como **bloqueio continental**.

Apesar de prejudicar a economia inglesa, o bloqueio não surtiu o efeito esperado, e a Inglaterra continuou desafiando os interesses de Napoleão. Os ingleses buscaram novos mercados consumidores fora da Europa, como o Brasil, e incentivaram o contrabando. Por outro lado, a indústria francesa não foi capaz de substituir os produtos ingleses para suprir as necessidades do restante do continente, o que causou uma crise de abastecimento na Europa.

Diante dos problemas causados pelo bloqueio – e pressionadas pelo poderio inglês –, algumas nações se recusaram a aderir a ele ou a mantê-lo. Portugal foi um dos países que se recusaram a cumpri-lo. O exército napoleônico, então, invadiu o território português, o que provocou a fuga da Família Real portuguesa para o Brasil, como será estudado na unidade 5.

> **PARA EXPLORAR**
>
> *Napoleão: uma biografia literária*, de Alexandre Dumas. Rio de Janeiro: Zahar, 2004.
>
> Escrito pelo mesmo autor de *Os três mosqueteiros* e de *O conde de Monte Cristo*, o livro apresenta a biografia de Napoleão Bonaparte, o general que se coroou imperador da França e formou um dos mais importantes impérios da história europeia.

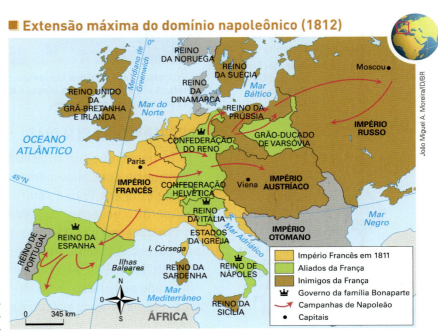

Extensão máxima do domínio napoleônico (1812)

Fonte de pesquisa: José Jobson de A. Arruda. *Atlas histórico básico*. 12. ed. São Paulo: Ática, 1996. p. 24.

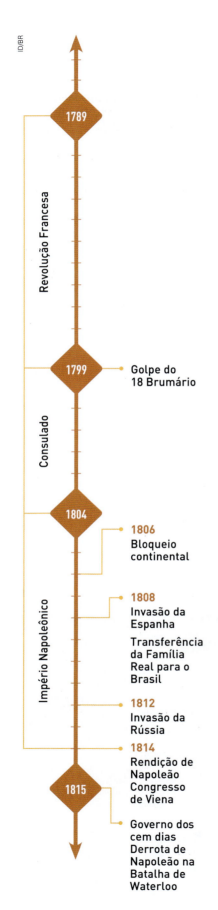

AS DERROTAS

Em 1808, Napoleão depôs o rei da Espanha e entregou o trono espanhol ao irmão, José Bonaparte. Entre 1808 e 1814, os espanhóis combateram a invasão do exército napoleônico. A luta espanhola acabou encorajando outros movimentos nacionalistas na Europa e também nas colônias hispânicas na América.

Em junho de 1812, os soldados franceses invadiram a Rússia, mas o desenrolar da campanha foi longo e custoso. As tropas enfrentaram um rigoroso inverno enquanto ocupavam enormes extensões de terra propositadamente abandonadas pelos russos. Atingidas pelo frio e pela fome, foram obrigadas a retornar, mas apenas 10% dos soldados chegaram à França.

Outras derrotas sucederam-se e, em 1814, uma aliança constituída por Rússia, Áustria, Prússia e Suécia derrotou Napoleão, que, finalmente, se rendeu. Obrigado a abdicar, ele foi exilado na ilha de Elba, no mar Mediterrâneo. Com a queda de Napoleão, a monarquia foi restaurada na França, e o poder foi entregue a Luís XVIII, irmão do rei guilhotinado em 1793, Luís XVI.

▲ Francisco José de Goya Lucientes. *O Três de Maio de 1808*, 1814. Óleo sobre tela. A obra representa a invasão da Espanha e o fuzilamento de espanhóis pelas tropas napoleônicas.

O GOVERNO DOS CEM DIAS

Temendo que a França voltasse à situação do Antigo Regime, a burguesia continuou apoiando Napoleão. Este, então, fugiu da ilha de Elba em 1815 e retornou à França com um exército para recuperar o governo. Luís XVIII fugiu para a Bélgica. Entretanto, o novo governo napoleônico durou apenas cem dias, pois diversos países europeus formaram uma coalizão para combater o exército francês. Derrotado na Batalha de Waterloo, na Bélgica, Napoleão se rendeu, ocasião que marcou o fim da Era Napoleônica. Ele foi, então, exilado na ilha de Santa Helena, no meio do oceano Atlântico, onde faleceu em 1821.

AS CONTRADIÇÕES DO GOVERNO DE NAPOLEÃO

Apesar de se autonomear defensor dos valores revolucionários franceses, como a liberdade, Napoleão instituiu na França um rígido esquema de repressão e censura com o objetivo de manter-se no poder.

Os meios de comunicação foram monopolizados pelo governo, o que os tornava veículos de propaganda das ações de Napoleão e dificultava qualquer manifestação pública contra o imperador. Somente fora da França era possível publicar críticas a ele.

Joseph Fouché, ministro da Polícia de Napoleão Bonaparte, tinha como principal função fiscalizar as atividades políticas dos cidadãos franceses. Ele buscava descobrir possíveis conspirações contra o governo e como as ações políticas de Napoleão eram interpretadas pela população.

Os funcionários do ministério estavam autorizados a utilizar métodos violentos para conseguir informações e a reprimir os movimentos populares.

RELAÇÕES COM A IGREJA

Após anos de conflito entre o Estado e o clero, Napoleão conseguiu entrar em acordo com a Igreja católica ainda em 1801. O papa Pio VII aceitou o confisco dos bens do clero realizado em 1789, desde que os clérigos recebessem uma pensão do Estado.

Com esse acordo, a Igreja se subordinava ao Estado francês. Napoleão também pretendia agradar à população francesa de maioria católica. Mesmo assim, o imperador foi tolerante com as demais religiões, sobretudo com o protestantismo.

A NOVA NOBREZA

Contrariando os ideais proclamados na Revolução Francesa e as regras estabelecidas no Código Civil, Napoleão passou a conceder títulos de nobreza a funcionários do governo e a membros do clero.

Além dos títulos de barão e duque, por exemplo, essa nova nobreza recebia pensões do governo. A nova corte, com privilégios, manteve os costumes e a etiqueta da nobreza do Antigo Regime.

O mesmo governo que dizia apoiar e defender as conquistas da Revolução Francesa criou, portanto, um novo Segundo Estado.

Além disso, muitos dos territórios anexados à França foram entregues a parentes de Napoleão. Assim, ele mantinha sua autoridade controlando a administração de seus familiares e formando um novo grupo de privilegiados.

Jean-Auguste-Dominique Ingres. *Napoleão I em seu trono*, 1806. Óleo sobre tela. Em função do poder da propaganda que fez de si e de seu governo, Napoleão foi representado em diversos momentos, acompanhado ou sozinho. Para reforçar sua imponência, era quase sempre retratado de forma grandiosa, ostentando uma aparência altiva, com vestes e postura impecáveis.

A REVOLUÇÃO DE SÃO DOMINGO

Em 1492, os espanhóis desembarcaram na **ilha Hispaniola** (atuais Haiti e República Dominicana) e logo partiram em busca de riquezas nos territórios americanos que ficavam mais ao sul, o que facilitou a ocupação francesa da ilha. Em 1697, a Espanha reconheceu a soberania da França, que fundou **São Domingo**.

Nessa colônia, organizou-se o cultivo de cana-de-açúcar para exportação, com base no trabalho escravo. A economia açucareira gerava lucro para os produtores e para a burguesia mercantil, que traficava os escravizados. Estima-se que, ao final do século XVIII, São Domingo tinha cerca de 465 mil africanos e descendentes escravizados e apenas 30 mil brancos. Havia também aproximadamente 28 mil negros e mestiços livres.

Naquele mesmo período, a Revolução Francesa provocava mudanças na França e em suas colônias. Em São Domingo, houve inicialmente duas consequências diretas. Por um lado, devido aos conflitos internos, a Metrópole enfraqueceu o controle sobre a Colônia. Por outro, estabeleceu-se um debate entre os colonos proprietários de terras em torno dos ideais que passaram a nortear as ações dos revolucionários, principalmente o de direito à autonomia e à representação política. No entanto, a elite de São Domingo foi surpreendida por outro grupo, que também se apropriava dos ideais de liberdade da Revolução, interpretando-os a seu modo. Esse grupo reivindicava o direito de ser livre do jugo da escravidão. Em 1791, dezenas de milhares de escravizados organizaram um movimento contra a escravidão, destruindo e incendiando fazendas e matando os latifundiários.

A abolição da escravidão não foi alcançada, mas as condições de trabalho dos escravizados melhoraram e vários deles foram libertados. Outra consequência importante foi o surgimento de expressivos líderes negros, como Toussaint Bréda, conhecido como **Toussaint L'Ouverture**.

▲ Retrato de Toussaint L'Ouverture. Gravura de autor desconhecido, século XIX.

Louis-Nicolas van Blarenberghe. *Vista de São Domingo, a partir da cidade do Cabo Haitiano*, 1779. Óleo sobre tela.

DO COMBATE À ESCRAVIDÃO À LUTA PELA INDEPENDÊNCIA

Em 1792, teve início o período mais radical da Revolução Francesa, com a instauração da República. Dois anos depois, o governo republicano francês aboliu a escravidão em suas colônias. Para garantir que essa conquista fosse efetivada, os ex-escravizados de São Domingo se organizaram e lutaram, na colônia, contra as tropas francesas rebeldes que se opunham à república e à abolição da escravidão.

Em 1796, Toussaint foi nomeado pelo governo republicano francês para o cargo de governador da colônia. A ascensão de Napoleão ao poder em 1799, na França, contudo, colocou uma nova questão para os colonos de São Domingo: tudo indicava que o novo imperador não pretendia manter a participação política e a liberdade dos ex-escravizados. Para assegurar as conquistas obtidas até então, em 1801, L'Ouverture se autoproclamou **governador vitalício** da colônia. Como resposta, Napoleão enviou uma expedição para restaurar a ordem e a escravidão em São Domingo. Com isso, a luta dos ex-escravizados passou a ser a luta pela **independência**.

L'Ouverture foi capturado e deportado para a França, onde morreu na prisão em 1803. Mas os ex-escravizados prosseguiram a luta, agora liderados por **Jean-Jacques Dessalines**, e conseguiram expulsar os soldados franceses. Em 1º de janeiro de 1804, foi proclamada a independência da ilha de São Domingo, que, a partir dessa ocasião, passou a ser chamada de Haiti – nome indígena que significa "terra montanhosa".

Dessalines governou o novo país até 1806. Durante seu governo, confiscou propriedades francesas e buscou reorganizar a produção de açúcar para exportação, mas não teve muito sucesso. Alguns anos após sua morte, os governantes haitianos, atendendo aos anseios da população, deram início a uma ampla política de distribuição de terras aos camponeses. A economia do Haiti passou a se caracterizar pelo predomínio de pequenas propriedades agrícolas autossuficientes e o país praticamente deixou de participar do comércio internacional.

> ### A IDEIA DE ESTADO NA AMÉRICA
>
> A aplicação da ideia de Estado que organiza a sociedade por intermédio de suas diversas instituições políticas foi desenvolvida no processo de independência dos Estados Unidos, do Haiti e dos demais países que se formaram na América ao longo do século XIX (assunto que será tratado na unidade 4).
>
> A formação de novos Estados evidenciava a emergência do compromisso entre os indivíduos e o desejo do povo de ser governado por representantes que defendessem seus anseios políticos diante do jugo colonial.

Veja imagens sobre o **atual território do Haiti** e conheça um pouco mais sobre a paisagem, a cultura e os desafios enfrentados pela população desse país.

A gravura de Auguste Raffet, publicada em 1839, retrata uma das batalhas entre os rebeldes do Haiti e o Exército colonial francês.

A REPERCUSSÃO DA INDEPENDÊNCIA HAITIANA

A revolta dos escravizados e a independência do Haiti causaram grande repercussão em todo o mundo. A notícia de que uma rebelião de escravizados tinha dado origem à libertação colonial deixou as metrópoles e os escravocratas em alerta. Havia o medo de que outras colônias seguissem o exemplo dos haitianos, já que a economia da América portuguesa e de várias colônias da América hispânica empregavam em larga escala a mão de obra escrava. Esse temor era explicado por um termo muito utilizado na época, o **haitianismo**, e o Haiti passou a ficar isolado nas relações internacionais, inclusive no comércio.

O pavor das elites ao relembrar o ocorrido nesse país endurecia a repressão sempre que um movimento articulado por escravizados se organizava. Por todas as colônias onde havia escravidão, as notícias sobre o Haiti alimentavam a esperança de mudança para os escravizados e inspiravam novas revoltas.

A independência do Haiti repercutiu também na geopolítica da época. Com a derrota das tropas francesas, Napoleão se viu com dificuldade em manter o controle sobre os territórios franceses na América e com sérios problemas financeiros. Assim, foi obrigado a vender para os Estados Unidos o último território francês na América, a extensa Louisiana (que compreendia cerca de 13 das atuais unidades federativas estadunidenses). Em 1803, a região foi vendida por 15 milhões de dólares, um valor baixo, considerando que sua anexação duplicou o território dos Estados Unidos. O acontecimento pôs um fim às pretensões de Napoleão na América.

A independência haitiana representou o primeiro movimento de emancipação colonial da América Latina e o segundo do continente, após a independência dos Estados Unidos em 1776. A primeira reação dos estadunidenses foi a recusa em reconhecer a independência do novo país, bem como a legitimidade de seu governo. O medo da revolta dos escravizados era real nos Estados Unidos, cuja região Sul dependia dessa mão de obra. Thomas Jefferson, autor da declaração de independência dos Estados Unidos e presidente à época, não apenas se recusou a reconhecer a independência haitiana, como também decretou um embargo econômico que proibiu o comércio entre os dois países.

CIDADANIA GLOBAL

EM BUSCA DA IGUALDADE

A Revolução do Haiti trouxe importantes impactos para a construção de um mundo menos desigual. Junte-se a um colega para responder às questões a seguir. Se necessário, busquem mais informações na internet.

1. De que modo a Revolução do Haiti contribuiu para a diminuição das desigualdades no século XVIII?
2. Atualmente, qual é a situação das desigualdades no Haiti? Citem três características.

▼ Monumento do Bicentenário, em Porto Príncipe, capital do Haiti. A obra foi inaugurada em 2004, como parte das comemorações dos duzentos anos da independência haitiana. Foto de 2020.

ATIVIDADES

Retomar e compreender

1. Quais foram as principais medidas tomadas por Napoleão durante o Consulado?
2. O que foi o bloqueio continental?
3. Quais determinações de Napoleão contradiziam os ideais da Revolução Francesa?
4. Para diversos pensadores iluministas, a origem do Estado está em um compromisso firmado entre os indivíduos de uma comunidade. Pela vontade desse grupo é que o Estado seria formado. Com base nisso, responda: Qual seria a relação entre o conceito de Estado e a independência do Haiti?

Aplicar

5. Observe a imagem, leia o texto e responda às questões.

▲ Autoria desconhecida. *Para Versalhes, um incidente na Revolução Francesa*, feito entre 1824 e 1902. Óleo sobre tela.

> A significativa participação feminina no processo revolucionário produziu [...] uma aspiração específica da mulher à liberdade e à igualdade [...]. Todavia, essa destacada presença, na sociedade, não conseguiu superar a comodidade e o privilégio masculino [...].
>
> Silvio Costa. *Revolução e contrarrevolução na França*. São Paulo: Anita Garibaldi, 1999. p. 159-160.

a) O que a imagem nos comunica sobre o papel das mulheres no processo da Revolução Francesa?
b) Segundo o texto, a luta das mulheres durante a Revolução Francesa gerou mudanças significativas em sua condição social e política?

6. **SABER SER** Uma das estratégias utilizadas por Napoleão para exercer o controle político foi a prática da censura à difusão de ideias nos meios de comunicação. Além disso, o ministro da Polícia tinha orientações para fiscalizar atividades políticas oposicionistas de cidadãos franceses, buscando coibir qualquer movimento popular conspiratório.

a) No Brasil atual, a liberdade de imprensa e a liberdade de expressão e de manifestação são garantidas por lei?
b) Em sua opinião, essas garantias são importantes para o exercício da cidadania em uma sociedade democrática?

7. Leia um trecho da Declaração de Independência do Haiti e, depois, responda às questões.

> Cidadãos,
>
> Não é o bastante ter expulsado de seu país os bárbaros que por gerações o mancharam com sangue; não é o bastante ter reprimido as facções que, sucedendo-se umas às outras, ostentaram um fantasma de liberdade que a França desvelou a seus olhos. Torna-se necessário, por um último ato de autoridade nacional, assegurar para sempre o império de liberdade no país que nos deu à luz. É necessário privar um governo desumano, que até então conservou nossa mente em um estado de torpeza dos mais humilhantes, de toda e qualquer esperança de ser capaz de nos escravizar. Por fim, é necessário viver de forma independente, ou morrer. Independência ou morte! Deixem que estas santas palavras sirvam para nos arregimentar; deixem que se tornem sinais de batalha e de nossa reunião. [...]
>
> Jurem, portanto, viver livres e independentes, e preferir a morte a tudo aquilo que os levaria a recolocá-los sob a opressão; jurem perseguir para todo o sempre os traidores e inimigos de sua independência.
>
> J. J. Dessalines
>
> David Armitage. *Declaração de Independência*: uma história global. São Paulo: Companhia das Letras, 2011. p. 159-163.

a) Qual é a preocupação de Dessalines após as lutas de emancipação contra os franceses?
b) Como é descrito o governo dos franceses?
c) Qual medida Dessalines julga necessária para garantir que a independência seja mantida?

Poema

Proposta

A formação social da França e o contexto econômico do país no fim do século XVIII, bem como a atuação de diferentes grupos em defesa de seus interesses políticos e os processos que culminaram na Revolução Francesa, foram alguns dos assuntos estudados na unidade 3.

Esse período foi marcado por expressivas revoltas populares. Nos mais diversos momentos da História, as revoltas populares foram embaladas por canções e hinos que buscavam encorajar combatentes no enfrentamento de seus adversários. Os cânticos uniam melodia musical e composição textual, usualmente escrita em versos – rimados ou não – e organizada em estrofes. De tom primordialmente literário, a essa composição textual damos o nome de **poema**.

Agora, a turma vai elaborar um poema que tenha como tema um evento, sentimento ou situação que seja significativa para todo o grupo. Esse poema, escrito coletivamente, deverá ser organizado de modo que todos os autores e autoras participem de sua leitura, alternadamente, compondo assim um **jogral**.

jogral: declamação coletiva de poemas, em que as vozes de cada indivíduo ou grupo se alternam entre versos e estrofes, cantados ou recitados.

Público-alvo	Comunidade escolar.
Objetivo	Expressar poeticamente um evento, sentimento ou demanda coletiva da turma.
Circulação	Comunidade escolar.

Planejamento e elaboração

1 A turma vai se organizar em um círculo na sala de aula. Pode ser interessante que todos se sentem no chão. Escolham um colega para que faça a leitura em voz alta do trecho do poema apresentado a seguir. *A Marselhesa* foi a canção que impulsionou a Revolução Francesa e hoje é o hino nacional da França.

A Marselhesa

Avante, filhos da pátria,
O dia da Glória chegou.
Contra nós, da tirania
O estandarte ensanguentado se ergueu.
O estandarte ensanguentado se ergueu.
Ouvis nos campos
Rugirem esses ferozes soldados?
Vêm eles até aos nossos braços
Degolar nossos filhos, nossas mulheres.

Às armas cidadãos!
Formai vossos batalhões!
Marchemos, marchemos!

Que um sangue impuro
Águe o nosso arado
[...]

Às armas cidadãos

Amor sagrado pela Pátria
Conduz, sustém-nos os braços vingativos.
Liberdade, liberdade querida,
Combate com os teus defensores!
Combate com os teus defensores!
Sob as nossas bandeiras, que a vitória
Chegue logo às tuas vozes viris!

Que teus inimigos agonizantes
Vejam teu triunfo, e nós a nossa glória.

Às armas, cidadãos,
Formai vossos batalhões,
Marchemos, marchemos!
Que um sangue impuro
Águe o nosso arado!

Claude Joseph Rouget de Lisle. *A Marselhesa*, 1792. Disponível em: https://br.ambafrance.org/A-Marselhesa. Acesso em: 29 maio 2023.

▲ Reprodução de manuscrito de *A Marselhesa*, assinado por Rouget de Lisle.

2 Ao final da leitura em voz alta, a turma deverá conversar sobre o poema e o contexto em que ele foi escrito. Cada estudante apresentará brevemente a própria interpretação, destacando os aspectos que mais chamaram sua atenção.

3 Depois, a turma vai dialogar e eleger um acontecimento, momento ou sensação que tenha sido importante e tenha ampliado o senso de coletividade do grupo.

4 A partir dessa escolha, vocês devem redigir um poema – lírico, dramático ou narrativo – em que as impressões individuais e coletiva da turma sobre o tema sejam perceptíveis. Lembrem-se de que o poema terá de ser feito de modo que possa ser lido ou recitado pelas vozes intercaladas de todo o grupo, compondo assim o jogral.

Revisão e reescrita

1 Finalizada a escrita, o grupo deverá realizar uma primeira declamação do poema por meio do jogral. Após esse ensaio, a turma deve reler o poema e observar os seguintes aspectos:
- O texto está escrito em versos e organizado em estrofes?
- O tema foi abordado de um ponto de vista coletivo?
- As vozes individuais e coletiva da turma estão demarcadas e perceptíveis no poema?
- O poema fortaleceu o sentimento coletivo da turma?

2 Com base na observação feita após a releitura, reescrevam o poema fazendo os ajustes necessários de maneira a adequá-lo ao que é proposto na atividade.

Circulação

1 Antes de recitar o poema, a turma deverá fazer um ensaio do jogral. Essa etapa é importante para que a dinâmica de leitura intercalada funcione bem para o público.

2 Finalizados os ensaios, a turma vai se apresentar para a comunidade escolar. Combinem data e local para a apresentação e confecionem convites físicos e/ou digitais com essas informações. Lembrem-se de registrar a apresentação de vocês.

ATIVIDADES INTEGRADAS

Retomar e compreender

1. Com base no que foi estudado nesta unidade, cite duas transformações históricas provocadas pela Revolução Francesa. Escreva um parágrafo sobre cada uma delas.

2. Como você explicaria os efeitos da Revolução Francesa no mundo atual para alguém que não conhece esse fato histórico?

Aplicar

3. Relacione as informações do texto a seguir com aquelas apresentadas nesta unidade e responda às questões.

> O novo governo decretou a Lei do Máximo, fixando preços máximos para todos os produtos e regulamentando os salários. Quem desrespeitasse a lei seria duramente punido. Foi também a Convenção que criou escolas públicas e não religiosas, decretou liberdade dos escravos nas colônias francesas e a partilha dos bens dos nobres exilados entre a população pobre, além de realizar uma reforma agrária que beneficiou 3 milhões de pessoas.
>
> Com essas medidas, o Comitê conquistou a simpatia popular, recrutando mais de 300 000 pessoas, em geral pobres, para combater a contrarrevolução e os inimigos externos.
>
> Ken Hills. *A Revolução Francesa*. 4. ed. São Paulo: Ática, 1994. p. 23.

a) Além da Lei do Máximo, outras medidas foram criadas pela Convenção Nacional. Descreva essas medidas.

b) Que força política liderava a Convenção?

c) Segundo o texto, a Convenção jacobina era democrática ou repressora? Justifique.

d) Quem eram os contrarrevolucionários e os inimigos externos mencionados no texto?

4. Observe as imagens, leia as legendas e, depois, responda às questões propostas.

O primeiro-cônsul Napoleão cruzando os Alpes no passo de Grande São Bernardo, de Jacques-Louis David, óleo sobre tela. A obra, elaborada em 1802, retrata Napoleão Bonaparte em 1800.

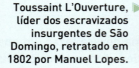

Toussaint L'Ouverture, líder dos escravizados insurgentes de São Domingo, retratado em 1802 por Manuel Lopes.

a) Qual é o tema de cada obra?

b) Em sua opinião, essas obras são semelhantes ou diferentes? Levante hipóteses sobre os motivos de as pessoas retratadas terem sido representadas dessa maneira.

Analisar e verificar

5. Foi durante a Revolução Francesa que surgiram os termos políticos "direita", "esquerda" e "centro". Eles denominavam os grupos políticos que compunham a Assembleia Francesa durante a Convenção, conforme o lado em que tais grupos se sentavam. Atualmente, esses termos são utilizados para definir a orientação política adotada pelos partidos ou por simpatizantes de determinadas ideias sociopolíticas. Reúnam-se em duplas e façam o que se pede.

   a) Descrevam os grupos políticos que compunham o governo francês durante a Convenção.

   b) Procurem o significado das denominações políticas direita e esquerda atualmente.

   c) Com base em suas descobertas, como vocês definiriam os grupos revolucionários franceses?

   d) Identifiquem as medidas tomadas pelo Comitê de Salvação Pública. Expliquem de que forma essas medidas contradiziam a política adotada pelo próprio Comitê.

6. Leia o texto e responda às questões.

> [...]
>
> Quando começaram as insurreições não custou para que os proprietários brancos escolhessem seus aliados. Os mulatos que eram filhos de negros, porém grandes proprietários, não custaram a entrar como aliados dos brancos com o fim de defender os seus direitos burgueses.
>
> Os costumes e linguagem vindos da África com os negros primeiramente [foram] uma barreira para a organização dos escravos na colônia, [pois] os traficantes de escravos [...] [utilizavam a tática de mesclar africanos de diferentes etnias] [...] para dificultar a organização dos negros contra rebeliões. Porém, com o tempo, essas mesclas de línguas, costumes e crenças foram se fundindo e dando origem a uma nova língua chamada créole e a um novo sincretismo religioso nomeado vudu.
>
> [...]
>
> O desenvolvimento do créole significou para os escravos enorme possibilidade de suprimir as diferenças étnicas, significou uma maior possibilidade de união entre eles, e também permitia que se organizassem, para dar informes e conspirarem sem serem descobertos.
>
> O vudu era uma prática religiosa que servia além de tudo para camuflar as conspirações [...].
>
> [...]
>
> Os rituais costumavam ser [feitos] nas montanhas, longe das fazendas, ao ritmo dos tambores, formavam-se sociedades secretas que ao longo do tempo tomaram caráter político. [...]
>
> [...]
>
> O sacerdote vudú era frequentemente um dirigente político, e as ligações que essa religião tinha com as conspirações e insurreições fizeram com que o vudú fosse perseguido pela administração colonial e pela Igreja Católica.
>
> [...]
>
> Alberto Maia Araújo. A disputa entre negros e mulatos no processo de independência do Haiti. *Caderno Temático de História*, v. 2, n. 1, jan./jun. 2014. Disponível em: https://repositorio.uniceub.br/jspui/bitstream/235/6917/1/2%20%20A%20 disputa%20entre%20negros%20e%20mulatos%20no%20processo%20de%20%20independ%C3%AAncia%20do%20Haiti. pdf. Acesso em: 29 maio 2023.

   a) Por que os escravizados haitianos tinham dificuldade de se organizar durante o período colonial?

   b) De que alternativas eles se utilizavam para se aproximar?

   c) Para os escravizados, o que significava formar grupos de convivência na colônia?

Criar

7. Construa uma linha do tempo com base nas seguintes orientações:

- Retome os eventos e datas mencionados na unidade e selecione os que você julgar mais importantes.
- Organize os acontecimentos em ordem cronológica usando uma folha de papel quadriculado.
- Por fim, escreva um texto breve relacionando os acontecimentos registrados na linha do tempo.

CIDADANIA GLOBAL
UNIDADE 3

10 REDUÇÃO DAS DESIGUALDADES

Retomando o tema

Nesta unidade, você analisou e refletiu a respeito da Revolução Francesa e seus desdobramentos na Europa e na América. Estudou, ainda, que, mesmo defendendo os ideais de liberdade e igualdade, a Revolução não contemplava a participação política das mulheres francesas e a luta pela liberdade dos escravizados da colônia de São Domingo. Atualmente, as profundas desigualdades sociais, raciais e econômicas são reconhecidas como fenômenos que devem ser reparados.

1. Durante a Revolução Francesa, além da Declaração dos Direitos do Homem e do Cidadão redigida pelos burgueses no início do movimento, houve a escrita do documento Declaração dos Direitos da Mulher e da Cidadã, que foi rejeitado pelo governo. Busque conhecer os quatro primeiros artigos da Declaração da Mulher e explique qual é o objetivo central desses artigos.

2. Por que hoje existem políticas públicas e articulações sociais para combater as desigualdades? Converse com os colegas e levantem hipóteses.

Geração da mudança

- Com base no que você e a turma debateram, vocês vão investigar as desigualdades existentes em seu município ou região e refletir sobre meios de solucionar o problema. O primeiro passo é escolher o grupo que será investigado. Sob a orientação do professor, vocês devem analisar o contexto em que vivem para que possam selecionar esse grupo e identificar o caráter de sua situação desigual ou de exclusão (social, econômica, política, racial, de gênero, etc.).

- Em seguida, vocês deverão elaborar uma lista dos aspectos ou situações em relação aos quais esse grupo enfrenta desigualdades.

- Identificados os problemas, vocês deverão elencar quais seriam as ações (no âmbito individual e coletivo, regional e nacional) para a reversão dessa realidade.

- Durante o levantamento de hipóteses e de possíveis soluções, busquem dados que possam confirmar as posições ou redirecioná-las. Anotem os conteúdos levantados e debatidos em cada etapa.

- Com a orientação do professor, formem uma roda de conversa para dialogar sobre as descobertas da investigação de vocês. Busquem responder à seguinte questão: "O que a turma aprendeu sobre o esforço coletivo para a redução das desigualdades?".

Autoavaliação

INDEPENDÊNCIAS NA AMÉRICA ESPANHOLA

UNIDADE 4

PRIMEIRAS IDEIAS

1. A América hispânica, colonizada pelos espanhóis entre os séculos XV e XIX, é composta de diversos países. Você conhece algum deles? Dê exemplos.
2. Você saberia identificar semelhanças e diferenças entre os povos desses países? Quais?
3. Que informações você tem sobre os processos de independência desses países?
4. Você já ouviu falar da presença de negros e de indígenas na América espanhola? Sabe se houve escravidão nesses lugares, como houve no Brasil?

Conhecimentos prévios

Nesta unidade, eu vou...

CAPÍTULO 1 — Independências no México e na América Central

- analisar o contexto político da invasão napoleônica na península Ibérica.
- compreender a instabilidade política na Espanha após a invasão napoleônica e reconhecer seus reflexos na América hispânica.
- caracterizar e analisar os processos de independência no México e na América Central.
- identificar os interesses de diferentes grupos sociais e étnicos na luta pela independência.
- conhecer diferentes projetos de organização dos Estados e das nações após a independência.

CAPÍTULO 2 — Independências na América do Sul

- compreender o processo de independência de Nova Granada e da capitania-geral da Venezuela.
- reconhecer a campanha de Simón Bolívar no processo de independência de diversos países sul-americanos.
- estabelecer relações entre o processo de independência do Rio da Prata e o do Peru.
- reconhecer a participação de San Martín na luta pela independência das colônias espanholas.
- identificar as características e os principais pensadores do Pan-Americanismo.

CIDADANIA GLOBAL

- conhecer o conceito de **mar territorial**.
- identificar ações de preservação da vida marinha na região do Caribe.
- listar as ações do Estado brasileiro voltadas para a preservação da vida marinha.

89

LEITURA DA IMAGEM

1. O que o monumento da imagem representa? Em qual país ele está e como é o local onde foi instalado?

2. Historicamente, os povos indígenas da América sempre tiveram que lutar para sobreviver, mesmo após as independências e o fim do domínio europeu. Em épocas mais recentes, a partir do século XX, monumentos como esse passaram a ser produzidos em vários países da América Latina. Em sua opinião, qual é a importância desse tipo de marco histórico?

3. Há monumentos como esse no Brasil? Se sim, quais você conhece?

CIDADANIA GLOBAL

Durante o processo de independência dos países da América espanhola, diferentes regiões coloniais tentaram garantir que os territórios dos países recém-criados tivessem saída para o mar. A esse respeito, levantem hipóteses para as seguintes questões:

1. Em termos estratégicos, por que é importante que o território de um país inclua área de litoral?

2. Como as atividades econômicas e sociais desenvolvidas em praias e portos afetam a vida marinha?

 Conheça outros monumentos que homenageiam e valorizam a **ancestralidade indígena na América Latina**. Anote o país onde cada monumento está localizado.

Monumento de um homem Tairona, obra do artista colombiano Hector Lombana, em Santa Marta Magdalena, Colômbia. Foto de 2020.

91

CAPÍTULO 1
INDEPENDÊNCIAS NO MÉXICO E NA AMÉRICA CENTRAL

PARA COMEÇAR

Cada colônia da América espanhola apresentou particularidades em seu processo de independência, com diferentes composições sociais, lideranças e arranjos políticos. Como esses processos locais ajudam a entender a formação dos Estados e das nações que, uma vez independentes, constituíram com o Brasil a América Latina?

A ESPANHA SOB NAPOLEÃO

Em 1808, o exército napoleônico tomou Madri, a capital da Espanha. Na ocasião, o rei Fernando VII foi deposto e levado à França, onde ficou preso até 1814. Durante esse período, o trono espanhol foi ocupado por José Bonaparte, irmão de Napoleão.

Na Espanha e em suas colônias, houve resistência à autoridade de dom José. Ainda em 1808, os espanhóis entraram em conflito com o exército francês. Em 1812, na cidade de Cádis, representantes de diversas localidades espanholas e dos vice-reinos na América se reuniram e promulgaram uma nova Constituição, a **Carta de Cádis**. Com características liberais, ela estabeleceu leis iguais para todos os domínios da Espanha.

Em 1814, o Império Napoleônico perdeu forças, o que pôs fim à guerra pela autonomia dos espanhóis. Após a expulsão dos franceses, a Coroa foi devolvida a Fernando VII. Reempossado, o rei ignorou o projeto liberal adotado em Cádis. Apoiado pela Igreja e por setores conservadores, retomou com vigor a "recolonização da América", enviando tropas às colônias para reforçar o monopólio comercial nas possessões espanholas.

▼ Painel de azulejos na Plaza de España, em Sevilha, representando a proclamação da Carta de Cádis. Foto de 2021.

CONFLITOS NA AMÉRICA ESPANHOLA

As medidas tomadas por Fernando VII causaram grande insatisfação, tanto entre os liberais na Espanha quanto entre a elite colonial. Essa situação acelerou o processo de desintegração dos vice-reinos e as lutas pelas independências na América.

Administradas pela Coroa espanhola desde o século XVI, as colônias que formavam a América hispânica tinham em comum o fato de apresentarem grande quantidade de populações indígenas, em sua maioria marginalizadas. As atividades econômicas eram condicionadas aos interesses da Coroa e estavam concentradas nas elites. Os laços com a Espanha abrangiam desde aspectos culturais até a estrutura administrativa.

A administração colonial na América espanhola se organizava em vice-reinos. Inicialmente, foram criados os vice-reinos do Peru (1524) e de Nova Espanha (1535), a que se somaram os vice-reinos de Nova Granada (1717) e do Rio da Prata (1776). Havia também capitanias, a exemplo de Cuba, Chile e Venezuela.

Nos vice-reinos, o poder político estava concentrado nas mãos dos *chapetones*, espanhóis que ocupavam os mais altos cargos administrativos, militares e religiosos. Eles tinham bastante prestígio e privilégios na estrutura colonial. Os *criollos*, descendentes de espanhóis nascidos na América, faziam parte da elite econômica, mas eram impedidos de ter atuação política, reservada aos *chapetones*. Os mestiços de indígenas e espanhóis, os indígenas e os negros escravizados de origem africana formavam a maior parte da sociedade na época. Não tinham direitos políticos nem sociais e eram explorados por *chapetones* e *criollos*.

As medidas do rei Fernando VII provocaram reações da elite colonial, especialmente dos *criollos*. Esse grupo reivindicava liberdade para produzir mercadorias e fazer comércio com outras metrópoles e, para evitar o pagamento dos altos impostos, formava redes de corrupção, favorecidas pela difícil fiscalização dos vastos territórios coloniais.

Mas não eram apenas os setores da elite que estavam em conflito com a Coroa espanhola.

■ **América espanhola: Vice-reinos (séculos XVIII-XIX)**

Fonte de pesquisa: Cláudio Vicentino. *Atlas histórico*: geral e Brasil. São Paulo: Scipione, 2011. p. 123.

93

A REVOLTA DE TUPAC AMARU II

> **PARA EXPLORAR**
>
> *A filha de Tupac Amaru*, de Sônia Sales. São Paulo: Companhia Editora Nacional, 2006 (Série Lazuli Juvenil).
>
> Em uma viagem a Cuzco e a Machu Picchu, no Peru, Ana Luísa e seu amigo Ricardo Alexandre conhecem um velho indígena que diz à garota que ela é uma princesa. Essa será uma viagem cheia de grandes descobertas.

Os indígenas eram alvos de uma agressiva política da Coroa espanhola. Eles tiveram suas terras invadidas, eram submetidos a serviços forçados – como o insalubre trabalho nas minas – e enfrentavam muitas situações de conflito. A resistência indígena se expressava de diversas formas, em negociações e também em revoltas. A mais importante dessas rebeliões foi a de Tupac Amaru, ainda no século XVIII.

O movimento foi liderado por José Gabriel Condorcanquí, que se autodenominou Tupac Amaru II. O nome escolhido por ele fazia referência ao último líder inca, Tupac Amaru I, morto em 1572 (do qual era descendente), e mostra a persistência de valores incas séculos após a dissolução daquele Estado.

Comerciante mestiço, Tupac Amaru teve contato com as ideias iluministas europeias. Também conhecia a realidade da exploração indígena, pois havia visitado as minas de Potosí, importante centro de mineração durante o período colonial, no qual os indígenas eram submetidos a condições degradantes de trabalho e de existência.

Amaru passou a se opor ao sistema colonial espanhol e, em novembro de 1780, liderou uma grande revolta contra a exploração exagerada do trabalho indígena e os desmandos das autoridades espanholas. Conseguiu algumas vitórias, mas foi derrotado e capturado pelos espanhóis em 1781. Morto em praça pública na cidade de Cuzco, Tupac Amaru tornou-se figura simbólica das aspirações anticoloniais dos indígenas.

À época, os movimentos que desejavam a independência do vice-reino do Peru e de outras áreas na América ainda eram pouco expressivos, mas a rebelião de Tupac Amaru é considerada um importante "ensaio" do processo de emancipação dessas regiões.

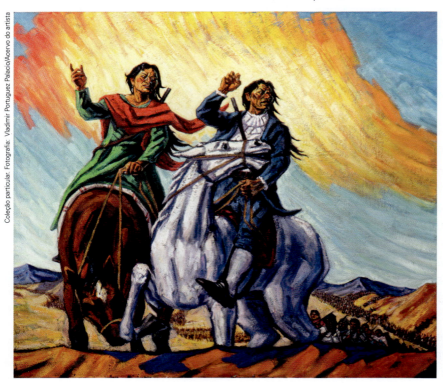

◀ Bruno Portuguez Nolasco. *Tupac Amaru e Micaela Bastidas*, 2021. Óleo sobre tela. A rebelião de Tupac Amaru e Micaela Bastidas foi precursora e reivindicadora da justiça social e do anticolonialismo na América Latina, antecedendo até mesmo a Revolução Francesa e a independência dos Estados Unidos.

A INDEPENDÊNCIA DO MÉXICO

O vice-reino de Nova Espanha contou com intensa participação popular em seu processo de independência, que pode ser dividido em duas fases.

Na primeira fase, iniciada sob a liderança dos padres **Miguel Hidalgo** e **José María Morelos** em 1810, as camadas populares se agruparam em torno de reivindicações sociais e políticas, sobretudo com relação à distribuição das terras. O movimento, que se espalhou por toda a Nova Espanha, era formado majoritariamente por trabalhadores pobres, mestiços e indígenas. Após algumas vitórias, os revoltosos sofreram muitas baixas, as quais culminaram com a prisão e a execução de Hidalgo (1811) e de Morelos (1815).

Mesmo após a derrota desses dois líderes, o clima de insatisfação continuou evidente na colônia. Temendo outras revoltas populares e a perda do poder, os *chapetones* e os *criollos*, que também questionavam a dominação espanhola, tomaram o controle do processo de independência, que, assim, entrava na segunda fase.

Em 1820, o líder *criollo* Agustín de Iturbide elaborou o **Plano de Iguala** com base na Constituição liberal de Cádis. De acordo com esse plano, seria decretada a independência da Nova Espanha, tornando-a uma monarquia católica constitucional. Uma vez decretada a independência, não haveria distinção entre espanhóis e nascidos na América hispânica. Em 1822, Iturbide proclamou-se imperador da região. Estavam declaradas a independência da Nova Espanha e a criação do Império do México.

O governo Iturbide durou pouco. Com características autoritárias, o imperador era contestado por líderes de diferentes regiões, a exemplo de Josefa Ortíz de Dominguez, conhecida como *La Corregidora*. Josefa Dominguez havia participado do processo de independência e defendia a implementação de uma república. Em 1823, Iturbide foi deposto e, no ano seguinte, executado. Uma nova Constituição foi elaborada, e o México tornou-se uma república federativa.

república federativa: regime republicano em que as províncias têm certa autonomia, mas estão unidas sob um governo federal.

O grito de Dolores, feito no século XX. De autoria desconhecida, o mural retrata, de modo simbólico, o evento que marcou o início da luta pela independência mexicana: o padre Miguel Hidalgo teria feito soar os sinos da paróquia de Dolores, conclamando a população a lutar contra a dominação espanhola.

95

INDEPENDÊNCIAS NA AMÉRICA CENTRAL

Em 1804, o Caribe, centro geográfico e núcleo original da colonização espanhola, foi palco da independência do Haiti, a primeira na América hispânica. No fim do século XIX, na mesma região, ocorreu também a última delas, em Cuba.

Grande parte da América Central, onde se situa o Caribe, fazia parte do vice-reino de Nova Espanha (reveja o mapa "América espanhola: Vice-reinos (séculos XVIII-XIX)") e, por isso, sofreu grande influência da independência mexicana. No México, o processo foi liderado pela elite *criolla* e, comparado às outras independências nesse período na América, foi menos sangrento e relativamente mais negociado.

Com a dissolução do efêmero Império Mexicano, em 1823, e sob o entusiasmo dos grupos liberais, os territórios localizados ao sul do atual México se congregaram em uma federação republicana conhecida como **Províncias Unidas da América Central**. Dois anos depois, a federação passou a ser denominada República Federativa da América Central. É possível notar, na organização política local após a independência, a influência da emancipação dos Estados Unidos e a propagação de ideias federalistas.

Apesar de apresentar uma imagem de homogeneidade, essa região comportava diferentes interesses locais, impulsionados pela desarticulada colonização espanhola. Economias pobres e pouco integradas representaram um grande obstáculo para o desenvolvimento da nova federação.

Além desse aspecto, as disputas entre os poderes locais e entre liberais e conservadores levaram, em 1840, à dissolução da federação, dando origem a alguns países que atualmente formam a América Central – Guatemala, Honduras, El Salvador, Nicarágua e Costa Rica.

Ao longo do século XIX, houve outras tentativas de agrupar esses países, por vezes inspiradas no **Pan-Americanismo** (como veremos ao final desta unidade), mas o projeto não foi concretizado.

▲ O brasão da República Federativa da América Central (República Federal de Centro América, em espanhol) explica parte do projeto político e de integração dessa região da América espanhola. As cinco montanhas representam os cinco territórios que compunham a federação e que correspondem aos atuais Costa Rica, El Salvador, Guatemala, Honduras e Nicarágua. No brasão observam-se, ainda, o mar, que banha todas as repúblicas, e o "barrete da liberdade", isto é, a touca vermelha usada pelos revolucionários durante a Revolução Francesa, mostrando a filiação política das recém-formadas repúblicas independentes.

CIDADANIA GLOBAL

CARIBE E PRESERVAÇÃO DA VIDA MARINHA

O mar territorial é uma faixa marítima sobre a qual um país exerce soberania; ou seja, é uma área marítima que pertence a um Estado. No caso do Caribe, essa é uma região compartilhada entre vários Estados, que, assim, compartilham também as responsabilidades ambientais sobre ela.

A região caribenha é conhecida não só pelas disputas coloniais e os embates que levaram à independência. O Caribe é o lar de centenas de espécies marinhas e recebe milhares de turistas todo ano graças à beleza de suas praias.

1. A Convenção das Nações Unidas sobre o Direito do Mar é a legislação que rege os direitos e deveres sobre os mares territoriais. Busque informações sobre esse documento, como ano de criação e países associados a essa convenção. Anote também as principais responsabilidades dos países sobre esses territórios.

2. Investigue de que modo os países do Caribe atuam para preservar a vida marinha dessa região e, em uma data combinada, compartilhe suas descobertas com a turma.

CUBA, A ÚLTIMA INDEPENDÊNCIA

Na composição social de Cuba, ilha caribenha próxima ao Haiti, predominavam os africanos escravizados, que trabalhavam nos latifúndios agrícolas. Dessa forma, a Revolução de São Domingo repercutiu em Cuba provocando nas elites o medo de que as revoltas de escravizados também pudessem ocorrer em suas terras.

Esse medo levou a elite cubana a recusar engajar-se na busca de autonomia política, pois priorizava a manutenção de suas propriedades e da mão de obra escrava. Além disso, essa elite já tinha liberdade para comercializar com os Estados Unidos, uma atividade muito lucrativa.

Essa conjuntura ajuda a explicar o fato de o processo de independência cubano ter sido tardio e longo: teve início apenas em 1868 e se estendeu, de modo intermitente, até 1898. Desde o início, ficou evidente que a Coroa espanhola lutaria para preservar seu domínio, pois Cuba era um de seus últimos redutos coloniais.

Um importante líder da independência cubana foi o poeta e escritor **José Martí**. Defensor da soberania do território e difusor de um sentimento nacional contra os colonizadores, Martí congregou amplas camadas sociais, como negros ex-escravizados, profissionais liberais e trabalhadores rurais. Na última fase da guerra de independência, que teve início em 1895, Martí morreu em combate.

Em 1898, os Estados Unidos entraram no conflito de forma decisiva, declarando guerra à Espanha e colocando fim aos embates. Após a independência, o governo estadunidense manteve tropas na ilha e exerceu forte interferência na elaboração da Constituição cubana, aprovada em 1901. Um dos artigos dessa Constituição, conhecido como **Emenda Platt**, assegurava aos Estados Unidos o direito de intervir nos assuntos internos do novo Estado cubano.

▲ Miguel Diaz Salinero. *Retrato de José Martí*, c. 1900. Martí fundou jornais separatistas e, posteriormente, em 1892, criou o Partido Revolucionário Cubano.

◄ Na foto, soldados cubanos acampados próximo ao município de Guanabacoa durante a Guerra de Independência Cubana em 1898.

PROJETOS DE NAÇÃO

Antes mesmo dos conflitos declarados contra os espanhóis e das lutas pela independência, intelectuais e populares discutiam os rumos que as áreas administradas pela Coroa espanhola deveriam tomar. Após a independência, essa tarefa se tornou urgente.

Para compreender a formação desses Estados, é necessário distinguir os diferentes projetos de nação que estavam em jogo. O regime monárquico ainda tinha defensores na pós-independência, mas a maioria dos independentistas defendia a **república presidencialista**. Assim se deu uma divisão clássica entre liberais e conservadores que se repetiu em vários Estados nascentes da região, gerando confrontos políticos e, às vezes, militares.

De modo geral, os liberais defendiam, além do livre-comércio, a unidade e a centralização do governo. Inspirados nas ideias iluministas europeias, viam na formação dos Estados na América a possibilidade de construir uma nova civilização nos moldes da Europa e postulavam que os novos países deveriam ser modernos.

Os conservadores, por outro lado, estavam ligados ao poder local. Tinham apoio popular mais notório no interior, com base nas relações de dominação vigentes no campo. Pendiam a defender o mercado interno nas relações comerciais, opondo-se em parte ao pensamento liberal. Defendiam valores tradicionais, como a família e a Igreja.

Os projetos de nação se definiram nos embates acerca dos rumos das novas repúblicas quanto à estrutura administrativa, ao grau de autonomia das províncias perante o poder central, ao papel das comunidades indígenas, entre outros fatores. Nesse cenário, a Igreja católica, detentora de muitos privilégios durante a administração espanhola, enfrentava a oposição dos liberais, contrários à designação do catolicismo como religião oficial, às regalias que os membros do clero usufruíam e à propagação das ideias religiosas consideradas atrasadas. Assim, os novos Estados passaram por um processo de secularização do poder, também registrado nas novas constituições e com progressiva influência nos costumes e nas relações sociais (como o registro civil para os matrimônios, o enterro em cemitérios públicos e a educação laica).

> **GUERRA DA REFORMA**
> No México, as disputas entre os diferentes projetos de Estado, especialmente no que dizia respeito à secularização do poder, levaram a um conflito entre liberais e conservadores que ficou conhecido como Guerra da Reforma. Ela teve início em 1857 e só terminou em 1861, com a vitória dos liberais.

secularização: ato de tornar secular, isto é, tirar pessoas, crenças, instituições, etc. do domínio religioso e transferi-las para o domínio civil.

▼ Mulher indígena toca uma concha durante a cerimônia de comemoração do Dia Internacional dos Povos Indígenas do Mundo, em El Salvador. Foto de 2021. Apesar de a cultura e os direitos indígenas terem sido pouco considerados nos projetos de nação da América Latina, o protagonismo dos povos indígenas lhes garantiu algumas conquistas. Contudo, ainda há muito a alcançar.

ATIVIDADES

Acompanhamento da aprendizagem

Retomar e compreender

1. Após a invasão de Napoleão, o rei espanhol Fernando VII ficou aprisionado na França entre 1808 e 1814, enquanto o trono da Espanha foi assumido por José Bonaparte. Considerando o que foi apresentado neste capítulo, responda:
   a) Por que as colônias espanholas na América resistiram à autoridade de José Bonaparte?
   b) Como essa resistência influenciou as independências na América espanhola?

Aplicar

2. Leia atentamente o trecho de texto e responda às questões.

   > Entre os anos de 1810 e 1820 [...], o inimigo comum era a Espanha. Todos os esforços concentravam-se em acabar com o domínio da Espanha, e a tônica dos discursos era a liberdade. Liberdade, entretanto, não é um conceito entendido de forma única: tem significados diversos, apropriados também de formas particulares pelos diversos segmentos da sociedade.
   >
   > Maria Ligia Coelho Prado. *A formação das nações latino-americanas*. São Paulo: Atual, 1994. p. 14.

   a) Que diferentes sentidos de liberdade podem ser identificados nos processos de independência na América espanhola?
   b) Quais eram as semelhanças entre as concepções de liberdade adotadas por escravizados e por indígenas?
   c) Pensando no que você estudou neste capítulo, por que as elites se opunham às ideias de liberdade das camadas populares?

3. **SABER SER** Durante o processo de independência de Cuba, Ana Betancourt (1832-1901) se destacou como uma aristocrata que, progressivamente, aderiu à causa da independência. Em pleno século XIX, ela combinou o discurso pró-independência nacionalista cubano com as reivindicações pelos direitos das mulheres.

   - Por que as mulheres tiveram pouca visibilidade nos processos de independência da América hispânica? E hoje, como é a visibilidade delas em movimentos políticos e sociais?

4. As independências levaram a uma reconfiguração do mapa da América. Observe os mapas "América Latina: Político (2018), a seguir, e "América espanhola: Vice-reinos (séculos XVIII-XIX)", na página 93, e compare-os. Depois, responda às questões.

   a) Quais são as principais mudanças geográficas observadas na comparação dos mapas?
   b) O Brasil passou por mudanças parecidas?

   Fonte de pesquisa: *Atlas geográfico escolar*. 8. ed. Rio de Janeiro: IBGE, 2018. p. 37, 39, 41.

América Latina: Divisão política (2018)

99

HISTÓRIA DINÂMICA

Direitos e a formação dos Estados na América hispânica

A formação dos Estados independentes na América hispânica, processo que se deu ao longo do século XIX, ocorreu de forma particular em cada contexto nacional. Contudo, havia desafios e tarefas comuns.

A disputa entre liberais e conservadores, por exemplo, continuou tensa durante a formação dos Estados, estendendo-se pelo século XX. Essas duas orientações políticas se enfrentaram em diversas questões, mas firmaram acordos que possibilitaram construir os elementos básicos dos novos Estados.

Como fruto dessa disputa, as **constituições nacionais** consolidaram desigualdades e privilégios, visto que, embora buscassem uma sociedade alicerçada na igualdade de direitos e livre da colonização espanhola, foram elaboradas por membros da elite.

A relação dessas constituições com a nova Constituição liberal escrita na Espanha, a Carta de Cádis, é notória, mas havia muitas diferenças entre elas:

> Se em Cádis se tratava de colocar freios ao poder absolutista do monarca, de recortar, disciplinar e redefinir sua soberania, nas antigas colônias a urgência era garantir o poder da autoridade central. O traço unitário ou centralista era comum.
>
> Patricia Funes. *Historia mínima de las ideas políticas en América Latina*. Ciudad de México: El Colegio de México, 2014. p. 41. Tradução nossa.

As novas nações também passaram a elaborar uma narrativa sobre a independência, de forma que a história contada sobre o rompimento com os espanhóis também sustentasse os interesses políticos das elites e do Estado.

> O relato historiográfico do século XIX [...] começava com a independência [...]. Essa narrativa fundava a Nação mais contra o seu passado do que a partir dele. A história teria se desenvolvido fatalmente conforme o movimento universal de liberdade e progresso, impulsionado pela clarividência dos grandes homens. As culturas dos povos originários eram omitidas, quando não diretamente atacadas.
>
> Patricia Funes. *Historia mínima de las ideas políticas en América Latina*. Ciudad de México: El Colegio de México, 2014. p. 65. Tradução nossa.

▶ *Monumento à Independência*, na Cidade do México, em foto de 2022. A construção de símbolos, discursos e imagens que associassem os novos Estados a regimes republicanos e a um ideal de liberdade e de civilização teve papel central nas comemorações dos centenários de independência em toda a América espanhola, demarcando uma forma oficial de narrar o processo de emancipação dessa região.

No começo do século XX, os países da América Latina comemoraram com pompa e circunstância o primeiro centenário de suas independências, consolidando a versão que "deveria" ser contada sobre elas.

> Entretanto, analisados em perspectiva histórica, os centenários podem ser pensados como o canto do cisne da ordem oligárquica. Essa apoteose otimista que inundou as celebrações não pôde ocultar as rachaduras que esse projeto trazia consigo: os protestos operários, camponeses e dos setores médios. Em síntese: dos excluídos.
>
> Patricia Funes. *Historia mínima de las ideas políticas en América Latina*. Ciudad de México: El Colegio de México, 2014. p. 80, 87. Tradução nossa.

Assim, os estudos históricos sobre as independências devem contemplar as atuações de grupos pouco retratados nos relatos "oficiais" das elites, como indígenas, negros, mulheres, camponeses, trabalhadores, entre outros. Essa é uma tarefa difícil, mas da qual muitos historiadores têm se ocupado nas últimas décadas. A escassez de fontes, o alto índice de analfabetismo no período e a ideia, hoje superada, de que somente a história dos grandes líderes interessava silenciaram por muito tempo a participação histórica – e essencial – desses grupos.

As primeiras décadas do século XX, na América Latina, foram marcadas por movimentos e protestos organizados pelos grupos sociais que haviam sido relegados a segundo plano nos projetos de independência. Na foto, trabalhadores em greve fazem reivindicações ao proprietário da empresa. Cananea, México, 1906.

Em discussão

1. Quais diferenças podem ser observadas entre o processo de escrita das constituições nacionais na América espanhola e a redação da Carta de Cádis?

2. Após a independência, os Estados correspondentes a territórios outrora dominados pela Espanha elaboraram bandeiras, hinos, constituições, datas comemorativas, etc. Por que havia a preocupação em (re)criar esses elementos?

3. Com relação à historiografia das independências produzida no século XIX, responda às questões propostas.
   a) Que grupo foi apresentado como protagonista das independências?
   b) Quais grupos foram ignorados pela "história oficial"?
   c) Em sua opinião, por que esses grupos foram ignorados?

CAPÍTULO 2
INDEPENDÊNCIAS NA AMÉRICA DO SUL

PARA COMEÇAR

Assim como na América Central e no México, os processos de independência nas colônias espanholas da América do Sul foram liderados pelas elites locais. Em sua opinião, quais motivos levaram os interesses dessas elites a se chocar com os da Metrópole?

▼ Estátua equestre de Simón Bolívar em Washington DC, Estados Unidos. Foto de 2020.
Simón Bolívar (1783-1830) nasceu em Caracas, em importante família de proprietários rurais. Viajou pela Europa e, em contato com as ideias iluministas, passou a gestar o sonho de ver sua pátria tornar-se independente da Espanha, além de idealizar a integração hispano-americana. Voltou à América para se engajar nas lutas de independência e tornou-se um dos maiores líderes do processo de emancipação desse continente.

A INDEPENDÊNCIA DA VENEZUELA E A DE NOVA GRANADA

O processo de independência do vice-reino de Nova Granada e da capitania-geral da Venezuela foi liderado pela elite econômica local. Para essa elite, a dominação espanhola impedia a conquista de mercados consumidores nos Estados Unidos, no Caribe e na Europa. Sem a interferência da Espanha e contando com uma posição geográfica estratégica, os comerciantes de Nova Granada e da Venezuela poderiam atuar diretamente nesses mercados.

Em 1810, em meio à crise do governo espanhol, formaram-se, em várias cidades de Nova Granada e da Venezuela, juntas governativas compostas de pessoas influentes, que passaram a responder pelo poder político nessas localidades.

Os integrantes dessas juntas não reconheciam a autoridade de José Bonaparte e se negavam a obedecer ao governo da Espanha enquanto este estivesse nas mãos dos franceses.

O processo de independência na região foi impulsionado por essa crise de legitimidade do governo da Metrópole. Em 1811, a Junta de Caracas (capital da capitania) proclamou a independência da Venezuela. As forças da Metrópole reagiram com bastante violência, dando início a um período de intensos conflitos armados. As forças a favor da independência foram mais tarde chamadas de **patriotas** e tinham **Simón Bolívar** como principal liderança.

A GRÃ-COLÔMBIA

Nascido em uma família abastada, Simón Bolívar recebeu educação de inspiração liberal. Ele defendia, além da independência, a unificação das colônias espanholas após a conquista da autonomia. Acreditava na República como forma de governo, mas não defendia a participação popular nem mudanças estruturais na sociedade.

Para colocar esse plano em prática, contou com reforços de indígenas, negros escravizados e mestiços em seu exército. Após anos de luta, em 1819, o exército bolivariano venceu a Batalha de Boyaca contra os realistas (partidários do rei da Espanha), e Bolívar proclamou a independência do vice-reino, que passou a se chamar **Grã-Colômbia**. Tornou-se, então, presidente do novo país.

Em 1821, a Venezuela foi incorporada à Grã-Colômbia. Bolívar sonhava que todas as ex-colônias da América hispânica pudessem formar uma só nação, mas esse projeto encontrou forte oposição de grande parte das elites locais.

Em 1830, a Grã-Colômbia foi dissolvida e dividida nestes atuais países: Colômbia (até 1903 também abrangendo o Panamá), Venezuela e Equador.

Nos novos Estados criados, a divisão política e ideológica entre as forças de liberais e conservadores deu o tom da organização das novas repúblicas. Na **Colômbia**, por exemplo, os liberais assumiram o poder em 1849, após longa temporada sob domínio dos conservadores.

Nesse período, aboliram a escravidão (1851) e passaram a restringir a atuação da Igreja católica, tradicional aliada dos conservadores colombianos.

A tensão entre os grupos desencadeou guerras civis e períodos de acentuada violência. Na década de 1870, os conservadores voltaram ao poder e reverteram várias medidas adotadas durante a República Liberal.

R. Weibezahl. *Desfile da vitória de Simón Bolívar em Caracas*. Litografia com giz, 1832. Bolívar foi chamado de *El libertador* e é cultuado como herói em muitos países da América Latina.

A INDEPENDÊNCIA DO VICE-REINO DO RIO DA PRATA

A independência do vice-reino do Rio da Prata (atuais Argentina, Paraguai, Bolívia e Uruguai) também foi articulada pelas elites. Assim como em Nova Granada, havia ali um conflito de interesses entre as elites locais e a Coroa espanhola.

Em 1810, formou-se em Buenos Aires uma junta governativa que passou a exercer o poder político local. Liderada por Cornelio Saavedra, era composta de membros de diferentes vertentes políticas, mas enfrentou resistência das regiões do interior, temerosas de que sua economia local ficasse subordinada a essa cidade.

Após várias batalhas entre realistas e patriotas, em 1816, no **Congresso de Tucumán**, foi declarada a independência das Províncias Unidas do Rio da Prata. Essa denominação vigorou até 1826, quando a primeira carta constitucional mudou o nome do país para **Argentina**. Um dos principais líderes da emancipação política argentina foi **José de San Martín** (1778-1850), governador da província de Mendoza, na atual Argentina. Ele era contra a dominação da Espanha e o absolutismo e tendia a defender que os novos países da América hispânica fossem regidos por uma monarquia constitucional.

San Martín e seus aliados acreditavam que, para garantir a independência da Argentina, seria necessário libertar também outras regiões da América do Sul, como a capitania do Chile e o vice-reino do Peru, uma vez que o domínio espanhol nessas regiões poderia representar ameaça ao novo país. Diante disso, avançou com as tropas em direção a essas áreas. A primeira independência conquistada foi a do **Chile**, em 1818, na Batalha de Maipu, na qual San Martín se aliou ao líder local Bernardo O'Higgins (que governou o Chile independente até 1823). Dois anos depois, as tropas de San Martín deslocaram-se para o Peru.

A **Bolívia** conquistou sua autonomia política apenas em 1825, no contexto da luta pela independência do Peru, e seu nome foi uma homenagem a Simón Bolívar.

A INDEPENDÊNCIA DO URUGUAI

No início do século XIX, em meio aos processos de independência, o território hoje correspondente ao Uruguai foi disputado por dois "gigantes" que o circundavam: Brasil e Argentina. Antiga parte do vice-reino do Rio da Prata, o Uruguai foi invadido pelo Brasil em 1825 e então batizado de Província Cisplatina. Apoiada pelos argentinos, a resistência local conseguiu tornar-se independente do Império Brasileiro. Na disputa, destacou-se a liderança de José Artigas (1764-1850), militar que também havia lutado pela independência do vice-reino do Rio da Prata. A independência uruguaia foi oficializada em 1828 com o Tratado de Montevidéu.

AS CAMPANHAS DO DESERTO

Na década de 1870, o governo argentino passou a patrocinar ofensivas contra as comunidades indígenas ao sul do território para ocupar suas terras. Essas ofensivas ficaram conhecidas como **Campanhas do Deserto**; a justificativa do governo era "civilizar" os indígenas e expandir a fronteira agrícola.

Os indígenas se organizaram para enfrentar as tropas militares, mas o desequilíbrio de forças resultou na morte de milhares deles; os que escaparam foram forçados a deixar suas terras e seguir rumo ao norte do país.

▲ Estátua equestre do general Artigas na Plaza Independencia, Montevidéu, Uruguai. Foto de 2019.

A INDEPENDÊNCIA DO VICE-REINO DO PERU

Na área que abrangia o vice-reino do Peru, ficava grande parte dos recursos minerais explorados durante o período colonial. Lima, a capital, fundada em 1535, concentrava a maior parte do fluxo de pessoas, mercadorias e de ideias da região.

As relações entre os colonizadores e a população envolvia uma trama de interesses. Os indígenas haviam se revoltado contra os espanhóis diversas vezes ao longo do período colonial, e o ponto máximo desse confronto foi a revolta liderada por Tupac Amaru II em 1780. Entretanto, parte da elite *criolla* sentia-se amparada pelo regime colonial e apoiava os espanhóis. Assim, quando, nas primeiras décadas do século XIX, os territórios da América espanhola declararam-se independentes do poder colonial, o vice-reino peruano também viveu o clima de instabilidade política e jurídica, mas permaneceu sob o domínio espanhol.

O complexo processo de independência do Peru envolveu as tropas de San Martín e as de Simón Bolívar, que acreditavam que, para vencer definitivamente os espanhóis na América, seria essencial expulsá-los da região. Após campanhas militares bem-sucedidas, San Martín chegou ao Peru vindo do sul e ocupou Lima. Parte da população local apoiou o movimento, e a independência do Peru foi decretada em 1821. Contudo, havia focos de resistência ao projeto de independência, pois alguns *criollos* eram realistas e não queriam romper o vínculo colonial.

Por esse motivo, após a luta pela independência do vice-reino de Nova Granada, as tropas de Bolívar entraram no vice-reino do Peru pelo norte e reforçaram as forças patriotas. Depois da decisiva Batalha de Ayacucho, em 1824, o Peru tornou-se, em definitivo, um país independente.

CIDADANIA GLOBAL

GUERRA DO PACÍFICO E A SAÍDA PARA O MAR

Entre os anos de 1879 e 1883, Bolívia e Peru confrontaram os ataques do Chile, um conflito que ficou conhecido como Guerra do Pacífico. Forme dupla com um colega e respondam às perguntas a seguir. Se necessário, busquem informações na internet.

1. Quais foram os principais motivos desse conflito e como eles se relacionam com o conceito de mar territorial?

2. Quais foram os resultados dessa guerra? Por que é possível dizer que a Bolívia foi a grande perdedora do conflito?

3. A pesca predatória é uma das principais atividades econômicas nessa área do oceano Pacífico. Quais limitações a tal atividade podem garantir a preservação da vida marinha?

 Acompanhe **as trajetórias de Simón Bolívar e San Martín** e registre os principais fatos destacados.

◀ Juan Lepiani. *A independência do Peru*, 1904. Óleo sobre tela. Nessa pintura, San Martín (no centro) proclama a independência do Peru e saúda a multidão. Ao seu redor, podem-se observar os estratos sociais que garantiram a condução do processo de independência peruana e a elaboração da Constituição desse Estado: membros da elite *criolla*, na maioria militares, e um sacerdote católico.

Observe as imagens sobre **as independências na América espanhola** e identifique os grupos sociais retratados.

> **O MURALISMO**
>
> A imagem reproduzida nesta página é representativa do muralismo, manifestação artística que surgiu nas primeiras décadas do século XX, no México.
>
> Coloridos e realistas, os murais desse movimento costumam explorar temas históricos. O objetivo dos muralistas é narrar uma história não oficial em que todos os segmentos sociais estejam retratados.

CONTINUIDADES E RUPTURAS NO PÓS-INDEPENDÊNCIA

Ao longo desta unidade, vimos que os processos de independência de cada região da América espanhola tiveram particularidades, mas também algumas características em comum.

Em todas as regiões, houve rompimento político em relação à Espanha, o que provocou debates sobre os rumos das novas repúblicas e levou à refundação das estruturas jurídicas e políticas. Contudo, quem debateu e promoveu tais rumos foram as elites, que excluíram outros grupos sociais dos projetos das nações independentes. Um quadro de inegável opressão social e sujeição política e econômica foi a realidade "independente" de comunidades indígenas, populações negras, mulheres, pequenos comerciantes e trabalhadores pobres.

O sentido de liberdade e independência propagado pelas elites estava ligado principalmente às questões comerciais. Portanto, não incluía a abolição da escravidão nem a concessão de direitos mínimos às mulheres, às comunidades indígenas ou às camadas populares.

As elites coloniais apropriaram-se de maneira particular de eventos e ideias que ocorriam em outros lugares, como a independência dos Estados Unidos, o Iluminismo na Europa e as disputas pelo trono espanhol. Interpretados com base na realidade do continente europeu, esses acontecimentos foram adaptados às novas condições e aos interesses de diferentes grupos sociais, sofrendo modificações e reinvenções. O vínculo entre a América espanhola e os antigos colonizadores europeus envolveu a assimilação de algumas características culturais, políticas e administrativas, mas também a rejeição de outras, sendo necessário um olhar apurado para a realidade de cada novo país.

Detalhe do mural *Retablo de la Independencia*, 1961, em exposição no Museu Nacional de História (Cidade do México). Produzido pelo arquiteto e pintor mexicano Juan O'Gorman, o mural tem quase 16 metros de largura e mais de 4 metros de altura e retrata diversas fases do processo de independência mexicano. O detalhe representa a luta popular, simbolizada pela presença do padre José María Morelos, ao centro.

ATIVIDADES

Acompanhamento da aprendizagem

Retomar e compreender

1. Estabeleça uma relação entre a independência do vice-reino do Rio da Prata e a do vice-reino do Peru.

2. Identifique pelo menos dois líderes dos processos de independência na América espanhola citados neste capítulo. No caderno, escreva o nome de cada um, o local em que atuou e suas principais ideias.

3. A conformação territorial da Argentina passou pela confederação de províncias do antigo vice-reino do Rio da Prata, formando as Províncias Unidas do Rio da Prata.
   a) O que configura uma confederação de territórios?
   b) Qual foi a importância dessa confederação para a emancipação política e a formação da atual Argentina?

Aplicar

4. Leia o texto e, depois, responda às questões propostas.

> As vitórias e derrotas das forças rebeldes lideradas por Simón Bolívar, no norte da América do Sul, demonstravam a dificuldade da Espanha em vencer os rebeldes e os obstáculos que estes enfrentavam para manter as conquistas. Depois da restauração de Fernando VII [...] chegou a Nova Granada a grande expedição do general Pablo Morillo para reconquistar os territórios perdidos. A repressão foi muito violenta, indicando, num primeiro momento, que esta era a estratégia correta. Mas a resistência rebelde também adensou, alimentada por insatisfação crescente frente às arbitrariedades das forças realistas. Bolívar e seus generais reorganizaram os exércitos e iniciaram a virada de tabuleiro da guerra, prometendo alforria aos escravos que se alistassem e terra aos soldados do exército.
>
> Maria Ligia Prado e Gabriela Pellegrino. *História da América Latina.* São Paulo: Contexto, 2016. p. 32.

   a) De que maneira a restauração promovida por Fernando VII influenciou as guerras de independência encabeçadas por Simón Bolívar na Grã-Colômbia?
   b) Como se deu a participação dos escravizados no processo de independência da Grã-Colômbia?

5. Observe a imagem e responda às questões.
   a) Qual evento histórico é representado nessa pintura?
   b) Observe as roupas usadas pelos soldados rebeldes. O que explica essa diferenciação?
   c) Qual foi a importância dos setores populares nesse evento?

Martín Tovar y Tovar. *Batalha de Boyaca*, 1895. Afresco do Palácio Federal Legislativo de Caracas, na Venezuela.

107

ARQUIVO VIVO

O Pan-Americanismo

O Pan-Americanismo é um movimento que defende a aliança entre os países da América. Ao longo do tempo, ele foi motivo de disputas, discursos e ações de diversas personagens históricas. Durante as independências, **Simón Bolívar** foi um notório defensor da integração dos países hispano-americanos após a libertação do jugo espanhol. Na **Carta da Jamaica**, escrita em 1815, Bolívar expôs suas ideias acerca dessa integração.

> Eu desejo, mais do que qualquer outro, ver se formar na América a maior nação do mundo, menos por sua extensão e riqueza, que por sua liberdade e glória. [...] É uma grande ideia pretender formar no novo mundo uma única nação, que ligue suas partes entre si e com o todo. Já que tem a mesma origem, linguagem, costumes e religião, deve, portanto, ter um único Governo, o que confederaria os diferentes estados [...].
>
> Simón Bolívar. *Carta de Jamaica*: 1815-2015. Caracas: Comisión Presidencial para la Conmemoración del Bicentenario de la Carta de Jamaica, 2015. p. 23, 28. Tradução nossa.

O desdobramento do Pan-Americanismo de Bolívar foi o **Congresso do Panamá**, em 1826, do qual participaram o México, a República Federativa da América Central, a Grã-Colômbia (Colômbia, Venezuela e Equador) e o Peru (incluindo, então, a Bolívia). Decidiram pela abolição do tráfico de escravizados e, caso houvesse novas guerras contra a Espanha, pela cooperação militar. Mas o principal objetivo, ou seja, o de implementar a união entre os países da América espanhola, enfrentou resistências.

Como os Estados independentes da América espanhola não avançaram muito no projeto de se integrarem como nação, este foi apropriado pelos Estados Unidos, no fim do século XIX. Sob um contexto de política expansionista, os estadunidenses organizaram as **Conferências Pan-Americanas**, que reuniram políticos, cientistas, empresários e vários outros segmentos da sociedade civil para debater acordos e programas comuns para os países da América. O projeto do Pan-Americanismo daria origem à **Organização dos Estados Americanos** (OEA), fundada em 1948 e atuante até hoje.

A primeira conferência pan-americana ocorreu em Washington, capital dos Estados Unidos, entre 1889 e 1890, à qual se sucederam outras, em várias cidades do continente americano, até 1954. Nessa fase, o Pan-Americanismo estava diretamente relacionado à expansão comercial e política dos Estados Unidos, que passaram a olhar com mais atenção para os outros países da América por razões que incluem a influência cultural e política, a garantia de mercados econômicos e a hegemonia nas relações interamericanas. Entretanto, por estar atrelada a um projeto político estadunidense, essa proposta enfrentou oposição crescente dos países da América hispânica e do Brasil, que buscavam imprimir outra identidade e outra agenda para sua integração.

Em 1891, o herói da independência cubana, José Martí, escreveu um texto defendendo a união dos países hispano-americanos fora da órbita dos Estados Unidos da América.

Nesse contexto, o discurso do intelectual argentino **José Ingenieros** (1877--1923), em 1922, atestava essa nova fase da integração regional, marcada por crescente crítica ao termo **Pan-Americanismo** e às ideias a ele associadas.

Não por acaso, pouco tempo depois, Ingenieros fundou a **União Latino--Americana**, instituição que evidenciou os novos sentidos da integração da América ibérica, da qual o Brasil participou cada vez mais.

> Acreditamos que nossas nacionalidades estão diante de um dilema de ferro. Entregarmo-nos submissos e louvar a União Pan-americana (América para os norte-americanos) ou prepararmo-nos coletivamente para defender nossa independência, fundando as bases de uma União Latino-Americana (América para os latino-americanos).
>
> Arthur Ardao. Panamericanismo y Latinoamericanismo. Em: Leopoldo Zea. *América Latina en sus ideas*. Ciudad de México: Siglo Vientiuno, 1986. p. 169. Tradução nossa.

▲ Participantes da Primeira Conferência Pan-Americana em visita a South Bend, Indiana, nos Estados Unidos da América, em 1889.

Organizar ideias

1. Quais fontes históricas sobre o Pan-Americanismo são citadas ou apresentadas nessas duas páginas?

2. Com base no que entendeu, como você explicaria o conceito de Pan-Americanismo para uma pessoa que não o conhece?

3. Sistematize as diferentes abordagens de instituição do Pan-Americanismo defendidas desde o início do século XIX. Indique também os agentes históricos que promoveram essa proposta de integração.

ATIVIDADES INTEGRADAS

Retomar e compreender

1. Em 1960, foi instituído o torneio de futebol mais importante do continente americano, a Copa Libertadores da América. Disputada por clubes de vários países da América Latina, essa competição é prestigiada até hoje.
   a) O nome "Libertadores" está associado à valorização de qual processo histórico ocorrido no continente americano?
   b) Quem seriam os libertadores? Cite alguns deles.

2. Responda a estas questões referentes ao Congresso do Panamá, idealizado por Simón Bolívar em 1826.
   a) Qual foi a principal motivação desse congresso?
   b) A qual movimento político esse evento está relacionado?

Aplicar

3. José Martí, um dos principais líderes do processo de independência cubano, morreu antes de ver consolidada a emancipação de Cuba. Não obstante, Martí também é apontado como um dos idealizadores do Pan-Americanismo. Que tipo de integração ele defendia?

Analisar e verificar

4. Em 2015, a então presidente da Argentina, Cristina Kirchner, e o presidente da Bolívia, Evo Morales, inauguraram, em Buenos Aires, um monumento de grandes proporções esculpido em bronze. Era uma homenagem póstuma a Juana Azurduy (1780-1862), militar boliviana de origem indígena reconhecida como uma das líderes do processo de independência da América espanhola, embora tenha morrido na miséria.

   a) O que a mulher retratada segura na mão esquerda? O que isso representa?
   b) De origem indígena, Azurduy nasceu precisamente durante uma rebelião de indígenas na América espanhola. Que rebelião foi essa?
   c) Evo Morales, o primeiro presidente de origem indígena na história da Bolívia, financiou o projeto de construção do monumento em Buenos Aires. Por que motivo, em sua opinião, a estátua foi colocada na Argentina?

Monumento a Juana Azurduy em frente ao Centro Cultural Kirchner, em Buenos Aires, Argentina. Foto de 2019.

Acompanhamento da aprendizagem

5. Leia atentamente este trecho de uma carta escrita por Simón Bolívar em 1815.

> O índio é de um caráter tão dócil que unicamente deseja o repouso e a solidão [...]. Felizmente esta espécie de homem é a que menos reclama a preponderância, ainda que seu número exceda à soma dos outros habitantes. Esta parte da população americana é uma espécie de barreira a conter os demais partidos: ele não pretende a autoridade, porque não a ambiciona nem se crê com aptidões para exercê-la, contentando-se com sua paz, sua terra e sua família.
>
> Simón Bolívar. Carta ao editor da *Gazeta Real da Jamaica*. Em: Jaime Pinsky e outros. *História da América através de textos*. São Paulo: Contexto, 2013. p. 66-67.

a) De que forma os indígenas foram caracterizados por Simón Bolívar?

b) Bolívar afirmou que os indígenas não ambicionavam a autoridade. A que autoridade ele se referia?

c) Muitos indígenas lutaram pela causa da independência. Pelo trecho da carta, é possível assegurar que eles teriam seus direitos garantidos nos novos Estados da América espanhola?

6. No antigo território do vice-reino do Rio da Prata, houve, logo após a independência, uma ofensiva contra os indígenas que ocupavam as terras ao sul de Buenos Aires (capital da futura Argentina).

a) A qual episódio da história argentina se refere a cena que se vê retratada nessa gravura?

b) Nessa imagem, é possível ver homens deitados no chão e outros montados em cavalos. A que grupos sociais esses homens pertenciam?

c) Analisando a legenda da imagem, indique o que se pensava sobre os indígenas durante a formação do Estado argentino.

▲ Calixto Tagliabúe. *Expedição nos desertos do sul*, 1833. Gravura colorizada. Na versão original, havia uma legenda em espanhol, cuja tradução para o português é: "Expedição nos desertos do sul contra os índios selvagens, no ano de 1833, executada com o maior acerto e sabedoria por seu digno chefe o grande Rosas".

Criar

7. Reúna-se com um colega para elaborar uma biografia de um dos libertadores da América. Para construir uma narrativa desse gênero literário e apresentar o texto produzido, sigam estas etapas:
   - Escolham o indivíduo a ser biografado.
   - Realizem uma pesquisa para reunir os principais fatos da vida desse indivíduo.
   - Organizem as informações obtidas em uma sequência temporal.
   - Após elaborar a biografia, combinem com o professor uma data para apresentá-la aos colegas.

CIDADANIA GLOBAL
UNIDADE 4

14 VIDA NA ÁGUA

Retomando o tema

Ao longo da unidade, você conheceu vários processos de independência que deram origem a diversos países da América Latina, principalmente aqueles submetidos à colonização espanhola.

Parte importante desses países dispõe de expressiva costa marítima, tanto no oceano Atlântico quanto no oceano Pacífico.

1. O que significa a expressão **soberania marítima**?
2. Qual é a responsabilidade ambiental do Brasil sobre sua costa marítima?

Geração da mudança

- Para preservar as espécies que vivem nos mares brasileiros, nosso país desenvolve uma série de programas e estratégias. Forme dupla com um colega e investiguem quais são essas políticas públicas. Então, listem os resultados.
- Em uma data combinada, compartilhem a lista de vocês com a turma e, de modo coletivo, elaborem uma lista consolidada que apresente as informações obtidas por todas as duplas.
- Escrevam um parágrafo introdutório sobre a lista, ressaltando a importância das iniciativas nela mencionadas.
- Combinem uma data na qual o parágrafo introdutório e a lista serão publicados nas redes sociais da escola, como forma de divulgar as ações investigadas.

Autoavaliação

112

BRASIL: A INDEPENDÊNCIA E O PRIMEIRO REINADO

UNIDADE 5

PRIMEIRAS IDEIAS

1. Em sua opinião, o que mudou no cotidiano da cidade do Rio de Janeiro durante a estada da Corte portuguesa?
2. O que você conhece a respeito do processo de Independência do Brasil?
3. Você sabe dizer quais foram os motivos que levaram dom João VI a deixar o trono do Brasil para seu filho, dom Pedro I?

Conhecimentos prévios

Nesta unidade, eu vou...

CAPÍTULO 1 — Tensões na Colônia

- compreender o processo de crise no regime colonial português em fins do século XVIII.
- identificar os movimentos anticoloniais.
- analisar os motivos e as consequências da mudança de dom João VI e sua Corte para o Brasil.
- refletir sobre a visão estereotipada dos escravizados no período colonial.

CAPÍTULO 2 — A Independência do Brasil

- compreender o processo de ruptura das relações coloniais entre Brasil e Portugal.
- explicar a relação entre a Revolução Liberal do Porto e a Independência do Brasil.
- identificar as diferentes reações à Independência no Brasil, compreendendo que nem todos a aceitaram.

CAPÍTULO 3 — O Primeiro Reinado

- caracterizar o sistema de governo imposto pela Constituição de 1824 e o Poder Moderador.
- entender como foi possível garantir o reconhecimento da independência do Brasil por outros países e manter a unidade territorial.
- examinar a exclusão dos povos indígenas do projeto de nação no Primeiro Reinado.
- compreender a manutenção da violência a africanos escravizados, mesmo após a formulação de leis e políticas da nova nação.

CIDADANIA GLOBAL

- refletir sobre a importância das instituições governamentais brasileiras.
- analisar o papel da diplomacia nas relações entre os países e no cotidiano.

113

LEITURA DA IMAGEM

1. A foto mostra uma situação de conflito ou de amizade? Dê sua resposta baseando-se em elementos da imagem.
2. Há cerca de dois séculos, como era a relação entre esses dois países? E, de acordo com a foto, como é essa relação atualmente?
3. Você saberia citar fatos que confirmem a boa relação diplomática entre Brasil e Portugal nos dias de hoje? Se sim, quais?

CIDADANIA GLOBAL

16 PAZ, JUSTIÇA E INSTITUIÇÕES EFICAZES

Nas últimas décadas, Brasil e Portugal vêm construindo relações diplomáticas muito positivas e cooperam em diversas frentes, na defesa de causas em comum.

1. Em sua opinião, qual é a importância da construção de relações diplomáticas entre os países?
2. Em seu dia a dia, você costuma ser diplomático? Que ações caracterizam esse tipo de postura?

 Saiba mais sobre as **relações diplomáticas do Brasil**. Você gostaria de trabalhar como diplomata, representando o Brasil no exterior? Comente suas ideias com a turma.

Em coletiva de imprensa no Palácio das Necessidades, em Lisboa, Portugal, os ministros das relações exteriores do Brasil, Carlos Alberto França (à esquerda), e de Portugal, Augusto Santos Silva (à direita), são fotografados por membro da delegação diplomática. Foto de 2022.

CAPÍTULO 1
TENSÕES NA COLÔNIA

PARA COMEÇAR
No fim do século XVIII, o regime colonial português apresentava sinais de crise. Você sabe dizer que sinais eram esses? Quais eram as relações deles com a transferência da Família Real para o Brasil?

AS REFORMAS POMBALINAS NA AMÉRICA PORTUGUESA

Entre 1750 e 1777, o Marquês de Pombal foi ministro de dom José I, monarca português considerado um **déspota esclarecido** (assunto tratado na unidade 2). Em busca de modernizar a economia portuguesa, Pombal estimulou a criação de manufaturas, facilitando a importação de matérias-primas e cobrando impostos sobre produtos estrangeiros. Além disso, incentivou o comércio e organizou a produção de vinho e a pesca.

Na América portuguesa, as reformas propostas pelo Marquês de Pombal visavam aumentar o controle do rei sobre o território e sobre as atividades econômicas, além de aperfeiçoar a arrecadação de impostos. Para melhorar a fiscalização da atividade mineradora e facilitar o controle das fronteiras do sul da Colônia, a sede do governo foi transferida de Salvador para o Rio de Janeiro em 1763. Para garantir o monopólio comercial, Pombal criou as Companhias de Comércio do Grão-Pará e Maranhão (1755) e de Pernambuco e Paraíba (1759). Embora assegurassem que as mercadorias produzidas na Colônia teriam preço mínimo e garantissem a disponibilidade de navios para transportá-las a Portugal, essas companhias restringiam a liberdade de compra e venda.

Uma das medidas tomadas pelo governo português nessa época, e que provocou mais resistência por parte dos colonos, foi o restabelecimento de um tributo conhecido como **quinto**.

▼ Vista da cidade histórica de Ouro Preto (MG), uma das mais importantes da economia mineradora. Foto de 2020.

A CONJURAÇÃO MINEIRA

O quinto tornou-se um grande problema para os exploradores de metais preciosos de Minas Gerais, pois o esgotamento das minas de ouro dificultava a obtenção das 100 arrobas exigidas pela Metrópole.

Contudo, alegando que os mineradores contrabandeavam o ouro para não pagar os impostos, o governo metropolitano não abria mão da cobrança do quinto. Em 1788, o imposto em atraso chegou a 596 arrobas, ou seja, quase 9 mil quilos. Diante disso, as autoridades coloniais ameaçaram executar a **derrama**: cobrança forçada dos impostos atrasados (bens e objetos de ouro eram confiscados para completar a cota do imposto devido).

Revoltados com essa ameaça, membros da elite de Minas Gerais reuniram-se para promover um movimento contra a Coroa portuguesa. A notícia da independência das colônias inglesas na América do Norte, em 1776, e os ideais iluministas de igualdade e liberdade difundidos na Europa nas últimas décadas do século XVIII serviram de inspiração e estímulo aos colonos insatisfeitos com o governo colonial.

A rebelião foi marcada para quando começasse a derrama, prevista para fevereiro de 1789. O alferes (segundo-tenente) Joaquim José da Silva Xavier, apelidado **Tiradentes**, ficou encarregado de prender o governador e dar início ao levante. No entanto, os planos da conjuração não chegaram a ser colocados em prática, pois o movimento foi denunciado por um dos participantes, Joaquim Silvério dos Reis, que, em contrapartida, obteve o perdão de suas dívidas com a Coroa portuguesa.

Os conjurados pretendiam, caso conseguissem tomar o poder: proclamar a independência em Minas Gerais; instaurar um governo republicano, sediado em São João del-Rei; criar uma universidade em Vila Rica; incentivar a produção de manufaturas; explorar jazidas de ferro e de salitre; instalar uma fábrica de pólvora.

As autoridades portuguesas prenderam várias pessoas, a maioria membros da elite. Onze dos acusados foram condenados à morte na forca; outros, banidos da Colônia. Entretanto, dona Maria I substituiu por degredo perpétuo na África a pena de morte de dez dos conjurados. Tiradentes, preso enquanto tentava convencer outros a se juntar ao movimento, foi o único a ter sua sentença mantida. Enforcado em 21 de abril de 1792, no Rio de Janeiro, o alferes foi também esquartejado. Partes de seu corpo foram expostas em pontos do Caminho Novo, que ligava o Rio de Janeiro a Minas Gerais; sua cabeça foi exposta na praça central de Vila Rica.

Com essa punição, a Coroa pretendia mostrar aos outros colonos o que aconteceria àqueles que se rebelassem contra Portugal. Embora não tenha sido bem-sucedida, a Conjuração Mineira estabeleceu um novo cenário político na Colônia.

O QUINTO

O quinto consistia na arrecadação de 20% de todo o ouro extraído pelos colonos. Apesar de existir desde o início da exploração aurífera, ao longo dos anos esse tributo foi substituído por outras tarifas. Como as jazidas de ouro começavam, naquele período, a dar sinais de exaustão e a arrecadação de impostos vinha diminuindo, o governo retomou essa cobrança, acrescentando a obrigatoriedade de os colonos recolherem o mínimo anual de 100 arrobas (cerca de 1 500 quilos) do metal.

▲ Barras de ouro quintadas entre os séculos XVIII e XIX.

CONJURAÇÃO OU INCONFIDÊNCIA?

A Coroa portuguesa considerou a conspiração ocorrida na região de Minas Gerais em 1789 uma **inconfidência**, isto é, uma infidelidade à rainha. Isso faz sentido do ponto de vista da Metrópole. Contudo, para os defensores do Brasil independente, o uso desse termo não é adequado. Por esse motivo, tem-se utilizado o termo **conjuração** – união de pessoas em torno de um juramento – para designar o movimento mineiro.

A CONJURAÇÃO BAIANA

Outro movimento de contestação ao domínio português foi a Conjuração Baiana, ocorrida em 1798 na Bahia. Nos anos anteriores a essa mobilização, muitas terras outrora destinadas à produção de gêneros alimentícios foram destinadas ao cultivo da cana-de-açúcar. Isso provocou a escassez de alimentos e o consequente aumento dos preços desses insumos, gerando profunda insatisfação na população, sobretudo nas camadas menos favorecidas, que passaram a enfrentar a fome. Além disso, a corrupção das autoridades e a pesada carga de impostos cobrados na Colônia contribuíram para o crescimento da rejeição à Coroa portuguesa.

Nessa mesma época, as **ideias iluministas** eram cada vez mais difundidas entre os intelectuais da região, que promoviam reuniões abertas para debatê-las. Desse modo, os ideais de liberdade se incorporaram também ao universo popular.

Em 12 de agosto de 1798, as ruas de Salvador amanheceram repletas de panfletos com dizeres que incitavam à luta, defendendo projetos revolucionários, como a instauração de uma república, o fim da escravidão e a diminuição dos impostos. As autoridades agiram rapidamente, colhendo denúncias que resultaram na prisão de 36 pessoas. Os conspiradores da elite baiana foram poupados. Todos os conjurados presos eram negros ou mestiços.

No final do processo judicial, quatro líderes populares foram condenados à morte por enforcamento. Em 1799, eles tiveram os corpos esquartejados e expostos em locais públicos de Salvador. Os demais foram condenados à prisão ou ao banimento (expulsão) para o continente africano.

QUEM ERAM OS CONJURADOS?

- oficiais militares de baixa patente
- soldados
- pequenos comerciantes
- negros libertos
- escravizados
- alfaiates e outros artesãos

A Conjuração Baiana também foi chamada de **Conjuração dos Alfaiates**, por contar com a participação de vários alfaiates. Além da insatisfação em relação à Coroa, a maior parte dos conjurados tinha em comum a condição social: eram pobres.

Quatro líderes do movimento foram condenados à morte após o processo contra os conjurados: Lucas Dantas de Amorim Torres, Luiz Gonzaga das Virgens, Manuel Faustino dos Santos Lira e João de Deus do Nascimento.

▼ Praça da Piedade, em Salvador, no século XIX. Nesse local, foram executados os líderes da Conjuração Baiana.

118

A TRANSFERÊNCIA DA CORTE PARA O RIO DE JANEIRO

Nos primeiros anos do século XIX, Portugal tentava manter sua independência e a integridade de seu império colonial em meio às disputas entre a Inglaterra e a França napoleônica. Os franceses pressionavam a Coroa portuguesa a aderir ao **bloqueio continental** (assunto tratado na unidade 3) e a fechar os portos aos navios ingleses. Já a Inglaterra, com a qual Portugal mantinha uma tradicional aliança, exigia que Lisboa ignorasse as ameaças de Napoleão e liberasse o comércio colonial aos navios ingleses.

O eficiente Exército francês representava uma ameaça real de invasão ao território de Portugal, enquanto a poderosa Marinha inglesa ameaçava a posse das colônias portuguesas, incluindo a mais rica e lucrativa delas, o Brasil.

Em meados de 1807, Napoleão deu um ultimato ao príncipe regente dom João: ou Portugal aumentava sua participação na liga anti-inglesa, ou seu reino seria invadido. Entre perder as colônias ou ter o reino invadido, a Coroa portuguesa optou por salvar o Império, aliando-se aos ingleses.

Em novembro do mesmo ano, o exército de Napoleão cruzou a Espanha e invadiu Portugal. Sob a ameaça da chegada das tropas francesas a Lisboa, a Família Real, grande parte dos funcionários do Estado e uma imensa comitiva, composta de cerca de 10 mil pessoas, embarcaram em 36 navios portugueses rumo ao Rio de Janeiro. Sob a proteção da frota inglesa, depois de uma breve estada em Salvador, dom João chegou ao Rio de Janeiro em 7 de março de 1808.

Com a chegada da Família Real e de parte da Corte portuguesa à Colônia na América, teve início um processo de grande transformação urbana e social na cidade do Rio de Janeiro.

PARA EXPLORAR

1808, a Corte no Brasil. Direção: Sandra Moreyra e Mônica Sanches. Brasil: Globo News, 2009. 12 episódios.
Nessa série de videorreportagens, são abordados diferentes aspectos da vinda da Família Real portuguesa à Colônia e os impactos dessa mudança, tanto em Portugal quanto no Brasil. Cada episódio tem cerca de 20 minutos e apresenta diferentes fontes históricas do período.

CIDADANIA GLOBAL

INSTITUIÇÕES BRASILEIRAS

A mudança da Família Real para o Brasil trouxe os embriões que levaram à formação de várias instituições na América Portuguesa. Muitas delas existem até hoje.

1. Forme dupla com um colega e busquem informações sobre as instituições criadas por d. João VI após a mudança da Corte portuguesa. Elaborem uma lista.

2. Identifiquem quais ainda existem e escolham, dentre elas, uma para aprofundar a investigação. Depois, comentem com a turma: Qual é a importância dessa instituição hoje?

◀ Armando Martins Viana. *Chegada de dom João VI à igreja do Rosário* (detalhe), 1937. Óleo sobre tela.

REFORMAS INSTITUCIONAIS E ESTRUTURAIS

Capital colonial desde 1763, o Rio de Janeiro se destacava em muitos aspectos das outras cidades da América portuguesa e dispunha de um razoável sistema de defesa, além de ter o maior contingente militar da colônia. Mesmo antes da vinda da Corte, a cidade já era uma das sedes da esquadra da Marinha de Guerra portuguesa e apresentava uma economia bastante ativa, contando com uma forte elite comerciante.

Apesar disso, em 1808, a capital ainda conservava o aspecto de uma cidade colonial comum. Suas ruas eram estreitas e sem pavimentação, e predominavam as casas térreas, construídas sem planejamento. Além disso, era extremamente **insalubre**: o sistema de distribuição de água era insuficiente e o de esgoto era quase inexistente. Havia pântanos, brejos e outros espaços alagadiços espalhados pela cidade; esses locais eram foco de grande parte das doenças e epidemias, como febre amarela e varíola, que frequentemente atingiam a população.

A quantidade de moradias disponíveis não dava conta de abrigar o número de pessoas que chegou de Portugal com a Família Real. Em consequência disso, muitos moradores do Rio de Janeiro – principalmente os mais ricos – foram desalojados de suas residências para dar espaço à Família Real e à Corte portuguesa.

A estrutura da cidade não satisfazia às necessidades da nobreza, acostumada com o luxo de palácios e castelos. Muitas obras e melhoramentos urbanos – como o calçamento de ruas, o aterramento das áreas alagadiças e os investimentos no sistema de água, de esgoto e de iluminação – foram realizados por ordem de dom João.

Além disso, para administrar o Império no Brasil, a monarquia portuguesa precisou implantar alguns **órgãos de Estado** na cidade, como os tribunais superiores e a Intendência Geral da Polícia, que cuidava da segurança pública.

O príncipe regente também criou diversas instituições, como o Real Teatro São João; a Escola Real de Ciências, Artes e Ofícios; a Real Biblioteca (atual Biblioteca Nacional); e o Museu Real. Outra grande contribuição para o Brasil foi a instituição da Imprensa Régia – até então, jornais e livros não eram publicados de forma oficial na Colônia.

> **O REINO DO BRASIL**
>
> Em 1815, o Brasil foi elevado à condição de Reino Unido a Portugal e Algarves, deixando de ser colônia. Em 1818, dois anos após a morte da rainha dona Maria I, afastada do governo desde 1792, dom João foi aclamado rei de Portugal, do Brasil e de Algarves, com o título de dom João VI.

> **PARA EXPLORAR**
>
> **Museu Histórico Nacional**
> O Museu Real, fundado no ano de 1818, atualmente é o Museu Histórico Nacional. Em setembro de 2018, um incêndio de grandes proporções destruiu o prédio e grande parte do acervo. Contudo, no *site* da instituição, podem ser encontrados vídeos, fotos e documentos sobre a história do museu e suas exposições. Disponível em: http://www.museunacional.ufrj.br/. Acesso em: 2 jun. 2023.

Saiba mais sobre as mudanças ocorridas na cidade do Rio de Janeiro após a **chegada da Família Real**. Anote no caderno suas principais descobertas.

▼ Jean-Baptiste Debret. *Vista da cidade do Rio de Janeiro a partir da igreja de Nossa Senhora da Glória*, década de 1820. Aquarela sobre papel.

AS MUDANÇAS NA ECONOMIA BRASILEIRA

O estabelecimento da Corte portuguesa no Rio de Janeiro e a ocupação de Portugal pelo Exército francês mudaram radicalmente as relações entre a Colônia e o Império português. Não havia mais Metrópole que comprasse os produtos coloniais nem era mais viável adquirir produtos europeus no porto de Lisboa. Ao mesmo tempo, a aliada Inglaterra, incapacitada de vender seus produtos para a Europa por causa do bloqueio continental, exigia acesso livre ao mercado brasileiro.

Diante disso, dom João decretou, em 28 de janeiro de 1808, a **abertura dos portos** brasileiros a todas as nações amigas, isto é, àquelas que não fossem aliadas à França. Tratava-se basicamente da Inglaterra, e o impacto da medida se fez sentir imediatamente.

Ainda em 1808, dom João criou o Banco do Brasil para administrar as contas do governo e oferecer crédito aos empreendedores. Seu governo adotou uma política de incentivo à instalação de manufaturas, e a própria Coroa introduziu a siderurgia, com a criação da Real Fábrica de Ferro de São João de Ipanema, em 1810, nas proximidades de Sorocaba (SP).

Mas o incentivo às manufaturas não resultou na industrialização do Brasil. Na verdade, a dependência em relação à indústria inglesa foi reforçada com a assinatura do **Tratado de Comércio e Navegação**, em 1810. Esse tratado estabelecia uma tarifa de apenas 15% para os produtos ingleses desembarcados nos portos brasileiros, o que fazia com que qualquer produto não inglês manufaturado tivesse preços muito mais altos e, portanto, ficasse sem condições de concorrer com as mercadorias inglesas. Os produtos de outros países eram taxados em 24% e, mesmo para os produtos portugueses, a taxa era mais alta do que para os itens ingleses: 16%.

> **PARA EXPLORAR**
>
> *D. João carioca: a Corte portuguesa no Brasil (1808-1821)*, de Lilia Moritz Schwarcz e Spacca. São Paulo: Companhia das Letras, 2007.
>
> Esse livro, em formato de história em quadrinhos, apresenta aspectos da vida de dom João VI e da Corte portuguesa no Rio de Janeiro, além dos impactos desse acontecimento na cidade que passou a sediar a monarquia.

▼ Represa Heldberg e, ao fundo, prédio da antiga fundição da Real Fábrica de Ferro de São João de Ipanema, no município de Araçoiaba da Serra (SP). Foto de 2019.

A REVOLUÇÃO PERNAMBUCANA

Durante a época em que dom João VI esteve no Brasil, também houve mobilizações contrárias ao domínio português. A maior delas resultou no movimento conhecido como **Revolução Pernambucana**. Entre 1815 e 1816, ocorreu grande seca nas capitanias brasileiras ao norte da Bahia. A falta de chuva arruinou parte das lavouras, o que prejudicou a produção e trouxe fome à população mais pobre. Na cidade do Recife, centro da capitania de Pernambuco e do comércio local, a situação econômica se agravou ainda mais por causa da queda dos preços internacionais do açúcar e do algodão e do domínio comercial praticado pelos portugueses, que tinham negócios na região.

Apesar dessa situação, o governo sediado na cidade do Rio de Janeiro promoveu o aumento dos impostos na região de Pernambuco, visando custear a campanha militar de conquista da Banda Oriental (Uruguai), a execução de obras públicas e os gastos da Corte, além do pagamento aos funcionários públicos.

Não demorou para que setores das elites pernambucanas, unindo militares, religiosos, comerciantes, advogados, proprietários de terras e intelectuais, começassem a se organizar contra a dominação portuguesa. O movimento revolucionário deflagrado em Recife, em março de 1817, destituiu o governador e proclamou a independência e a **República de Pernambuco**. As camadas mais pobres apoiaram a revolução, movidas pelo ressentimento contra os comerciantes portugueses. As capitanias da Paraíba, do Rio Grande do Norte e do Ceará também aderiram ao movimento.

Em 29 de março do mesmo ano, o governo provisório da República de Pernambuco anunciou a convocação de uma Assembleia Constituinte e proclamou uma lei que estabelecia, entre outros pontos, a igualdade de direitos dos cidadãos e a liberdade de expressão. Haveria também liberdade de culto, apesar de o catolicismo ser mantido como religião oficial.

As garantias estabelecidas, contudo, não contemplaram toda a população. Ao contrário, tais garantias serviram para poucos, pois os líderes revolucionários não pretendiam abolir a escravidão.

A Coroa enviou tropas e navios de guerra para cercar Recife e prender os conjurados, que não conseguiram resistir e se renderam em maio de 1817. Seguiram-se as prisões e as execuções dos líderes do movimento.

Apesar da derrota, a Revolução Pernambucana mostrava às autoridades régias que a independência e a República haviam ganhado popularidade.

> **UMA GUERRA IMPOPULAR**
>
> A antiga pretensão portuguesa de ocupar os territórios espanhóis situados na margem norte do rio da Prata (atual República do Uruguai) foi reavivada quando, em 1810, as províncias platinas se rebelaram contra a Espanha, ocupada por Napoleão Bonaparte.
>
> Em 1816, dom João decidiu anexar a chamada Banda Oriental (leste) do rio Uruguai ao reino do Brasil. Os brasileiros não viam, porém, utilidade nessa conquista, recebendo com grande desagrado o aumento de impostos determinado pela Coroa para custear o exército.

▼ Vista aérea da Praça da República, Recife (PE), 2021. Chamado de Campo dos Mártires nas primeiras décadas do século XIX, foi nesse local que, em 1817, os líderes da Revolução Pernambucana foram enforcados.

ATIVIDADES

Acompanhamento da aprendizagem

Retomar e compreender

1. Copie no caderno o quadro a seguir e complete-o, estabelecendo comparações entre as duas conjurações ocorridas na América portuguesa.

	Conjuração Mineira	Conjuração Baiana
Período		
Objetivos		
Consequências		

2. Considerando a posição social dos conjurados, qual era a principal diferença entre a Conjuração Mineira e a Conjuração Baiana?

3. O que foi a derrama e como ela influiu na Conjuração Mineira?

4. Que ideais inspiraram os conjurados da Bahia? Mencione outros movimentos internacionais que também se inspiraram nesses ideais.

5. Por que o príncipe regente dom João queria evitar conflitos com a Inglaterra e com a França?

Aplicar

6. Esta imagem representa a cerimônia de bênção das bandeiras dos revolucionários republicanos por sacerdotes católicos, ocorrida em 23 de abril de 1817, em Recife, capital de Pernambuco. Observe os elementos representados e, depois, responda às questões.

Dakir Parreiras. *Bênção das bandeiras dos revolucionários republicanos no Campo do Erário em Recife*, início do século XX. Óleo sobre tela.

   a) O que você entende por "bênção das bandeiras dos revolucionários republicanos"? O que poderia significar o ato retratado na imagem, no contexto da cidade do Recife em 1817?

   b) Tomando como referência as roupas usadas pelos participantes desse ato, a que grupo social eles possivelmente pertenciam?

   c) Quais grupos sociais não estão representados na cena? De acordo com o que você estudou neste capítulo, como isso pode ser justificado?

123

ARQUIVO VIVO

Zumbi, Pai João ou nenhum dos dois?

A escravização, presente em todo o sistema colonial estabelecido nas Américas, é conhecida por fundamentar-se na violência e no controle absoluto sobre homens, mulheres e crianças negras que viveram no continente.

No Brasil, a expressão "entre Zumbi e Pai João" surgiu para denominar duas formas opostas de comportamento entre os escravizados. "Zumbi" seria aquele que se rebelava ou fugia do cativeiro; "Pai João", por sua vez, seria aquele que se conformava com sua posição e, assim, colaborava com a estrutura escravista. Em muitos textos de literatura, esses dois tipos de personalidade das pessoas negras foram retratados. Isso gerou vários estereótipos racistas que existem ainda hoje. Afinal, as pessoas podem se apresentar de diferentes formas, com múltiplos comportamentos, de acordo com a situação social e o momento em que vivem. Assim, homogeneizar os modos de ser e de agir da população negra também era uma forma de oprimir esse grupo. Reconhecer esse processo histórico é essencial para que possamos desconstruir o racismo no Brasil atual.

Apesar de a quantidade de fontes históricas escritas por escravizados ser pequena, elas nos ajudam a discutir essa visão estereotipada. As imagens produzidas na época também.

Veja dois exemplos a seguir.

Tratado proposto a Manuel da Silva Ferreira pelos seus escravos durante o tempo em que se conservaram levantados

Meu Senhor, nós queremos paz e não queremos guerra; se meu senhor também quiser nossa paz há de ser nessa conformidade, se quiser estar pelo que nós quisermos a saber.

Em cada semana nos há de dar os dias de sexta-feira e de sábado para trabalharmos para nós não tirando um destes dias por causa de dia santo.

Para podermos viver nos há de dar rede, tarrafa e canoas.

[...]

Faça uma barca grande para quando for para a Bahia nós metermos as nossas cargas para não pagarmos frete.

[...]

Os atuais feitores não os queremos, faça eleição de outros com a nossa aprovação.

[...]

Poderemos plantar nosso arroz onde quisermos, e em qualquer brejo, sem que para isso peçamos licença, e poderemos cada um tirar jacarandás ou qualquer pau sem darmos parte para isso.

A estar por todos os artigos acima, e conceder-nos estar sempre de posse da ferramenta, estamos prontos para os servimos como dantes, porque não queremos seguir os maus costumes dos mais Engenhos.

brejo: terreno muito úmido e alagado.

dantes: no passado, de antes.

feitor: funcionário encarregado de fiscalizar e punir os trabalhadores escravizados.

jacarandá: árvore encontrada em diversas regiões da América e ainda hoje utilizada na fabricação de móveis.

levantado: refere-se àquele que se revolta, que provoca um levante.

tarrafa: pequena rede de pesca.

Poderemos brincar, folgar, e cantar em todos os tempos que quisermos sem que nos empeça e nem seja preciso licença.

> João José Reis; Eduardo Silva. *Negociação e conflito*: a resistência negra no Brasil escravista. São Paulo: Companhia das Letras, 1989. p. 123-124.

Johann Moritz Rugendas. *Batuque*, 1835. Litografia.

Organizar ideias

1. Releia o documento escrito e, em seguida, responda às questões.
   a) Quem são os autores do documento?
   b) A quem o texto se dirige?
   c) De que trata o texto?
   d) Em sua opinião, os estereótipos Zumbi e Pai João dão conta de qualificar as pessoas que escreveram o texto?
   e) Converse com um colega sobre o trecho em que os escravizados pedem para brincar, folgar e cantar. Por que eles precisavam fazer essa solicitação? Registre no caderno as conclusões a que vocês chegarem.

2. Observe novamente a gravura de Rugendas e faça o que se pede.
   a) Descreva as pessoas que aparecem nessa imagem.
   b) Descreva o espaço físico retratado.
   c) Por que você acha que a casa retratada ao fundo está isolada em relação ao grupo de pessoas?
   d) Em sua opinião, essa parece ser uma imagem típica da escravidão? Justifique.
   e) A imagem tem alguma semelhança com cenas de dança ou eventos sociais da atualidade? Esses eventos são aceitos hoje?

3. Em sua opinião, o texto do documento e a imagem tratam de questões parecidas? Justifique.

125

CAPÍTULO 2
A INDEPENDÊNCIA DO BRASIL

PARA COMEÇAR

Durante o período em que a Família Real esteve no Brasil, eclodiu a chamada Revolução Liberal em Portugal. Você sabe qual é a relação entre esse movimento revolucionário e a ruptura das relações coloniais entre Brasil e Portugal?

A REVOLUÇÃO LIBERAL DO PORTO

A ausência do rei dom João VI em Portugal e o fim do monopólio comercial com o Brasil foram muito danosos para a economia portuguesa. Além disso, a manutenção da Corte no Brasil exigia que fossem enviados para a colônia os impostos arrecadados em Portugal. Assim, grande parte dos portugueses esperava que, com o fim da guerra com a França, o rei e a Corte retornassem a Portugal. Contudo, mesmo com a derrota de Napoleão em 1815, dom João VI não dava sinais de que retornaria a Portugal nem de que a abertura dos portos brasileiros seria revogada.

A elevação do Brasil à categoria de Reino Unido alarmou ainda mais os portugueses, que viram a autonomia brasileira juridicamente consolidada. Diante das dificuldades vividas em Portugal, em agosto de 1820 um grupo se organizou e iniciou, na cidade do Porto, um movimento que ficou conhecido como **Revolução Liberal de 1820**. O principal objetivo dos revolucionários era a realização de uma Assembleia Constituinte para elaborar uma Constituição que deveria ser aceita por todos os cidadãos portugueses, incluindo o rei, que estava no Brasil.

Oscar Pereira da Silva. *Sessão das Cortes de Lisboa* (detalhe), 1822. Óleo sobre tela.

AS EXIGÊNCIAS DAS CORTES PORTUGUESAS

Os liberais em Portugal pretendiam extinguir o absolutismo, submetendo o rei à Constituição. A regência, que governava Portugal em nome de dom João VI desde 1807, não teve meios de conter o movimento e acabou deposta em setembro de 1820.

Chegando ao poder, os liberais colocaram em prática seu projeto político, convocando assembleias populares – tradicionalmente chamadas de **Cortes** –, com o intuito de elaborar a Constituição. Elas se reuniram pela primeira vez em janeiro de 1821.

Inicialmente, a Revolução foi vista com bons olhos pela elite política brasileira, que considerava o fim do absolutismo uma forma de aumentar sua autonomia e participação política no reino.

Além de elaborar a Constituição, as Cortes funcionavam como Poder Legislativo, governando o reino em nome de todos os portugueses. Para assegurar a consolidação das medidas revolucionárias também no Brasil, as Cortes incentivaram a formação de **juntas governativas**, órgãos administrativos das províncias brasileiras leais à revolução, e ordenaram o imediato retorno de dom João VI a Lisboa.

Diante da hesitação do rei em obedecer à determinação, as tropas do Rio de Janeiro se rebelaram e exigiram que o rei se submetesse ao poder das Cortes. Sob risco de ser deposto e preso, dom João VI submeteu-se aos revoltosos e cumpriu as ordens vindas de Lisboa. Jurou fidelidade à Constituição e, em 26 abril de 1821, acompanhado de uma comitiva de 4 mil portugueses, embarcou rumo a Portugal.

◀ Jean-Baptiste Debret. *Partida da rainha*, 1839. Litografia. A cena representa o embarque da rainha Carlota Joaquina e sua corte, no retorno a Portugal. Ao fundo, veem-se os navios da Coroa portuguesa ancorados na baía.

Com o retorno da Corte a Lisboa, dom João VI, sem consultar as Cortes, criou uma regência para governar o Brasil em seu lugar. O regente escolhido foi o príncipe **dom Pedro**, filho mais velho do rei e herdeiro do trono português.

A permanência de dom Pedro no Brasil desagradou os liberais de Lisboa, que pretendiam restabelecer o controle político sobre o Brasil e temiam que um governante poderoso agindo a distância pudesse reinstituir o absolutismo.

Saiba mais sobre **as Cortes de Lisboa** e depois reflita: Esse tipo de organização política é parecido com alguma instituição política do Brasil atual? Compartilhe suas hipóteses com a turma.

AS CORTES CONTRA DOM PEDRO

Pouco a pouco, os brasileiros que, inicialmente, apoiaram os liberais portugueses começaram a perceber que as revolucionárias Cortes de Lisboa não só ignorariam os interesses locais como tinham a intenção de **recolonizar** o Brasil. Ou seja, os deputados das Cortes apresentavam projetos que, na prática, fariam o então Reino Unido retornar à condição de colônia de Portugal. Um desses projetos propunha fechar os portos brasileiros aos navios estrangeiros.

Outra medida das Cortes para diminuir a autonomia política do Brasil foi a imposição de regras que limitavam o poder do regente. Por fim, exigiram que dom Pedro também voltasse a Portugal.

Os grandes proprietários de terras das províncias de São Paulo, do Rio de Janeiro e de Minas Gerais se opuseram aos atos das Cortes e resolveram se mobilizar para que dom Pedro permanecesse no Brasil. Entendiam que, dessa forma, teriam mais força política. Além disso, a manutenção da monarquia garantiria a continuidade da ordem escravista.

Depois de receber uma carta de José Bonifácio de Andrada e Silva, membro da Junta de Governo da Província de São Paulo, e um abaixo-assinado com mais de 8 mil assinaturas, dom Pedro decidiu permanecer no Brasil. Era o dia 9 de janeiro de 1822, que ficou conhecido como o **Dia do Fico**. Em seguida, organizou um novo ministério, liderado por José Bonifácio. Em 4 de maio de 1822, Bonifácio decretou que todas as ordens vindas de Portugal só teriam valor no Brasil após a aprovação do príncipe regente.

Em junho do mesmo ano, dom Pedro convocou uma assembleia para elaborar a **Constituição do Brasil**. Desse modo, o príncipe regente tentava conquistar a confiança dos liberais brasileiros.

▼ Jean-Baptiste Debret. *Aclamação de dom Pedro I no Campo de Santana*, c. 1834-1839. Litografia colorida à mão. A decisão de dom Pedro de permanecer no Brasil foi o primeiro ato de insubordinação da regência ao governo português. A imagem retrata o evento ocorrido em 12 de outubro de 1822, no qual dom Pedro é visto como um herói que funda a nova nação com o apoio popular, nos moldes do liberalismo.

A INDEPENDÊNCIA

Em 14 de agosto de 1822, dom Pedro partiu para uma visita oficial à província de São Paulo. Após sua partida, novas ordens chegaram de Portugal, dando um ultimato ao príncipe regente: ou ele entregava a administração do Brasil às autoridades indicadas pelas Cortes, ou tropas portuguesas seriam enviadas para levá-lo à força para Lisboa.

Dom Pedro recebeu essas ordens enquanto, vindo de Santos, passava pelas margens do riacho Ipiranga, nas proximidades da cidade de São Paulo, no dia 7 de setembro de 1822, e decidiu romper com Portugal, declarando a **Independência do Brasil**.

Por sua decisão, dom Pedro foi muito festejado em São Paulo e depois no Rio de Janeiro, para onde retornou em 14 de setembro. Mas a Independência não se implantou imediatamente em todo o Brasil. As tropas portuguesas estacionadas na Bahia, no Pará, no Maranhão e no Piauí, por exemplo, permaneceram leais a Portugal. Nessas regiões, foi preciso o uso de força militar para assegurar a emancipação do país.

Segundo diversos historiadores, o processo que culminou na Independência em 1822 teve início em 1808, com a chegada da Família Real ao Rio de Janeiro. Outro evento fundamental teria sido a unificação do Brasil ao reino de Portugal em 1815, alterando sua condição de Colônia. Por isso, apesar das resistências no Brasil e em Portugal, entende-se que a declaração da Independência representou a formalização de um rompimento que já estava em processo desde a primeira década do século XIX.

> **PARA EXPLORAR**
>
> *A Independência do Brasil (1808--1828)*, de Márcia Regina Berbel. São Paulo: Saraiva, 2011.
>
> Nesse livro, você conhecerá, com riqueza de detalhes, o processo de Independência do Brasil e de consolidação do Estado imperial que se formava.

▼ François-René Moreaux. *A proclamação da Independência*, 1844. Óleo sobre tela. Representante do Romantismo na pintura, Moreaux não se preocupou em retratar de modo realista o momento em que dom Pedro declarou a Independência. O que interessava ao artista era estabelecer a simbologia que colocaria o então príncipe regente no papel de herói daquele processo.

AS REAÇÕES À INDEPENDÊNCIA

A declaração de Independência não garantiu ao novo governo o controle sobre todo o território do Brasil. Para isso, dom Pedro reorganizou o Exército brasileiro, comprou navios e contratou militares estrangeiros, que lutaram e venceram as resistências em várias províncias, como as do Grão-Pará, do Maranhão, da Cisplatina (atual Uruguai) e da Bahia.

Na **Bahia**, a luta foi muito violenta. As tropas portuguesas aquarteladas em Salvador foram cercadas por terra, mas continuaram a receber reforços de Lisboa por mar. Em novembro de 1822, durante a **Batalha de Pirajá**, mais de 200 soldados portugueses morreram. Com o bloqueio do porto da capital baiana pela esquadra imperial, as tropas portuguesas se renderam em 2 de julho de 1823. Quase 5 mil pessoas, entre tropas de portugueses e seus familiares, deixaram a cidade de Salvador.

Em algumas regiões do Brasil, grupos de civis se mobilizaram contra as tropas fiéis a Portugal. Na província do **Piauí**, por exemplo, ocorreu a **Batalha do Jenipapo**, no município de Campo Maior. Em 13 de março de 1823, cerca de 2 mil vaqueiros, comerciantes, roceiros e escravizados lutaram contra tropas leais aos portugueses, lideradas pelo oficial Cunha Fidié. Apesar da resistência sertaneja, as tropas de Fidié venceram o conflito e seguiram em direção à província do Maranhão. No caminho, enfrentaram outro grupo de piauienses, que capturou o oficial português e deu fim ao combate. Fidié foi transferido para o Rio de Janeiro e, posteriormente, deportado para Portugal.

> **MARIA QUITÉRIA E A INDEPENDÊNCIA**
>
> Nascida em uma família de agricultores de Feira de Santana, no interior da Bahia, Maria Quitéria destacou-se na Guerra da Independência do Brasil.
>
> Quando soube da guerra entre Brasil e Portugal, Quitéria teria pedido ao pai para se alistar, mas ele se opôs a que a jovem se juntasse aos combatentes. Então, ela resolveu fugir de casa e se unir ao Exército brasileiro disfarçada de homem, como "soldado Medeiros".
>
> Até onde se tem registro, Maria Quitéria foi a primeira mulher a integrar uma unidade militar no país.
>
> Seu desempenho no campo de batalha garantiu sua permanência no Exército, mesmo após ter sido descoberta. Depois disso, Maria Quitéria não precisou mais se vestir com roupas masculinas.

Cemitério do Batalhão, no município de Campo Maior (PI). Foto de 2022. Por muito tempo, acreditou-se que nele estivessem enterrados os mortos na Batalha do Jenipapo. Ainda hoje, muitos fiéis fazem romarias ao local em busca de milagres.

ATIVIDADES

Retomar e compreender

1. O que pensavam os habitantes do Brasil em 1820 a respeito da Revolução Liberal portuguesa?

2. Por que dom João VI cedeu às pressões dos portugueses e decidiu voltar para Lisboa em 1821?

Aplicar

3. Leia o texto a seguir, sobre a emancipação (independência) do Brasil, e faça o que se pede.

> [...] nossa emancipação não deixou de ser particular e trivial. Se o movimento foi liberal, porque rompeu com a dominação colonial, mostrou-se conservador ao manter a monarquia, o sistema escravocrata e o domínio senhorial. [...] Com isso, noções bastante frouxas de representatividade das instituições políticas se impuseram, mostrando como a Independência criou um Estado mas não uma Nação.
>
> Lilia Moritz Schwarcz. *Brasil*: uma biografia. São Paulo: Companhia das Letras, 2015. p. 222.

a) Quais são as contradições apresentadas na emancipação do Brasil?

b) Com base na ideia de Estado (estudada no capítulo 2 da unidade 3), por que a autora afirma que as noções de representatividade das instituições políticas pós-independência eram frouxas?

c) A formação do Estado e da nação brasileira ocorreram ao mesmo tempo? Explique.

4. Esta gravura ilustra a partida de dom João VI do Rio de Janeiro. Observe-a e, em seguida, responda às questões.

Representação da partida de dom João VI para Portugal no cais do Rio de Janeiro. Detalhe de gravura de Alphonse de Beauchamp. s. d.

a) Como o autor da imagem representou a partida de dom João VI?

b) Que personagens você vê retratadas nessa imagem?

c) Com base no que foi estudado acerca da Independência do Brasil, compare a obra de Debret reproduzida no tópico "As exigências das Cortes portuguesas", que também representa a partida da Corte de dom João VI para Portugal, com essa gravura. Em que elas se parecem e em que se diferenciam?

131

HISTÓRIA DINÂMICA

Narrativas do Bicentenário da Independência

A versão oficial do processo de Independência do Brasil narra que, pressionado pelas cortes portuguesas para retornar à Europa e reconstituir as relações coloniais, o herdeiro do trono toma para si a responsabilidade da independência. E, em um gesto heroico, grita "Independência ou Morte!" às margens do rio Ipiranga, em São Paulo. Daí, teriam sido construídas as condições de reconhecimento da nação independente no campo da diplomacia, e o Brasil se tornava nação.

Contudo, as pesquisas históricas sobre o tema indicam que esse processo foi múltiplo e guarda diversas narrativas para além dessa. Há, por exemplo, grupos sociais que se envolveram em batalhas contra tropas portuguesas para garantir a independência. Indígenas, negros e mulheres também tiveram participação nesse processo. Porém, essas personagens históricas foram excluídas dos discursos oficiais.

Os textos a seguir fazem parte do projeto **Brasil: Bicentenário das Independências**, idealizado pela Associação Nacional de História (ANPUH) no ano de 2022, em virtude dos 200 anos da Independência. O objetivo deles é divulgar outros discursos e personagens que fizeram parte desse processo histórico.

Texto I

▲ Antônio Parreiras. *O Primeiro Passo para a Independência da Bahia*, 1931. Óleo sobre tela.

Não foi por acaso que D. Pedro I bravejou *Independência ou Morte!* naquele 7 de setembro. Ele sabia muito bem quão esquentados estavam os ânimos de seus súditos. Sabia também que, num tempo não muito longínquo, esses mesmos súditos haviam ousado pensar um país independente e soberano. Por vezes, um país republicano — como na Inconfidência Mineira (1789), na Conjuração Baiana (1798) e na Revolução de Pernambuco (1817). Em momentos mais audaciosos, um país sem escravos.

Mas não foi isso que aconteceu. O 7 de setembro de 1822 foi também a escolha por uma monarquia — que tinha a particularidade de ser um quarto poder — cuja base social era composta por milhares de escravizados, africanos e nascidos no recém-criado país. [...] Um Brasil forjado por e para os interesses de uma classe política e econômica [...].

Mas a questão é que houve independência, e houve morte! Porque não foi apenas a elite econômica e política que desejou uma nação soberana. [...].

É extremamente significativo que tenhamos aprendido tão pouco sobre as Guerras de Independência no nosso próprio país. Como se elas nunca tivessem existido. Mas se nossa soberania foi mais do que um grito, foi porque teve gente lutando e morrendo em nome dela. Piauí, Rio de Janeiro, Maranhão, Bahia. Essas foram algumas das localidades brasileiras nas quais o povo não branco deu novos sentidos para o Brasil, mostrando que o 7 de setembro de 1822 só perseverou graças à luta pela independência da Bahia, que começou em 1822 e culminou no 2 de julho de 1823.

Homens e mulheres, negros, indígenas, mestiços, pobres e nem tão pobres fizeram com que o 7 de setembro se transformasse na nossa primeira data cívica. Foram eles que lutaram, sangraram e, por vezes, morreram por um país que insiste em enterrar seus conflitos e enfrentamentos.

Controlar o passado é uma forma eficaz de definir o futuro. Essa é uma das mais antigas estratégias de exercício de poder. [...]

Ynaê Lopes dos Santos. Outros gritos de independência do Brasil. *In*: ANPUH. *Brasil*: Bicentenário das Independências, 2022. Disponível em: https://bicentenario2022.com.br/outros-gritos-da-independencia-do-brasil/. Acesso em: 2 jun. 2023.

Texto II

Se reduzirmos a Independência do Brasil ao Grito do Ipiranga, o processo perde muito da complexidade que o caracterizou. [...].

Mesmo antes da guerra de Independência, a presença popular na vida política local é evidente. No bojo da chegada das notícias sobre a Revolução do Porto na Cidade da Bahia — como era conhecida Salvador — e nas vilas baianas, a população pobre teve grande importância, com seus ajuntamentos, gritando vivas, morras, aclamando quem apoiavam e ameaçando seus adversários. [...]

As diferenças entre nascidos dos dois lados do Atlântico cresceram a ponto de acontecerem episódios como o da procissão de São José, no ano de 1822. No dia consagrado ao santo, 19 de março, portugueses aproveitaram a oportunidade para saudar a chegada de tropas que vinham do Rio de Janeiro. A procissão foi dispersada por pedras lançadas por jovens negros e mestiços do alto da ladeira.

Em 14 de junho de 1822, a Câmara da Vila de Santo Amaro realizou sua aclamação a Dom Pedro. Dias depois, o governador das armas Inácio Luiz Madeira de Melo, fiel a Portugal, enviou tropas em represália que promoveram atos de violência e vandalismo contra a população local. [...]

A guerra que se sucedeu ao 25 de junho não seria possível sem a presença maciça e decisiva das camadas populares. No contexto da formação do Conselho Interino de Governo — órgão sediado em Cachoeira, criado por representantes das vilas baianas para governar a província que se levantara contra o governo de Madeira —, houve uma significativa mobilização popular de alistamento voluntário nas tropas do Exército Pacificador, somando-se aos soldados de primeira linha que deixaram a capital em fevereiro. Segundo Luis Henrique Dias Tavares, os batalhões de voluntários foram formados por gente de diversas origens: pequenos proprietários, trabalhadores pobres livres, libertos e mesmo escravos. Esse foi o caso do batalhão Encourados de Pedrão, formado por vaqueiros do sertão baiano e liderado pelo frei José Maria Brayner.

Sérgio Guerra Filho. A Independência e o Protagonismo Popular. *In*: ANPUH. *Brasil*: Bicentenário das Independências, 2022. Disponível em: https://bicentenario2022.com.br/a-independencia-e-o-protagonismo-popular/. Acesso em: 2 jun. 2023.

Em discussão

1. Quais narrativas sobre a Independência do Brasil são abordadas no primeiro e no segundo textos? Indique trechos que comprovem suas respostas.

2. A obra de Antônio Parreiras contraria ou reforça os aspectos problematizados em ambos os textos? Explique.

3. SABER SER Por que é importante dar voz aos diferentes personagens e grupos históricos? Dialogue com a turma sobre o tema.

CAPÍTULO 3
O PRIMEIRO REINADO

PARA COMEÇAR

Os anos posteriores à Independência do Brasil foram marcados por disputas políticas e conflitos militares em torno da necessidade de preservar a unidade territorial e de garantir o reconhecimento de outros países. De que modo esses movimentos afetaram o governo de dom Pedro I?

O RECONHECIMENTO EXTERNO

Vencidos os conflitos militares que eclodiram logo após a declaração da Independência, o recém-formado Império Brasileiro precisava obter o reconhecimento dos países europeus e das novas nações americanas. Esse reconhecimento era fundamental, pois viabilizaria as alianças militares, bem como o comércio e os empréstimos externos.

O fato de o Brasil romper os laços com Portugal, mas manter a monarquia como forma de governo, agradava aos reinos europeus que haviam restaurado fronteiras e governantes após a queda de Napoleão Bonaparte (esse assunto será visto na unidade 7). A manutenção da monarquia, embora vista com suspeita pelos Estados Unidos, não chegou a ser um empecilho para que essa nação se tornasse a primeira a reconhecer a Independência do Brasil. Afinal, para os estadunidenses era interessante considerar o direito de ex-colônias se libertarem de suas metrópoles, como eles haviam feito com a Inglaterra em 1776.

O grande interesse da Inglaterra pela Independência do Brasil pautou as negociações entre ingleses e portugueses. Mesmo pressionado, Portugal só aceitou a emancipação do Brasil em 1825, sob algumas condições, entre elas o pagamento de uma elevada indenização de 2 milhões de libras, quitada com empréstimos feitos em bancos ingleses. Depois de Portugal, Inglaterra, Áustria, França e outros influentes países da Europa reconheceram a Independência do Brasil.

▼ Jean-Baptiste Debret. *Coroação de dom Pedro, imperador do Brasil* (detalhe), c. 1835-1839. Litografia aquarelada. A imagem representa o evento ocorrido em 1º de dezembro de 1822, promovido pelos membros mais conservadores do governo. A cerimônia foi privada, sem a presença da população, segundo um modelo mais parecido com as formalidades do Antigo Regime.

A ASSEMBLEIA CONSTITUINTE

Em maio de 1823, a **Assembleia Constituinte**, convocada por dom Pedro I em junho de 1822, reuniu-se, então, para elaborar a **Constituição** do novo Estado. Nos debates que marcaram as primeiras sessões, ficou clara a divisão em dois grupos políticos distintos: o "partido português" e o "partido brasileiro". Apesar do nome, esses agrupamentos não formavam um partido nos moldes dos atuais, mas apenas representavam correntes de pensamento.

O "partido português", formado por grandes comerciantes portugueses e pelos funcionários públicos de cargos mais altos, defendia poderes absolutos para o imperador. O "partido brasileiro", por sua vez, defendia uma monarquia constitucional e se subdividia em **liberais moderados** e **liberais exaltados**. O grupo dos moderados era composto de ricos comerciantes brasileiros e de proprietários de terras que defendiam uma monarquia institucional que restringisse o poder do imperador, mantendo a ordem vigente. Os exaltados, ou radicais, eram representantes das camadas médias urbanas que defendiam reformas mais amplas, com maior participação política e a descentralização do poder, o que implicava mais autonomia às províncias.

Em comum, a maioria dos representantes da Assembleia tinha a disposição de manter intocada uma das instituições mais lucrativas do Brasil: a escravidão.

A "CONSTITUIÇÃO DA MANDIOCA"

O projeto de Constituição formulado pela Assembleia previa eleições mediante o **voto censitário**, isto é, só poderiam votar ou candidatar-se a deputado aqueles que comprovassem renda anual equivalente a 150 alqueires de farinha de mandioca. Assim, o projeto constitucional foi apelidado de "Constituição da Mandioca" e excluiu grande parte da população do processo eleitoral. Mulheres, escravizados e indígenas também estavam excluídos.

Ao mesmo tempo que não desejavam promover mudanças radicais no Brasil, mantendo o latifúndio e a escravidão, os deputados constituintes não eram favoráveis às tendências absolutistas do imperador. Dessa forma, o projeto elaborado pela Assembleia pretendia subordinar o monarca ao **Poder Legislativo**, ou seja, o texto previa que o imperador não poderia vetar nem modificar as decisões dos deputados.

Logo, surgiram conflitos entre dom Pedro e grande parte dos membros da Constituinte. Apesar de se declarar liberal e defensor da monarquia constitucional, o imperador não pretendia abrir mão de exercer o poder máximo do Estado.

> ### A INGLATERRA E O TRÁFICO DE ESCRAVIZADOS
>
> A Inglaterra obteve vantagens econômicas no comércio com o Brasil entre 1826 e 1827 por meio de taxações exclusivas sobre as importações, além de conseguir que o governo imperial se comprometesse em tornar ilegal o tráfico de escravizados. Esse acordo desagradou grande parte dos políticos do governo imperial à época, pois eles, como senhores ou mesmo vendedores de escravizados, viam a medida como uma afronta à propriedade privada. Esse foi um dos principais fatores que contribuíram para o desgaste da figura de dom Pedro, que passou a ser visto como "sabotador" da nação.
>
> Em 7 de novembro de 1831, chegou a ser promulgada a primeira lei, que ficou conhecida como Lei Feijó, proibindo o tráfico atlântico de escravizados para o Brasil. Essa lei, entretanto, foi praticamente ignorada pelos traficantes e, muitas vezes, pelo próprio Estado, situação que acabou dando origem a uma expressão usada até hoje: **lei "para inglês ver"**.
>
> O tráfico de pessoas escravizadas só seria abolido de fato em 1850, com a promulgação da Lei Eusébio de Queiroz.

▼ Johann Moritz Rugendas. *Desembarque de escravos no Rio de Janeiro*, 1835. Litografia colorida à mão.

A CONSTITUIÇÃO OUTORGADA

A tensão entre os constituintes e o imperador resultou na dissolução da Assembleia Constituinte. Em novembro de 1823, dom Pedro ordenou que as tropas do Exército cercassem o edifício onde se reuniam os deputados; vários deles foram presos e alguns, exilados.

Após a dissolução da Assembleia, o imperador nomeou um **Conselho de Estado**, composto de um pequeno grupo de pessoas de sua confiança, que redigiu um novo projeto de carta constitucional. Esse texto serviu de base para a elaboração da **Constituição do Império**, que foi outorgada por decreto em 25 de março de 1824.

A Constituição de 1824 formalizou a existência de quatro poderes: além do **Executivo**, do **Legislativo** e do **Judiciário**, foi criado o chamado **Poder Moderador**. As atribuições do Poder Judiciário não ficaram bem definidas no texto constitucional, o que deveria ser ajustado em legislação posterior. O Poder Legislativo, vinculado às ideias liberais de soberania popular, era exercido pela **Assembleia Geral**, formada pelo Senado e pela Câmara dos Deputados, órgãos cuja função era elaborar e aprovar as leis do Brasil.

Enquanto os deputados eram eleitos pelas províncias para um mandato de quatro anos, os senadores tinham mandato vitalício e eram escolhidos por dom Pedro com base em uma lista dos deputados mais votados de cada província. Assim, muitos desses senadores ajudavam a barrar projetos que desagradavam o imperador, que, por sua vez, chefiava os poderes Executivo e Moderador.

O Poder Moderador permitia ao monarca intervir nos poderes Legislativo e Judiciário, com possibilidade de dissolver a Assembleia e demitir juízes, instituindo, portanto, um regime autoritário semelhante ao absolutismo.

O sistema de voto era aberto, indireto e censitário. Os votantes, que deveriam ser homens livres, maiores de 25 anos, e ganhar mais de 100 mil-réis anuais, escolhiam aqueles que seriam os eleitores. Esses eleitores, cuja renda mínima deveria superar 200 mil-réis anuais, elegiam os deputados.

A Assembleia reuniu-se pela primeira vez em 1826, então composta de 102 deputados e 50 senadores, que representavam as províncias do Império. Embora o imperador exercesse um poder muito maior do que aquele que a Assembleia Constituinte de 1823 pretendia estabelecer antes de ser dissolvida, o texto da Constituição ainda garantia aos deputados e senadores a liberdade de expressão e a possibilidade de influência no governo. A relação entre dom Pedro e a Assembleia, porém, foi constantemente marcada por um clima de hostilidade.

▲ Manuel de Araújo Porto-Alegre. *Retrato de dom Pedro I*, século XIX. Óleo sobre tela. Essa pintura representa o imperador do Brasil apoiando a mão direita sobre a Constituição do Império.

outorgado: que foi concedido, dado ou aprovado por alguém.

vitalício: que vale ou dura por toda a vida.

PODER MODERADOR
- Poder Legislativo
- Poder Executivo
- Poder Judiciário

A POLÍTICA INDIGENISTA NO IMPÉRIO

O principal documento a tratar da questão indígena no início do Império, chamado *Apontamentos para a civilização dos índios bravos do Império do Brasil*, foi elaborado por José Bonifácio em 1821, ainda antes da Independência, mas só foi apresentado à Assembleia Constituinte de 1823.

Desde a proibição da escravização dos indígenas, na segunda metade do século XVII, discutia-se como o Estado deveria agir em relação aos povos nativos. Esse debate se avolumou no início do século XIX, e essa questão passou a fazer parte das reflexões sobre a formação da nação brasileira.

O projeto de Bonifácio consistia basicamente em inserir os indígenas na sociedade brasileira, fazendo-os viver de acordo com o modo de vida europeu. O documento enfatizava a importância da integração social dos indígenas por meio dos aldeamentos, da educação e da convivência desses povos com os não indígenas. A ideia era que, a princípio, tal processo ocorresse de forma pacífica e que a força e a violência poderiam ser usadas quando necessárias.

Esse projeto foi aprovado pela Assembleia Constituinte de 1823, porém foi excluído da Constituição outorgada em 1824. Deixar de incluir os indígenas nas leis que regulamentavam o funcionamento do Estado brasileiro significava não considerá-los cidadãos da nação recém-independente.

Com a exclusão dos indígenas da Constituição, o Império teve de recorrer a outros meios legais para mantê-los sob controle. Para isso, foi criada uma política indigenista que, assim como o documento de José Bonifácio, distinguia os povos indígenas entre "civilizados" e "bravos".

Essa classificação utilizava como critério o nível de integração à sociedade do reinado. Os povos considerados "civilizados", como os indígenas da vila de Itaguaí, na província do Rio de Janeiro, estariam submetidos às leis comuns. Quanto aos "bravos", entretanto, era recomendado que se criassem aldeamentos específicos para que neles eles pudessem adquirir os modos, a educação, a cultura e a religião considerados, pelos europeus, necessários para o convívio social.

> **IDEIAS CONTESTADAS**
>
> No início do século XIX, acreditava-se que os povos indígenas viviam em um estado inferior, como se não tivessem cultura, história, religião, etc. Segundo essa perspectiva, para saírem desse estágio considerado "primitivo", seria preciso que se portassem de acordo com os costumes da civilização europeia.
>
> Dominante por décadas, hoje essa ideia é profundamente contestada. Além disso, há uma forte mobilização indígena em busca constante da garantia de seus direitos, os quais contemplam tanto a preservação de sua organização social, tradições e língua quanto a demarcação das terras tradicionalmente ocupadas.

Johann Moritz Rugendas. *Indígenas em suas cabanas*, c. 1835. Litografia colorida à mão.

A CONFEDERAÇÃO DO EQUADOR

A dissolução da Assembleia Constituinte em 1823 e a imposição da Constituição de 1824 provocaram protestos em todo o território do Império, sobretudo nas províncias do norte do novo país. A ideia de que as províncias necessitavam de autonomia era propagada pelos jornais liberais e ganhava cada vez mais força, principalmente entre os pernambucanos.

Em maio de 1824, dom Pedro demitiu o governador de Pernambuco, o liberal Paes de Andrade. Os pernambucanos, porém, recusaram-se a cumprir a ordem imperial e defenderam sua autonomia com armas. O movimento criticava a centralização do poder no Rio de Janeiro e defendia a formação de uma república federalista. Em 2 de julho, os revolucionários proclamaram a independência, formando a Confederação do Equador. A esse projeto aderiram as províncias da Paraíba, do Rio Grande do Norte e do Ceará.

A Confederação do Equador, que chegou a abolir o tráfico de africanos escravizados e a convocar uma Assembleia Constituinte, conquistou o apoio popular. Contudo, as forças imperiais terminaram por vencer os revolucionários em setembro do mesmo ano, e os líderes do movimento foram presos e executados.

A GUERRA DA CISPLATINA

Em 1816, a chamada Banda Oriental, na bacia do rio da Prata, foi tomada pelas tropas de dom João VI. Com a independência política do Brasil, a região foi incorporada ao Império e passou a se chamar **Província Cisplatina**. Com língua e cultura diferentes, os habitantes da Cisplatina, originalmente colonizados pela Espanha, não admitiam ficar sob o domínio de outro Estado. Em 1825, a província se rebelou, iniciando uma guerra pela independência. O governo de Buenos Aires, capital das Províncias Unidas do Rio da Prata (atual Argentina), apoiou a revolta, pois tinha interesse em anexar a região, cuja localização era estratégica para a navegação e o comércio na bacia do rio da Prata.

Dom Pedro fez empréstimos com os ingleses para contratar tropas mercenárias e chegou a viajar para o Sul a fim de chefiá-las. Mesmo assim, as forças brasileiras registraram inúmeros fracassos, que culminaram na derrota em 1828, quando o monarca teve de abrir mão da Província Cisplatina definitivamente. A Inglaterra ajudou nas negociações de paz, pois estava interessada em restaurar suas relações comerciais na região. O Brasil perdeu a província, o governo de Buenos Aires não conseguiu incorporá-la a seu território, e o Uruguai tornou-se, então, um Estado independente.

FREI CANECA E O IDEAL LIBERAL

Um dos principais líderes da Confederação do Equador foi Frei Caneca. Ele havia estudado no Seminário de Olinda, centro de discussão e de difusão de ideias liberais, e participado da Revolução Pernambucana de 1817.

Crítico das ações do Imperador Pedro I, escrevia textos acessíveis com o objetivo de divulgar suas ideias entre a população pernambucana.

Foi condenado à forca, mas, por ser muito popular, o carrasco se recusou a executá-lo. Frei Caneca foi, então, fuzilado.

confederação: união de Estados independentes sob um governo central.

■ **Região da Cisplatina (1821-1828)**

Fonte de pesquisa: *Atlas histórico escolar*. Rio de Janeiro: FAE, 1991. p. 36.

A OPOSIÇÃO SE ORGANIZA

A derrota na Cisplatina, que custou ao Império considerável perda territorial, recursos financeiros e a vida de soldados, deteriorou ainda mais a imagem de dom Pedro. Não bastassem as constantes críticas da imprensa liberal, os deputados eleitos para um novo mandato fizeram aumentar o número de opositores ao imperador na Câmara.

Em junho de 1830, uma revolução na França depôs o rei absolutista Carlos X, alimentando esperanças de liberais no Ocidente. No Brasil, estudantes e políticos comemoraram a queda do rei francês e foram reprimidos pela polícia. A tensão crescente entre dom Pedro e seus opositores agravou-se quando, em novembro de 1830, o jornalista **Líbero Badaró**, crítico do imperador, foi assassinado em São Paulo.

Após a Câmara ter encerrado seus trabalhos naquele mês exigindo reformas constitucionais, dom Pedro viajou a Minas Gerais em busca de apoio. Foi, porém, recebido com frieza e cerimônias fúnebres em homenagem a Badaró.

A ABDICAÇÃO

Dia após dia, a oposição a dom Pedro se acirrava e a ela se juntava um sentimento antilusitano, mais comum nas camadas populares. Os portugueses eram associados ao aumento do custo de vida, uma vez que muitos deles eram comerciantes e locatários de imóveis. Do ponto de vista político, eram associados ao colonialismo e ao absolutismo.

Dom Pedro procurou agradar a oposição instituindo um ministério composto apenas de políticos nascidos no Brasil. Mas a pressão não diminuiu, e o imperador trocou os ministros novamente em abril de 1831. Dessa vez, escolheu como aliados pessoas de seu convívio mais próximo. Como reação, 4 mil pessoas ocuparam o Campo da Aclamação, atual Campo de Santana, no Rio de Janeiro, e pediram a reinstituição do Ministério dos Brasileiros. Além de não atender ao pedido, o imperador enviou tropas para reprimir os manifestantes.

O Exército brasileiro, contudo, também estava descontente com o governo. Muitos oficiais ocupavam cargos inferiores aos dos portugueses, e as tropas eram mal treinadas e deficientemente armadas. O soldo (pagamento aos soldados) era baixo, e os castigos físicos eram excessivos.

Assim, em vez de sufocar os focos de revolta, o Exército aderiu às manifestações. Isolado e sem o comando das forças militares, em 7 de abril de 1831 dom Pedro abdicou do trono brasileiro em favor de seu filho de apenas 5 anos de idade, dom Pedro de Alcântara. Em seu retorno a Portugal, foi coroado como rei dom Pedro IV.

CIDADANIA GLOBAL

VERDADEIRO OU FALSO?

Dom Pedro I era visto como autoritário no Brasil por ter outorgado a Constituição de 1824 e criado o Poder Moderador. Por outro lado, ao voltar a Portugal, ele foi reconhecido como liberal, pois lutou contra a retomada do absolutismo por seu irmão, dom Miguel.

- Em sua opinião, é aceitável que um líder político apresente posturas contrastantes conforme a situação em que se encontra? Converse com os colegas sobre o assunto.

Observe **as charges sobre dom Pedro I** e depois responda: Quais características de dom Pedro I são retratadas nessas charges?

A NOITE DAS GARRAFADAS

Em março de 1831, no retorno da viagem que tinha feito a Minas Gerais em busca de apoio, dom Pedro I foi recebido no Rio de Janeiro com uma festa preparada por seus partidários. Seus opositores consideraram esse evento uma provocação. Os ânimos exaltados transformaram-se em uma guerra de garrafas e cacos de vidro que ficou conhecida como Noite das Garrafadas.

PARA EXPLORAR

Noite das Garrafadas
Conheça mais detalhes a respeito desse importante fato histórico por meio da exposição virtual disponibilizada no portal Rio Memórias. Disponível em: https://riomemorias.com.br/memoria/noite-das-garrafadas/. Acesso em: 15 jun. 2023.

ATIVIDADES

Retomar e compreender

1. Quais foram os grupos políticos envolvidos nas discussões da Assembleia Constituinte? O que esses grupos defendiam?
2. Por que o projeto da Constituição de 1823 ficou conhecido como "Constituição da Mandioca"?
3. Explique os motivos que levaram a Província Cisplatina a lutar contra o Império do Brasil.

Aplicar

4. Observe as imagens a seguir e leia as respectivas legendas.

▲ Jean-Baptiste Debret. *Coroação de D. Pedro I*, 1816. Gravura. Dom Pedro I portando manto, cetro e coroa.

▲ François Gerard. *Napoleão I na Coroação*, 1805. Óleo sobre tela. Napoleão com cetro e manto de coroação.

a) Quais símbolos do poder real estão presentes nas duas obras?
b) Esses símbolos ainda representam o poder das monarquias no mundo atual?
c) Napoleão Bonaparte tornou-se imperador da França anos antes de dom Pedro I tornar-se imperador do Brasil. Quais seriam os objetivos de dom Pedro I ao tentar construir uma imagem inspirada em Bonaparte?
d) Apesar de dom Pedro I veicular uma imagem forte, como imperador, o Primeiro Reinado foi caracterizado por muitas instabilidades. Quais eram elas?

5. Leia o texto citado e, em seguida, faça o que se pede.

> As ideias de [José] Bonifácio tinham raízes num segmento da elite política brasileira que desejava criar o sentimento de uma nova nação e achava que os índios deveriam fazer parte dessa comunhão através de meios pacíficos, especialmente pela catequese. Renovou-se a ideia de que somente pela religião os índios chegariam à civilização, e pensou-se até em chamar de volta os jesuítas (cuja Ordem se havia reconstituído em 1814), ou, posteriormente, convidar os monges trapistas, terminando por se optar pelos capuchinhos italianos.
>
> Mércio Pereira Gomes. *Os índios e o Brasil*: passado, presente e futuro. São Paulo: Contexto, 2012. p. 86-87.

a) Qual é a relação entre o desejo de criar um sentimento de nação e as políticas destinadas aos povos indígenas?
b) Em sua opinião, as ideias de José Bonifácio sobre a forma de incorporar os indígenas à sociedade brasileira demonstravam algum tipo de preconceito? Justifique.
c) Discuta com os colegas se as políticas voltadas aos povos indígenas do final do período colonial – e consolidadas por José Bonifácio em seu projeto de lei – respeitavam, ou não, as necessidades e demandas sociais dos povos indígenas.

6. Forme dupla com um colega. Leiam o texto a seguir e depois façam o que se pede.

TÍTULO 5º
Do Imperador
CAPITULO I
Do Poder Moderador

Art. 98. O Poder Moderador é a chave de toda a organisação Politica, e é delegado privativamente ao Imperador, como Chefe Supremo da Nação, e seu Primeiro Representante, para que incessantemente vele sobre a manutenção da Independencia, equilibrio, e harmonia dos mais Poderes Politicos.

Acompanhamento da aprendizagem

Art. 99. A Pessoa do Imperador é inviolavel, e Sagrada: Elle não está sujeito a responsabilidade alguma.

Art. 100. Os seus Titulos são "Imperador Constitucional, e Defensor Perpetuo do Brazil" e tem o Tratamento de Magestade Imperial.

Art. 101. O Imperador exerce o Poder Moderador

I. Nomeando os Senadores [...].

II. Convocando a Assembléa Geral extraordinariamente nos intervallos das Sessões, quando assim o pede o bem do Imperio.

III. Sanccionando os Decretos, e Resoluções da Assembléa Geral, para que tenham força de Lei [...]

IV. Approvando, e suspendendo interinamente as Resoluções dos Conselhos Provinciaes [...].

V. Prorrogando, ou adiando a Assembléa Geral, e dissolvendo a Camara dos Deputados, nos casos, em que o exigir a salvação do Estado; convocando immediatamente outra, que a substitua.

VI. Nomeando, e demittindo livremente os Ministros de Estado.

VII. Suspendendo os Magistrados [...].

VIII. Perdoando, e moderando as penas impostas e os Réos condemnados por Sentença.

Brasil. Constituição Politica Do Imperio Do Brazil (de 25 de Março de 1824). Disponível em: https://www.planalto.gov.br/ccivil_03/constituicao/constituicao24.htm. Acesso em: 2 jun. 2023.

a) De qual documento histórico esse texto faz parte? De que ano ele data?

b) Há algumas palavras que estão grafadas de modo diferente de como costumamos usá-las. Por que há essa diferença na grafia?

c) Qual é o tema do texto?

d) Que impactos esse texto trouxe para a vida política do Império do Brasil?

e) Atualmente, há algum poder público que tenha as mesmas prerrogativas descritas no texto? Para responder, se necessário, busquem informações em fontes impressas ou digitais.

7. De acordo com o que foi apresentado neste capítulo, podemos dizer que, durante o Primeiro Reinado, os indígenas eram considerados cidadãos do Império?

8. Leia o texto e responda às questões.

Dissolvendo a Constituinte e decretando a Constituição de 1824, o imperador deu uma clara demonstração de seu poder [...].

Em Pernambuco, esses atos discricionários puseram lenha em uma fogueira que não deixara de arder desde 1817 e mesmo antes. A propagação das ideias republicanas, antiportuguesas e federativas (opostas à centralização do poder) ganhou ímpeto com a presença de Cipriano Barata, vindo da Europa [...].

Boris Fausto. *História do Brasil*. São Paulo: Edusp, 2006. p. 52.

a) A que movimento o autor do texto se refere?

b) O que o autor quis dizer com a frase "atos discricionários puseram lenha em uma fogueira que não deixara de arder desde 1817"?

c) Identifique no texto os trechos que indicam alguns dos fatores que desencadearam o movimento.

9. Os versos a seguir teriam sido proferidos nas ruas do Rio de Janeiro, na década de 1830. Leia-os e responda às questões.

Passa fora pé de chumbo
Vai-te do nosso Brasil
Que o Brasil é brasileiro
Depois do 7 de abril.

Prefeitura da Cidade do Rio de Janeiro. Secretaria Municipal de Educação. Portal MultiRio. Disponível em: http://www.multirio.rj.gov.br/historia/modulo02/abdicacao_dpedroi.html. Acesso em: 2 jun. 2023.

a) O que se entende por "Vai-te do nosso Brasil" e "Que o Brasil é brasileiro"?

b) O que aconteceu em 7 de abril? A que ano essa data se refere?

141

CONTEXTO

PRODUÇÃO ESCRITA

Editorial

Proposta

Na unidade 5, conhecemos o contexto político em que aconteceu a Independência do Brasil. Momentos históricos importantes como esses produzem consensos e dissensos na sociedade, e é esperado que grupos com interesses em comum expressem suas opiniões. Um dos gêneros textuais usados com essa finalidade é o **editorial**. De natureza jornalística, o editorial difere de outros textos do jornal por **não** ser usado na divulgação de notícias. Trata-se de uma produção escrita que defende um posicionamento sobre determinado tema.

Usualmente, esse texto é escrito de modo a apresentar a opinião de um meio de comunicação ou empresa. Assim, ele não é assinado individualmente e precisa deixar explícita a opinião do grupo, bem como seus argumentos.

Um dos tipos de editorial é a **carta ao leitor** – também conhecida como **carta do editor**. Organizada em grupos, a turma vai escrever editoriais desse tipo. O tema deve ser a participação das mulheres na História e a invisibilidade sofrida por elas no discurso historiográfico oficial.

José P. Barreto. *Soldado Medeiros*, 1953. Marmorite e granito. A estátua faz parte de um monumento erguido em Salvador (BA), em homenagem a Maria Quitéria de Jesus Medeiros. Foto de 2023.

Público-alvo	Colegas da turma.
Objetivo	Defender ponto de vista coletivo sobre tema de interesse da sociedade.
Circulação	Colegas de turma e comunidade escolar.

Planejamento e elaboração

1 Junte-se a 4 ou 5 colegas e leiam um trecho do editorial publicado em virtude das comemorações do Bicentenário da Independência do Brasil, em 2022.

O bicentenário da Independência e o Brasil que desejamos

O Brasil completa, nesta quarta-feira, os 200 anos de sua independência em meio a uma campanha eleitoral acirrada [...]. No entanto, o bicentenário não pode passar ignorado como oportunidade para se refletir sobre tudo o que o país conquistou, os inúmeros desafios que ainda tem pela frente e a nossa capacidade de vencê-los se soubermos dar a todos os brasileiros as oportunidades para realizar todo o seu potencial.

A nação agrária e escravista que surgiu em 1822 deu lugar a um país que foi capaz de eliminar, ainda que tardiamente em comparação com seus vizinhos, a mazela da escravidão e se desenvolveu a ponto de hoje figurar entre as maiores economias do mundo. [...]

Estes poucos exemplos dão mostra de que o país tem a capacidade de superar problemas graves, uma qualidade que continua extremamente necessária [...].

[...]

O combate à pobreza é apenas um dos desejos que a Gazeta do Povo faz para o país neste bicentenário.

Editorial. O bicentenário da Independência e o Brasil que desejamos. *Gazeta do Povo*, 6 set. 2022. Disponível em: https://www.gazetadopovo.com.br/opiniao/editoriais/bicentenario-independencia/. Acesso em: 2 jun. 2023.

2 Façam a leitura compartilhada do texto e busquem identificar: onde trabalha a equipe editorial que escreveu o texto; quais são os posicionamentos defendidos por essa equipe em relação ao tema; e quais são os principais argumentos do texto.

3 Agora é hora de dialogar sobre o editorial que o grupo vai produzir. Para isso, definam um nome fictício que identifique o grupo e busquem informações sobre a participação das mulheres na Independência do Brasil, sobre a historiografia tradicional e sobre o apagamento delas em vários momentos históricos.

4 Anotem os principais pontos de vista levantados, observando quais deles defendem semelhantes opiniões e posicionamentos sobre o tema. Com os argumentos organizados, o grupo deverá debater e chegar a um consenso sobre qual posicionamento será sustentado na escrita do editorial.

5 Escrevam o editorial lembrando que se trata de um texto argumentativo, que usa linguagem formal. Assinem o texto usando o nome escolhido para o grupo.

Revisão e reescrita

1 Com o editorial redigido, escolham um integrante do grupo para ler o texto em voz alta. Juntos, observem se:
- O tema foi abordado de maneira coerente.
- A argumentação está baseada em fatos e informações concretas.
- A opinião defendida não fere princípios humanos nem a dignidade das mulheres.
- Foi utilizada linguagem formal e adequada à norma-padrão da língua portuguesa.

2 Feita a revisão dos aspectos observados, reescrevam o texto com os ajustes necessários.

Circulação

1 A turma deve ler todos os editoriais e tentar desvendar a autoria de cada texto, de acordo com o estilo e a argumentação utilizados.

2 Por tratarem de um tema de interesse da sociedade, compartilhem os textos com a comunidade escolar, em meios digitais e/ou impressos.

ATIVIDADES INTEGRADAS

Retomar e compreender

1. Quais foram os principais grupos sociais que apoiaram o processo de Independência do Brasil?
2. Como você caracterizaria o cenário político do Brasil durante o Primeiro Reinado? Cite os dois aspectos mais significativos desse contexto e explique-os.

Aplicar

3. A pintura a seguir, feita pelo francês Jean-Baptiste Debret em 1822 para comemorar a Independência do Brasil, é uma alegoria da nação brasileira. A alegoria, por meio de símbolos, é um modo figurado de exprimir uma mensagem. Observe-a com atenção e, depois, responda às questões.

▲ Jean-Baptiste Debret. Pintura em pano de boca homenageando a Independência do Brasil (detalhe), 1822. Litografia.

   a) Quais grupos étnicos podem ser identificados na pintura?
   b) Algumas personagens estão ajoelhadas e outras estão com os braços erguidos. Qual é o significado desses gestos?
   c) Se você fosse construir uma alegoria do Brasil de nossos dias, quais símbolos usaria? Justifique.

4. Considerando o que foi apresentado nesta unidade, leia o texto a seguir e responda às questões propostas.

Cais do Valongo (RJ) ganha título de Patrimônio Mundial

O Brasil recebeu cerca de quatro milhões de escravos nos mais de três séculos de duração do regime escravagista, o que equivale a 40% de todos os africanos que chegaram vivos nas Américas, entre os séculos XVI e XIX. Destes, aproximadamente 60% entraram pelo Rio de Janeiro, sendo que cerca de um milhão deles pelo Cais do Valongo. A partir de 1774, [...] o desembarque de escravos no Rio foi integralmente concentrado na região da Praia do Valongo, onde se instalou o mercado de escravos [...].

A vinda da família real portuguesa para o Brasil e a intensificação da cafeicultura ampliaram consideravelmente o tráfico escravagista. Em 1811, com o incremento do tráfico e o fluxo de outras mercadorias, foram feitas obras de infraestrutura, incluindo o calçamento de pedra de um trecho da Praia do Valongo, que constitui atualmente o Sítio Arqueológico do Cais do Valongo.

Instituto do Patrimônio Histórico e Artístico Nacional (Iphan). Cais do Valongo (RJ) ganha título de Patrimônio Mundial. Disponível em: http://portal.iphan.gov.br/pagina/detalhes/818/. Acesso em: 2 jun. 2023.

a) Por que a Lei Feijó, de 1831, que abolia o tráfico atlântico de escravizados para o Brasil, foi considerada uma lei "para inglês ver"?

b) Em 13 de maio é comemorada a abolição definitiva da escravidão, promulgada apenas em 1888, décadas após a primeira lei que tornou ilegal o tráfico de escravizados. Quanto tempo se passou entre a publicação dessas leis? O que motivou essa demora?

c) Em 2017, o sítio arqueológico do Cais do Valongo ganhou o título de Patrimônio Mundial da Unesco. Converse com um colega sobre a importância de preservar um espaço de memória da escravidão. Depois, escrevam um breve texto com as conclusões a que vocês chegarem.

Analisar e verificar

5. Analise os motivos que levaram à Revolução Pernambucana, no Brasil, em 1817, e os que levaram à Revolução Liberal do Porto, em Portugal, em 1820. Registre-os no caderno. Então, atente para os modelos de governo propostos por esses movimentos. Em seguida, converse com um colega sobre as semelhanças e as diferenças entre as duas revoluções. Escreva no caderno as conclusões a que vocês chegarem.

6. Observe a charge e responda às questões.

    a) A que acontecimento da história do Brasil a charge se refere?

    b) Quais são as personagens representadas na charge?

    c) Nessa charge existem elementos anacrônicos, ou seja, que não faziam parte do contexto histórico nela representado. Que elementos são esses?

    d) O acontecimento a que essa charge se relaciona gerou muita insatisfação entre a população da região mineradora e gerou uma revolta anticolonial. De acordo com o que você estudou nesta unidade, que revolta foi essa?

▲ Charge de Cesar Lobo feita no final do século XX.

Criar

7. A vinda da Família Real para o Brasil em 1808 proporcionou uma série de transformações na cidade do Rio de Janeiro. A partir de então, foram criadas por dom João VI algumas instituições importantes para a nova sede do reino, com destaque para a Biblioteca Nacional. Agora, vamos explorar virtualmente as exposições dessa instituição? Para isso, oriente-se pelos seguintes passos:

    - Junte-se a um colega e acessem o *site* https://bndigital.bn.gov.br/ (acesso em: 15 jun. 2023). Deem uma olhada nas informações gerais do *site* e identifiquem seus principais tópicos.

    - Em seguida, cliquem em "exposições". Depois, escolham as exposições listadas da Biblioteca Nacional para visitar. Escolham uma delas para fazer um relatório de visita virtual. O relatório de vocês deve ser composto de texto e imagens sobre a exposição. As imagens devem ser bastante significativas.

    - Na parte textual, dividam o relatório em três seções: uma introdução sobre a Biblioteca Nacional e o tema da exposição; o desenvolvimento, em que devem constar os motivos da escolha da exposição e suas principais características; e, por fim, a conclusão do texto do relatório.

145

CIDADANIA GLOBAL
UNIDADE 5

Retomando o tema

Dentre os conteúdos desta unidade, você estudou o processo de instituição do primeiro governo do Brasil Independente. Assim, observou que as discussões em torno da elaboração da primeira Constituição Federal estiveram limitadas a grupos que não representavam os interesses da população pobre, escravizada ou não; e que o documento final – autoritariamente outorgado por dom Pedro I – estabeleceu o voto censitário e criou mecanismos de concentração de poder nas mãos do imperador.

Atualmente, existe um esforço para tornar o processo de tomada de decisões mais justo, inclusivo e representativo.

1. A respeito do Primeiro Império, quais eram as características exigidas do eleitor?
2. Quais são as possíveis implicações em limitar o direito à participação política? Converse com seus colegas e levantem hipóteses.

Geração da mudança

- Organizem-se em três grupos. Cada grupo produzirá uma lista de regras de convivência, direitos e obrigações. Para isso, identifiquem as necessidades dos estudantes e suas especificidades.

- Depois que todos os grupos tiverem elaborado suas respectivas listas, cada grupo deverá escolher um integrante para apresentar a proposta à turma. Todos devem ouvir as propostas com atenção.

- Após as apresentações das listas de cada grupo, a turma vai eleger o projeto vencedor.

- Com a orientação do professor, publiquem o projeto vencedor. Na publicação, que pode ser impressa ou digital, lembrem-se de explicar a atividade e o contexto no qual a lista foi elaborada. Assim, vocês favorecem a discussão com a comunidade escolar sobre direitos, obrigações e normas de convivência considerados justos e escolhidos democraticamente.

Autoavaliação

UNIDADE 6
AS REGÊNCIAS E O SEGUNDO REINADO

PRIMEIRAS IDEIAS

1. Durante o Segundo Reinado, o café passou a ter grande importância comercial na Europa. Isso influenciou diretamente a economia e a política do Brasil naquele período. Você sabia que a expansão cafeeira estimulou a vinda de imigrantes europeus para o Brasil? Você conhece alguma família de imigrantes?

2. No município em que você vive, existe alguma comunidade de imigrantes? O que você sabe sobre ela?

3. A Lei Áurea, proclamada em 1888, aboliu a escravidão no Brasil. Em sua opinião, que mudanças essa lei trouxe para os ex-escravizados?

Conhecimentos prévios

Nesta unidade, eu vou...

CAPÍTULO 1 — O período Regencial
- analisar os partidos políticos da época e os interesses de seus respectivos grupos sociais.
- caracterizar as revoltas do período Regencial.
- reconhecer a importância da Revolta dos Malês.

CAPÍTULO 2 — O Segundo Reinado
- caracterizar as revoltas liberais de São Paulo e de Minas Gerais e os aspectos políticos que levaram à Revolução Praieira.
- analisar a Guerra do Paraguai.
- reconhecer a importância da expansão cafeeira para a economia no Segundo Reinado.
- compreender a importância do Romantismo na produção da identidade nacional no século XIX.

CAPÍTULO 3 — O fim da escravidão e a imigração no Brasil
- avaliar o movimento abolicionista no Brasil.
- explicar as leis abolicionistas e reconhecer seus impactos na sociedade e na economia.
- compreender os fatores que aumentaram o interesse dos imigrantes pela vinda ao Brasil.

CIDADANIA GLOBAL
- caracterizar as situações de trabalho escravo e de trabalho decente.
- refletir sobre o conceito de vida digna.

INVESTIGAR
- relacionar as injustiças sociais do presente à escravidão.
- discutir os legados da escravidão e a importância de ações afirmativas no Brasil atual.

147

LEITURA DA IMAGEM

1. O que a obra de arte dessa fotografia retrata?
2. De que modo ela pode ser relacionada ao fim da escravidão no Brasil?
3. Quais sentimentos essa obra transmite a você? Reflita sobre eles e escreva uma frase relacionando esses sentimentos à ideia de **liberdade**.

Revolta dos Malês - MUHCAB/Projeto NegroMuro/Arte Cazé e Pesquisa e Produção Pedro Rajão. Fotografia: Gui Espinôla

CIDADANIA GLOBAL

Durante séculos, no Brasil, pessoas como as que foram representadas na obra de arte retratada nessa fotografia foram submetidas ao **trabalho escravo** e lutaram contra a situação de escravidão, em busca da liberdade para si e para suas comunidades.

1. Em sua opinião, é justo escravizar alguém? Como você se sente em relação a essa ideia?
2. Isso ainda acontece nos dias atuais? Comente suas hipóteses com os colegas.

 Veja as principais ações de algumas personalidades históricas que fizeram parte do **movimento abolicionista no Brasil** do século XIX. Imagine que você também tivesse feito parte desse movimento. Que tipo de ações você teria empreendido? Compartilhe suas ideias com a turma.

Mural das lutas afro-brasileiras, da Companhia Teatral Queimados Encena, no Museu da História e da Cultura Afro-Brasileira, localizado no Rio de Janeiro. O grafite retrata cena da Revolta dos Malês, ocorrida na Bahia em 1835, e a imagem de Manoel Congo, líder quilombola da revolta ocorrida em 1838, na região do Vale do Paraíba Fluminense. Foto de 2022.

149

CAPÍTULO 1

O PERÍODO REGENCIAL

PARA COMEÇAR

O período das regências foi marcado por crises econômicas e pela insatisfação geral da população, que desejava maior autonomia local e representação popular. Por que os anseios da sociedade entravam em choque com as políticas adotadas durante o período Regencial?

A HERANÇA POLÍTICA DE DOM PEDRO I

Quando dom Pedro I abdicou do trono brasileiro, em 1831, seu filho, dom Pedro de Alcântara, tinha apenas 5 anos e, evidentemente, não poderia assumir o governo. A Constituição do Império previa que, em um caso como esse, o Brasil seria governado por um conselho de três regentes até que o herdeiro do trono atingisse a maioridade. Como a Assembleia Geral, que deveria escolher os regentes, estava em recesso na época em que dom Pedro abdicou, a princípio o governo ficou sob a responsabilidade de uma **Regência Trina Provisória**. Dois meses depois, os parlamentares elegeram a **Regência Trina Permanente**.

Mesmo com o novo governo organizado, as tensões políticas que levaram à abdicação de dom Pedro I permaneciam: em várias regiões do Brasil, os poderes locais tinham interesses próprios e pleiteavam maior autonomia em relação ao poder central. Em algumas regiões, parcela da população não via vantagem em fazer parte do Império e, assim, expressava tendências separatistas (ou seja, desejava que sua região se desligasse do restante do Brasil).

No outro extremo, grande parte dos portugueses que viviam no Brasil defendia não só a unidade do país, mas também o retorno de dom Pedro I ao trono – eram os **restauradores**.

▼ Detalhe da tela de Manuel de Araújo Porto-Alegre. *O juramento da Regência Trina Permanente*, c. 1850. Óleo sobre tela. Nessa representação, Costa Carvalho, um dos regentes, jura fidelidade à Constituição.

A ALIANÇA ENTRE MODERADOS E EXALTADOS

A Câmara dos Deputados passou a discutir a reforma da Constituição de 1824 com o objetivo de estabilizar o quadro político, diminuindo os conflitos políticos. Durante as discussões sobre a reforma constitucional, os liberais **moderados** se aliaram aos **exaltados** (sobre esses grupos políticos, reveja o capítulo 3 da unidade 5) contra os restauradores, também chamados de **conservadores**, e possibilitaram a aprovação de uma reforma que conciliava os interesses dessas duas correntes políticas. Essa reforma ficou conhecida como **Ato Adicional de 1834**.

Os exaltados conseguiram incluir, na reforma, a garantia de maior autonomia às províncias do Império (que correspondiam, aproximadamente, aos estados atuais), dando poderes às assembleias locais para legislar sobre economia, justiça, educação, etc. Já os moderados garantiram a manutenção do Poder Moderador e a substituição da Regência Trina por uma **Regência Una**, medidas que fortaleceram o poder central. Ou seja, o Ato buscava conciliar dois projetos de país contraditórios – um com o poder centralizado no monarca, e o outro dando às províncias grande grau de autonomia. Em 1835, apoiado pelos liberais, foi eleito o primeiro regente uno, o padre **Diogo Feijó**.

O Ato Adicional, que já nasceu contraditório, não foi eficaz para acalmar os ânimos, que pioraram por causa de uma forte crise econômica. Enfraquecidas pela crise, as forças locais de algumas províncias alimentavam sentimentos contra o poder central e estimulavam revoltas sociais.

Pressionado pelas rebeliões provinciais, Diogo Feijó renunciou ao cargo em 1837. O regente foi substituído pelo conservador **Araújo Lima**, cujo governo voltou a ser centralizado, diminuindo a importância das **Assembleias Provinciais** e retrocedendo em relação às reformas de 1834.

A GUARDA NACIONAL

As manifestações do povo nas ruas e os constantes levantes das tropas militares geravam medo e insegurança nas elites. Procurando diminuir a influência do Exército na sociedade e conter o ímpeto rebelde, o então ministro da Justiça da Regência Trina Provisória, padre Diogo Feijó, criou a Guarda Nacional em 1831.

O alistamento na Guarda Nacional era obrigatório para os cidadãos com idade entre 21 e 60 anos que tivessem direito de voto. Como pela Constituição de 1824 só votavam as pessoas com renda anual acima de 100 mil-réis, os mais pobres não podiam participar da Guarda Nacional.

OS GRUPOS POLÍTICOS NA REGÊNCIA

Restauradores
Grupo composto de comerciantes portugueses e de funcionários públicos.

Liberais moderados
Representantes de grandes proprietários de terras e de ricos comerciantes brasileiros.

Liberais exaltados
Integrantes das camadas médias urbanas que defendiam reformas mais amplas, com maior participação política e a descentralização do poder, além de mais autonomia para as províncias.

◀ Prédio onde funcionou, até 1967, a Assembleia Provincial do Rio Grande do Sul, posteriormente Assembleia Legislativa. Foto de cerca de 1900. Atualmente, o prédio é a sede do Memorial do Legislativo.

AS REVOLTAS REGENCIAIS

A insatisfação popular diante dos problemas políticos e econômicos do império no período Regencial resultou em inúmeras revoltas, que contaram com ampla participação das camadas mais pobres. Contudo, cabe destacar que algumas dessas revoltas foram influenciadas pelas elites, as quais buscavam defender interesses próprios.

Conheça algumas imagens das **revoltas regenciais**. Depois, organize um quadro indicando a forma como elas são lembradas pela população local.

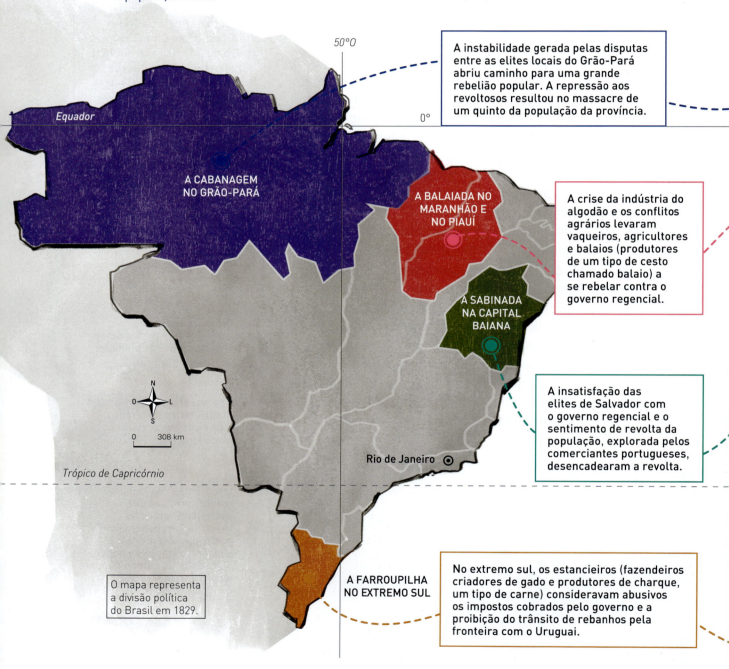

A instabilidade gerada pelas disputas entre as elites locais do Grão-Pará abriu caminho para uma grande rebelião popular. A repressão aos revoltosos resultou no massacre de um quinto da população da província.

A crise da indústria do algodão e os conflitos agrários levaram vaqueiros, agricultores e balaios (produtores de um tipo de cesto chamado balaio) a se rebelar contra o governo regencial.

A insatisfação das elites de Salvador com o governo regencial e o sentimento de revolta da população, explorada pelos comerciantes portugueses, desencadearam a revolta.

No extremo sul, os estancieiros (fazendeiros criadores de gado e produtores de charque, um tipo de carne) consideravam abusivos os impostos cobrados pelo governo e a proibição do trânsito de rebanhos pela fronteira com o Uruguai.

O mapa representa a divisão política do Brasil em 1829.

Fonte de pesquisa do mapa: Pierre M. Lapie. *Carte du Brésil*. Paris: Eymery Fruger et Cie, 1829.

Fontes de pesquisa: José Murilo de Carvalho. A vida política. Em: José Murilo de Carvalho (coord.). *A construção nacional*. Rio de Janeiro: Objetiva, 2012 (Coleção História do Brasil Nação: 1808-2010. Lilia M. Schwarcz (dir.); v. 2; Boris Fausto. *História concisa do Brasil*. São Paulo: Edusp, 2002; Ronaldo Vainfas (dir.). *Dicionário do Brasil imperial (1822-1889)*. Rio de Janeiro: Objetiva, 2002.

A Cabanagem (1835-1840)

Os **cabanos**, como eram conhecidos os que habitavam em cabanas na região da Amazônia, reivindicavam maior participação política e a adoção do sistema de governo republicano. A repressão a essa população pobre provocou uma revolta armada, que uniu cabanos, lavradores, seringueiros e até latifundiários. Em 1835, os rebelados tomaram a cidade de Belém e assumiram o governo. Após dois governos cabanos, Belém foi retomada pelas forças regenciais, em 1836. No interior, os conflitos duraram até 1840. Os líderes cabanos foram presos e executados.

A Balaiada (1838-1841)

A crise econômica que atingia a região – causada pela queda do preço do algodão no mercado internacional –, os conflitos pela posse de terras e o elevado poder dos estrangeiros no comércio local motivaram os grupos sociais oprimidos, entre eles os chamados **balaios**, a lutar contra o governo. Grupos urbanos de tendência liberal apoiaram o levante. Somou-se a isso uma insurreição de escravizados.
Os rebeldes chegaram a dominar Caxias, a segunda maior cidade do Maranhão, mas divergências de ideologia e de interesse facilitaram a ação das forças imperiais. Os líderes da revolta foram enforcados e o movimento resultou em 15 mil mortos.

A Sabinada (1837-1838)

A insatisfação com o governo regencial levou as camadas médias de Salvador a proclamar a **República Baiense** em 1837. A revolta foi liderada pelo médico Francisco Sabino, e o governo republicano deveria durar somente até a maioridade do imperador dom Pedro II.
Os grandes proprietários de terras e de escravizados do Recôncavo Baiano não aderiram à revolta e colaboraram com o governo central. Salvador foi cercada e aproximadamente 1,8 mil pessoas morreram nos combates. A província ficou sob intervenção militar por cinco anos.

A Revolução Farroupilha (1835-1845)

No sul do Brasil, os fazendeiros e os produtores de charque e de couro divergiam do governo sobre a tributação de produtos e o alistamento militar.
A tensão levou à **Guerra dos Farrapos** ou Revolução Farroupilha. Os rebeldes proclamaram, em 1836, a independência da província, fundando a **República Rio-Grandense**. Em 1839, invadiram a província de Santa Catarina.
A paz veio somente em 1845, depois de acordos feitos para anistiar os líderes revoltosos, todos membros da elite gaúcha.

153

OS NEGROS ISLAMIZADOS E LETRADOS NA BAHIA

Entre o final do século XVIII e o início do século XIX, muitos negros escravizados originários da África Ocidental, sobretudo da região da costa do atual Benim, chegaram a Salvador. A maioria deles era muçulmana, praticante do islamismo, e sabia ler e escrever em árabe. Na Bahia, eles ficaram conhecidos como **malês** – termo da língua iorubá que significa muçulmano.

Como os malês moravam e trabalhavam na área urbana, o grau de independência deles era maior que o dos escravizados que ocupavam áreas rurais. Muitos dos malês trabalhavam em Salvador como escravos de ganho, atuando como carregadores, vendedores de doces e quitutes, pintores, pedreiros ou barbeiros, entre outras funções. Repassavam a seus senhores uma parte do que ganhavam e, então, ficavam com o excedente. Por isso, era comum entre os malês a compra da própria alforria com o dinheiro que poupavam.

Os malês mantinham entre si laços de solidariedade étnica e religiosa, reunindo-se em determinados pontos da cidade, os chamados **cantos**, nos quais exerciam suas atividades. Nesses lugares, eram representados por lideranças, os capitães de canto, que organizavam a contratação dos serviços.

O fato de se reunirem diariamente nos cantos, o uso da língua árabe e o reconhecimento de uma identidade étnica e religiosa em comum deram aos malês a oportunidade de desenvolver ideias políticas e formas de resistência contra a escravidão, tanto que acabaram por deflagrar a **Revolta dos Malês** em 1835. Com o objetivo de tomar o poder em Salvador, a revolta foi iniciada por cerca de seiscentos negros escravizados de diferentes grupos étnicos.

O movimento, contudo, foi sufocado em poucas horas, com um saldo de setenta mortos e a punição de quinhentos rebeldes com prisões, chibatadas, exílio e fuzilamentos.

AS REPERCUSSÕES DA REVOLTA DOS MALÊS

A Revolta dos Malês repercutiu em todo o Império. O texto do historiador João José Reis trata desse assunto.

A revolta deixou a cidade em polvorosa durante algumas horas, tendo sido vencida com a morte de mais de 70 rebeldes e uns dez oponentes. Mas o medo de que um novo levante pudesse acontecer se instalou durante muitos anos entre os seus habitantes livres. Um medo que, aliás, se difundiu pelas demais províncias do Império do Brasil. Em quase todas elas, principalmente na capital do país, o Rio de Janeiro, os jornais publicaram notícias sobre o acontecido na Bahia e as autoridades submeteram a população africana a uma vigilância cuidadosa e muitas vezes a uma repressão abusiva.

João José Reis. *Rebelião escrava no Brasil*: a história do levante dos malês em 1835. São Paulo: Companhia das Letras, 2003. p. 126.

deflagrar: fazer surgir repentinamente, provocar, irromper.

Jean-Baptiste Debret. *O colar de ferro*, 1834-1839. Gravura. Nessa obra, Debret representou escravos de ganho que viviam no Rio de Janeiro. No centro da imagem, três desses escravizados têm o pescoço envolvido pelo instrumento mencionado no título da obra (colar de ferro), que era utilizado como punição por tentativa de fuga.

ATIVIDADES

Acompanhamento da aprendizagem

Retomar e compreender

1. Durante o período Regencial, houve uma disputa entre liberais moderados e liberais exaltados a respeito da distribuição dos poderes no Império. Qual era o projeto de cada um desses grupos?

2. Por que o Ato Adicional de 1834 é considerado contraditório?

Aplicar

3. Observe o mapa e, em seguida, preencha no caderno a tabela com os dados sobre as revoltas regenciais.

Revoltas no período Regencial (1831-1840)

Fonte de pesquisa: *Atlas histórico escolar*. Rio de Janeiro: FAE, 1991. p. 36.

Nome da revolta	Características		
	Objetivos	Causas	Composição social
1			
2			
3			
4			

4. Reveja o infográfico "As revoltas regenciais" e compare o modo como as forças imperiais trataram os líderes derrotados da Cabanagem à maneira como lidaram com os líderes da Revolução Farroupilha. Em sua opinião, o que explica a diferença de tratamento dado a esses grupos?

5. Leia o texto e responda às questões.

> Os malês protagonizaram a maior das rebeliões escravas ocorridas na Bahia, quiçá no Brasil, mas também a última. Esses rebeldes realizaram o levante como uma rebelião escrava, mas também étnica e religiosa [...]. O levante fracassou por diversas razões [...]. O mais grave, para eles [os rebeldes], porém, foi que seus inimigos eram muitos e se uniram: toda a população livre da Bahia – branca e negra, rica ou miserável – se articulou, por laços de interesse, solidariedade ou medo, contra a insurreição africana.
>
> Lilia Moritz Schwarcz; Heloisa Murgel Starling. *Brasil: uma biografia*. São Paulo: Companhia das Letras, 2015. p. 257.

a) Com base no que você estudou neste capítulo, explique por que se pode considerar que a Revolta dos Malês foi, além de escrava, étnica e religiosa.

b) No texto, as autoras afirmam que um dos motivos pelos quais a população livre da Bahia se articulou contra a revolta foi o medo. Um evento ocorrido algumas décadas antes, em uma colônia da América, certamente influenciou esse medo. Relembre as unidades anteriores deste livro e responda: Que evento foi esse?

6. Leia o texto e responda às questões.

> Separado do mundo da política, d. Pedro não imaginava ser convidado em breve para a missão que o aguardava. Ao contrário, "a Regência" aos poucos se firmava, já que desde o Ato Adicional de 1834 garantia-se não só uma certa descentralização no poder, como instituía-se um regente único e eleito.
>
> Lilia Moritz Schwarcz. *As barbas do imperador: D. Pedro II, um monarca nos trópicos*. São Paulo: Companhia das Letras, 1998. p. 64.

a) Por que a autora afirma que dom Pedro estava separado do mundo da política?

b) Você sabe qual era a missão que aguardava dom Pedro? Explique.

c) Qual é a relação entre o Ato Adicional de 1834 e a instabilidade política do período Regencial?

155

CAPÍTULO 2
O SEGUNDO REINADO

PARA COMEÇAR

Após o período Regencial, o Brasil voltou a ter um imperador: Pedro de Alcântara, que assumiu o trono em 1840, aos 14 anos de idade, e recebeu o título de dom Pedro II. Você sabe dizer quais foram as principais mudanças ocorridas no Brasil durante o período em que dom Pedro II foi imperador do país?

▼ Detalhe da tela de François-René Moreaux. *Ato da coroação de Sua Majestade o imperador*, 1842. Óleo sobre tela. Nessa representação da coroação de dom Pedro II, é possível perceber que ele era muito jovem quando se tornou imperador.

O GOLPE DA MAIORIDADE

Como vimos, as diversas revoltas regionais que eclodiram de norte a sul no Império do Brasil durante o período Regencial e as disputas entre liberais moderados, liberais exaltados e conservadores configuraram uma situação de instabilidade política permanente.

Interessada em manter a unidade do país, a elite política resolveu antecipar a maioridade de dom Pedro de Alcântara para coroar um monarca nascido em território brasileiro – alguém que teria legitimidade para governar e, simbolicamente, representaria a união de todas as províncias.

Os deputados ligados ao Partido Liberal tomaram a frente desse projeto, articulando uma manobra política que ficou conhecida como **Golpe da Maioridade**. O jovem Pedro de Alcântara, então com 14 anos, tornou-se legalmente dom Pedro II, imperador do Brasil, no dia 23 de julho de 1840. Com essa nomeação, iniciava-se no país o Segundo Reinado, que durou até 1889.

A antecipação da maioridade constitucional de Pedro de Alcântara garantiu a manutenção e o fortalecimento da ordem escravocrata, da centralização política e da unidade do Império.

A POLÍTICA DO SEGUNDO REINADO

Durante a maior parte do Segundo Reinado, dois partidos se revezaram no poder: o Partido Conservador e o Partido Liberal. Em termos de organização política e administrativa, os liberais defendiam um Poder Legislativo mais forte e com maior grau de autonomia regional; já os conservadores acreditavam que o Poder Executivo deveria ser centralizador e zelar pela unidade da nação.

Contudo, os dois partidos, cujos integrantes vinham da elite econômica do Império, concordavam quando se tratava de manter a estrutura social vigente, na qual estava incluída a escravidão. Existia até mesmo um dito popular que fazia graça com as semelhanças entre os dois grupos: dizia não haver nada mais parecido com um **saquarema** (como eram chamados os conservadores) do que um **luzia** (como eram chamados os liberais).

O primeiro ministério de dom Pedro II foi ocupado pelos principais articuladores do Golpe da Maioridade, ou seja, pelos liberais. Como os conservadores tinham a maioria na Câmara, dom Pedro II convocou novas eleições. Para garantir a vitória na Câmara e, portanto, sua permanência no ministério, durante essas eleições os liberais usaram diversos artifícios, inclusive de violência, para obrigar os eleitores a votar em seus candidatos. Por isso, essas eleições ficaram conhecidas como "eleições do cacete". Entretanto, a Câmara foi destituída pelo imperador antes mesmo de se reunir: dom Pedro II havia cedido às pressões dos conservadores.

> **PARA EXPLORAR**
>
> *As barbas do imperador: D. Pedro II, a história de um monarca em quadrinhos*, de Lilia Moritz Schwartz e Spacca. São Paulo: Companhia das Letras, 2014.
> O livro, versão em quadrinhos de um estudo histórico, fala sobre a vida de dom Pedro II e a construção feita em torno de sua figura para consolidar a ideia da nação brasileira e propagar uma visão positiva sobre a monarquia. De modo leve e divertido, traz informações valiosas sobre o tema.

REVOLTAS LIBERAIS

O ministério conservador adotou medidas que contrariaram os liberais, como a restauração do Conselho de Estado. As funções desse Conselho eram auxiliar dom Pedro II na tomada de decisões importantes, centralizar o Poder Judiciário e reorganizar as autoridades policiais sob o controle do imperador, a fim de evitar rebeliões.

Em resposta à destituição da Câmara dos Deputados, revoltas liberais eclodiram em São Paulo e em Minas Gerais. Essas províncias se recusaram a acatar as novas medidas – que minavam ainda mais sua independência – e não reconheceram a autoridade dos presidentes de província nomeados pelo governo imperial.

Tanto o movimento paulista quanto o movimento mineiro tinham como objetivo estabelecer governos provinciais mais autônomos, mas foram rapidamente reprimidos por tropas militares vindas do Rio de Janeiro.

REVOLUÇÃO PRAIEIRA

Em Pernambuco, ocorreu uma revolta de liberais mais radicais contra o poder imperial. O **Partido da Praia**, formado em 1842, era uma ala dissidente do Partido Liberal. Seu nome se devia à rua da Praia, no Recife, onde ficava a sede do jornal *O Diario Novo*, editado pelo partido.

Em 1845, os praieiros conseguiram assumir o governo pernambucano, derrotando os representantes dos liberais e dos conservadores. No entanto, em 1848, o imperador afastou o presidente da província, Chichorro da Gama, membro do Partido da Praia.

A interferência do governo imperial em Pernambuco tornou tensa a política local. A nomeação de um conservador mineiro, Herculano Ferreira Pena, para presidente da província em novembro daquele ano foi o estopim do confronto armado.

No início, os praieiros obtiveram algumas vitórias. Em 1849, porém, sofreram as primeiras derrotas para as forças do governo imperial. Em 1850, os últimos líderes do movimento se renderam.

▲ Capa do jornal *O Diario Novo*, de 13 de janeiro de 1843.

▼ Frederick Hagedorn. *Panorama de Recife*, 1855. Litografia colorida. Essa representação mostra a cidade poucos anos após a Revolução Praieira.

A GUERRA DO PARAGUAI

Entre 1864 e 1870, o Brasil esteve envolvido na maior guerra da América do Sul, que reuniu Argentina, Uruguai e Brasil contra o Paraguai e marcou o processo de consolidação dos Estados nacionais na região. As causas do conflito foram as disputas pelo controle da bacia do rio da Prata e, nesse contexto, a interferência do Paraguai, da Argentina e do Brasil na política interna do Uruguai.

Em 1864, o Império Brasileiro invadiu o Uruguai, com o qual tinha um longo histórico de disputas por fronteiras, e promoveu a destituição do presidente do país, que fazia parte do chamado partido *blanco*. Essa atitude contrariou o governo paraguaio, que temia que o Brasil dominasse o Uruguai e assumisse o controle da embocadura do rio da Prata. Assim, em 13 de dezembro de 1864, o Paraguai declarou guerra ao Império Brasileiro.

Em 1865, a Argentina, inicialmente neutra, entrou na guerra devido à invasão de seus territórios pelo Paraguai. No mesmo ano, no Uruguai, o grupo dos colorados – que era alinhado com os interesses brasileiros – derrotou os *blancos* e assumiu o controle do governo do país. Os dois países, então, se aliaram ao Império Brasileiro, formando a **Tríplice Aliança**.

> ### AS CONSEQUÊNCIAS PARA O BRASIL
>
> Para o Império Brasileiro, a Guerra do Paraguai teve muitas consequências. O Brasil foi o país que mais contribuiu no financiamento e no fornecimento de soldados para a Tríplice Aliança, o que afetou a economia nacional. Além disso, a necessidade de incorporar escravizados às tropas combatentes estimulou os contínuos questionamentos sobre a escravidão. Por fim, o Exército, praticamente inexistente antes dessa guerra, tornou-se uma instituição mais coesa e com valores próprios, que, mais tarde, no processo que levou à instauração da república, voltou-se contra a monarquia.

Inicialmente, houve uma ofensiva paraguaia, avançando sobre os territórios dos países da Tríplice Aliança. Depois de algumas vitórias, o Paraguai foi derrotado na batalha naval do Riachuelo, ainda em 1865. No ano seguinte, iniciou-se a contraofensiva dos aliados, que, apenas em 1869, conseguiram tomar a capital paraguaia, Assunção. A guerra acabou em 1870 e arrasou o Paraguai, que perdeu quase a metade de sua população, entre militares e civis.

■ **Guerra do Paraguai (1864-1870)**

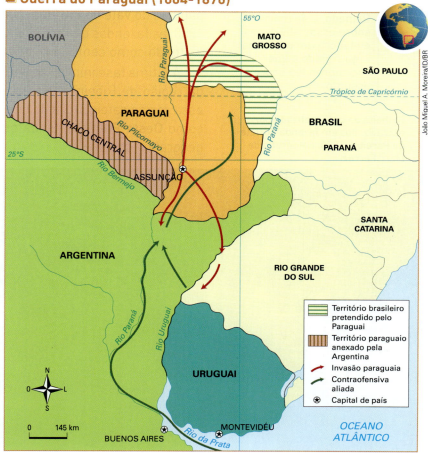

Fonte de pesquisa: *Atlas histórico escolar*. Rio de Janeiro: FAE, 1991. p. 40-41.

CIDADANIA GLOBAL

TRABALHO E ECONOMIA

O trabalho de milhares de pessoas, escravizadas ou livres, nas lavouras de café geraram as riquezas que possibilitaram o desenvolvimento econômico da região Sudeste.

1. Como você explicaria a relação entre **trabalho** e **crescimento econômico**?
2. O que caracteriza o **trabalho decente**? Qual é a importância dele para a sociedade? Busque informações sobre o tema e, depois, compartilhe suas descobertas com a turma.

Além do café, outras **atividades econômicas do Brasil no século XIX** foram importantes durante o Segundo Reinado. Leia mais sobre essas atividades e elabore um esquema organizando o que você aprendeu sobre o assunto.

O IMPÉRIO DO CAFÉ

Durante o Segundo Reinado, o **café** se tornou o principal produto de exportação brasileiro, o que provocou significativas mudanças econômicas e sociais no país.

Até o final do século XVIII, a colônia francesa de São Domingo foi um dos principais produtores mundiais de café, mas a guerra de independência e as dificuldades ligadas à reestruturação econômica do país recém-formado – o Haiti –, levaram à diminuição da produção.

A menor oferta e o constante aumento do consumo de café elevaram seu preço no mercado internacional e incentivaram os proprietários de terras brasileiros a cultivar o produto, que já era cultivado no Brasil para o consumo doméstico.

Na década de 1830, já havia no Brasil mais lavouras cafeeiras que de cana-de-açúcar, até então o principal produto agrícola de exportação, e o café correspondia a praticamente metade das exportações do país. Assim como a produção de cana-de-açúcar, a produção cafeeira se organizava com base na cultura extensiva com mão de obra escrava.

A expansão cafeeira no Brasil compreende três grandes fases. A primeira fase corresponde à implantação das lavouras de café no Rio de Janeiro e à extensão do cultivo em direção à parte paulista do **vale do Paraíba**. Na segunda fase, por volta dos anos 1850, as fazendas de café avançaram para o interior de São Paulo, tendo como centro a região de Campinas.

A última fase iniciou-se em 1870, quando as fazendas a oeste da região de Ribeirão Preto consolidaram sua produção. Toda essa região cafeicultora do interior de São Paulo ficou conhecida como **Oeste Paulista**, ainda que não correspondesse ao Oeste geográfico do estado.

▼ Colheita de café realizada por escravizados em fazenda do vale do Paraíba, 1880. Fotografia de Marc Ferrez.

MUDANÇAS PROVOCADAS PELA CAFEICULTURA

A elite cafeeira assumiu um papel importante no cenário político ao longo da segunda metade do século XIX. Organizados, os cafeicultores pressionavam as autoridades públicas para que subsidiassem a construção de ferrovias, que, em geral, eram planejadas com base na localização das fazendas.

Foram construídos milhares de quilômetros de estradas de ferro. Em 1867, a companhia férrea **São Paulo Railway** – constituída por iniciativa brasileira e com investimentos ingleses – interligou o porto de Santos às cidades de São Paulo e Jundiaí, o que ajudou na exportação do café. A esse ramo ferroviário ligaram-se outras linhas que se espalharam pelo interior paulista. Observe, no mapa "Expansão da rede ferroviária em São Paulo (1870-1890)", a ampliação da rede ferroviária no estado de São Paulo nas últimas décadas do século XIX.

Com a expansão ferroviária, levava-se cada vez menos tempo para ir de um lugar a outro. Até a metade do século XX, as ferrovias foram o principal meio de transporte – de cargas e de passageiros – utilizado no sudeste brasileiro.

A pressão dos fazendeiros também impulsionou uma reforma bancária que expandiu o crédito rural para os próprios cafeicultores, os quais o aplicavam na modernização das lavouras.

As cidades próximas às fazendas também se transformaram com o aumento da população e com a construção ou reforma de casarões e de outros edifícios, como teatros, jornais e salões literários.

OUTRAS ATIVIDADES ECONÔMICAS

Durante a maior parte do século XIX, o café foi o principal produto da economia brasileira. Contudo, outras atividades também foram economicamente importantes nesse período.

O cultivo de **açúcar**, item que desde os anos finais do século XVII disputava mercado com o concorrente holandês produzido nas Antilhas, manteve-se como atividade relevante na economia nacional, principalmente nos engenhos baianos e pernambucanos.

O plantio de **algodão** em áreas do agreste nordestino ganhou força em decorrência do mercado externo, pois a indústria têxtil, que crescera na Inglaterra durante a Revolução Industrial, necessitava dessa matéria-prima.

No final do século XIX, o **látex** brasileiro – extraído das seringueiras da região amazônica – também esteve em alta, mas pouco depois perdeu espaço para a concorrência asiática, que vendia essa matéria-prima em condições mais vantajosas aos europeus.

■ **Expansão da rede ferroviária em São Paulo (1870-1890)**

Fonte de pesquisa: Flavio de Campos; Miriam Dolhnikoff. *Atlas história do Brasil*. São Paulo: Scipione, 2006. p. 25.

A NAÇÃO BRASILEIRA IMAGINADA

Durante o Segundo Reinado, as medidas adotadas pelo governo visavam promover a centralização política e a unidade do Império em torno de dom Pedro II. Essas medidas também podem ser entendidas do ponto de vista cultural, pois o projeto imperial abrangia as artes, as letras e mesmo a escrita da história.

Desde os movimentos pela independência, artistas, literatos e historiadores buscavam uma linguagem que transmitisse os aspectos da cultura nacional sem a influência da antiga Metrópole. A ideia de uma nação brasileira mestiça foi, então, estabelecida com base nas concepções iluministas e na escolha de um antepassado que definisse o Brasil: o indígena.

O modo como autores e pintores do **Romantismo brasileiro** imaginaram o nascimento da nação exemplifica essa intenção. Eles criaram romances e pinturas nas quais os indígenas eram representados como os primeiros brasileiros prontos para "receber" a civilização trazida pelos colonizadores. Assim, tais escritores e artistas representavam os laços com a sociedade colonial, indicando também o que deveria ser superado.

Na escrita da história, a situação era similar. A influência de dom Pedro II como patrono das artes, das letras e das ciências foi enorme. O imperador atuou, por exemplo, no **Instituto Histórico e Geográfico Brasileiro** (IHGB), fundado em 1838, que tinha por tarefas a coleta e a divulgação de fontes sobre a história do Brasil e o incentivo aos estudos históricos.

A difusão da história foi fundamental para a construção dessa narrativa. Naquele momento, desejava-se que o Brasil fosse visto como um modelo de civilização e de progresso. Para que isso ocorresse, essa história teria de ser restrita aos brancos civilizados, sendo os indígenas retratados como um elemento de mestiçagem superado, enquanto os negros nem seriam mencionados.

Dessa forma, nas artes, nas letras e igualmente na história, excluía-se da nação brasileira a maior parte da população: pessoas livres e pobres e negros escravizados. Foi só nas últimas décadas do século XX que a importância das práticas culturais dessas populações excluídas, definitivas na formação da identidade brasileira, começou a ser reconhecida pelo Estado.

▼ Victor Meirelles. *Primeira missa no Brasil*, 1861. Óleo sobre tela. Nessa representação romântica e idealizada da primeira missa ocorrida no período colonial, o artista busca mostrar a chegada dos portugueses como um evento pacífico e benéfico aos indígenas. Estes últimos, por sua vez, demonstram uma postura de respeito e de entendimento daquele rito – postura essa que, na realidade, seria muito improvável.

ATIVIDADES

Acompanhamento da aprendizagem

Retomar e compreender

1. Organize uma lista com as características do processo político e social que levou à antecipação da maioridade de dom Pedro II. Em seguida, escreva um parágrafo sobre as mudanças na sociedade brasileira após a sua coroação.

2. Quais foram as consequências da vitória da Tríplice Aliança para o Império Brasileiro?

Aplicar

3. Observe a imagem e leia a legenda e o fragmento de texto que a acompanham. Em seguida, responda às questões propostas.

▲ Famílias se despedem de jovens que vão lutar na Guerra do Paraguai. Ilustração publicada na revista *Semana Illustrada*, 1865.

[...] o recrutamento de soldados para o exército sempre foi problemático. Na Guerra do Paraguai havia os "voluntários da pátria", mas também os "voluntários da corda", homens livres compulsoriamente incorporados nas tropas imperiais. [...]

Luiz Felipe de Alencastro (org.). *História da vida privada no Brasil*, v. 2: Império. São Paulo: Companhia das Letras, 1997. p. 308.

a) Descreva a imagem. Que elementos dela mais chamam sua atenção?
b) Segundo o texto, quem eram os "voluntários da corda"?
c) A imagem e o texto se complementam ou se contradizem? Justifique sua resposta.

4. Sobre a Guerra do Paraguai, observe o mapa "Guerra do Paraguai (1864-1870)" e responda às questões a seguir.

a) Que trecho do território brasileiro o Paraguai pretendia anexar?
b) Qual região do Paraguai foi anexada à Argentina?

5. Considerando o que foi abordado neste capítulo, observe a tabela e responda às questões.

BRASIL – PRINCIPAIS PRODUTOS EXPORTADOS, EM % (1821-1860)

Produtos	1821-1830	1831-1840	1841-1850	1851-1860
Açúcar	30,1	24,0	26,7	21,2
Algodão	20,6	10,8	7,5	6,2
Café	18,4	43,8	41,5	48,8

Fonte de pesquisa: Alice Piffer Canabrava. *História econômica*: estudos e pesquisas. São Paulo: Hucitec/Ed. da Unesp/ABPHE, 2005. p. 144.

a) Quais eram os dois produtos mais exportados na década de 1820?
b) O que aconteceu com esses dois produtos a partir de 1830?

6. Leia o texto e, em seguida, responda às atividades propostas.

No Brasil, D. Pedro II, em janeiro de 1865, criou o serviço de *Voluntários da Pátria* com o objetivo de despertar o sentimento patriótico das pessoas na defesa do país. Não só homens se alistaram, mas mulheres tocadas por um sentimento patriótico aderiram ao serviço voluntário de diversas maneiras: preparando os filhos e enviando-os para o serviço militar, outras se encarregaram de bordar bandeiras nacionais e as ofereciam as tropas de voluntários que partiram para a luta, outras ainda serviram como enfermeiras nos "hospitais de sangue."

Hadylse M. L. Palhano, Rosilene A. O. Souza e Jérri R. Marin. A atuação das mulheres na Guerra do Paraguai: entre mitos e história, muitas personagens importantes. Em: *Anais do XIII Encontro Regional de História*, 2016, Coxim (anais eletrônicos). Disponível em: http://www.encontro2016.ms.anpuh.org/resources/anais/47/1478226042_ARQUIVO_AatuacaodasmulheresnaGuerradoParaguaiCOXIM.pdf. Acesso em: 5 jun. 2023.

a) Com base no texto, quem eram os voluntários da pátria?
b) Quais eram as funções desempenhadas pelas mulheres durante a Guerra do Paraguai?
c) O que eram os hospitais de sangue mencionados no texto? Caso necessário, faça uma busca na internet.

HISTÓRIA DINÂMICA

Os indígenas no Segundo Reinado

Em 1845, foi criado o **Regulamento das Missões**, base da legislação indigenista instituída pelo Império. Esse regulamento reafirmava a importância da catequese e a utilidade dos aldeamentos para a "assimilação" dos indígenas à sociedade colonial. Assim, de certa maneira, garantia a eles algumas terras, mas condicionava essa possibilidade à submissão ao modo de vida dito "civilizado". Isso mostra como os interesses envolvidos eram muitos, conforme a tese da historiadora Soraia Sales Dornelles.

> Além do evidente interesse sobre as terras indígenas, o sistema de aldeamentos mantinha outra perspectiva: a possibilidade do aproveitamento de seus contingentes em trabalhos rurais e na navegação. Nos aldeamentos deveriam ser instaladas "oficinas de artes mecânicas", e ser incentivadas as atividades produtivas locais, que trariam o maior proveito e a mais rápida adaptação dos índios ao novo modo de vida. Os índios poderiam ser chamados tanto ao serviço do aldeamento, quanto ao serviço público e de particulares.
>
> Soraia Sales Dornelles. *A questão indígena e o Império*: índios, terra, trabalho e violência na província paulista, 1845-1891. 2017. Tese (Doutorado em História Social) – Unicamp, Campinas. p. 35-36.

A aplicação dessa regulamentação deixou aos indígenas apenas dois caminhos: o extermínio, prática tanto física como simbólica que vinha ocorrendo desde a chegada dos portugueses, ou a integração à sociedade, mediada pelos interesses políticos do Segundo Reinado.

Aqueles que participassem do processo de aldeamento, de "civilização", integrariam o país, deixando a "vida selvagem" e, possivelmente, seriam usados como mão de obra. Os outros, segundo o Estado, estariam declarando guerra, justificando, assim, sua perseguição.

A presença indígena no Brasil Imperial foi debatida por diversos grupos e instituições. Nos gabinetes científicos, discutiam-se noções de raça e do papel do indígena na formação da história do país. Em outro grupo, a discussão se pautou pelas comunidades que estavam em contato direto com as populações indígenas e apresentavam questões locais sobre como lidar com esses povos. O Estado desempenhava o papel de agente aglutinador, mediando as diferentes perspectivas e também manifestando interesses próprios.

E os indígenas, o que faziam com essa lei? Em geral, eles foram retratados como atores coadjuvantes, agindo sempre em função de interesses alheios ou assumindo um posicionamento passivo em reação a tais interesses ou a conflitos. Contudo, as atitudes dos indígenas não se reduziram apenas à resistência ou à submissão passiva:

▼ Hércules Florence. *Índia Apiaká em Diamantino de Mato Grosso*, 1827. Desenho feito durante a Expedição Langsdorff, que percorreu várias partes do Brasil entre 1825 e 1829.

Os índios faziam, há longa data, usos das instâncias legais para promover seus interesses, usos que se ampliaram com o advento do Decreto de 1845, como mesmo atestam os primeiros documentos produzidos pela diretoria geral dos índios paulista. O uso de petições dirigidas ao poder público para reclamar os abusos sofridos no tocante ao direito territorial e chamar, com isso, as autoridades à sua responsabilidade denota grande consciência da política em curso.

Soraia Sales Dornelles. *A questão indígena e o Império*: índios, terra, trabalho e violência na província paulista, 1845-1891. 2017. Tese (Doutorado em História Social) – Unicamp, Campinas. p. 63-64.

Nos aldeamentos, os índios entraram em contato com práticas culturais e étnicas que lhes serviram de recurso para as negociações com o Estado. De fato, negociar com o Estado significava também resistir; afinal, às vezes essa era a única forma de manter suas terras e suas aldeias. Ainda assim, muitas aldeias não conseguiram reagir e foram dizimadas.

João Henrique Elliott. *Aldeamento de São Pedro de Alcântara*, 1859. Detalhe da gravura que ilustra o mapa corográfico da província do Paraná.

Em discussão

- Leia atentamente o trecho do Regulamento das Missões reproduzido a seguir e responda às questões. Observe que várias palavras são grafadas de forma diferente da que utilizamos hoje.

Art. 1º Haverá em todas as Províncias um Director Geral de Indios, que será de nomeação do Imperador. Compete-lhe:
[...] § 3º Precaver que nas remoções não sejão violentados os Indios, que quizerem ficar nas mesmas terras, quando tenhão bem comportamento, e apresentem um modo de vida industrial, principalmente de agricultura. [...]

Decreto n. 426, de 24 de julho de 1845. Mantida a grafia original. Disponível em: https://legis.senado.leg.br/norma/387574/publicacao/15771126. Acesso em: 5 jun. 2023.

a) Sob quais condições o Império permitiria que os indígenas permanecessem nos territórios deles?

b) Apesar da menção explícita ao não uso da violência, é possível afirmar que as políticas indigenistas no período eram violentas?

c) De que forma o Império buscou "civilizar" os indígenas?

CAPÍTULO 3
O FIM DA ESCRAVIDÃO E A IMIGRAÇÃO NO BRASIL

PARA COMEÇAR

No século XIX, o trabalho com mão de obra escrava passou a ser cada vez mais contestado no mundo ocidental. No Brasil, a proibição definitiva do tráfico de escravizados, em 1850, foi o início de um longo processo que culminou na abolição da escravidão somente no ano de 1888. Você imagina quais mudanças essas medidas provocaram na sociedade brasileira?

O FIM DO TRÁFICO DE ESCRAVIZADOS

Grande parte do capital que possibilitou os investimentos na indústria e a Revolução Industrial na Inglaterra veio do tráfico de escravizados, pois os ingleses atuaram fortemente nesse comércio. Entretanto, à medida que a Revolução Industrial avançava, essa atividade não só perdeu a importância que tinha na economia inglesa, como passou a representar entraves relativos aos interesses dos empresários ingleses. Tornava-se desvantajoso, por exemplo, retirar mão de obra da África, pois havia importantes reservas de matérias-primas a serem exploradas naquele continente. Pesava contra o tráfico, ainda, uma mobilização cada vez mais forte da sociedade contra a escravidão.

Em 1807, o tráfico de escravizados passou a ser ilegal na Inglaterra, e o governo inglês começou a advogar o fim do tráfico em todo o mundo. Em 1845, promulgou a lei **Bill Aberdeen**, que permitia à Marinha inglesa apreender, no Atlântico, navios negreiros de qualquer nacionalidade.

Em 1850, foi aprovada no Brasil a **Lei Eusébio de Queirós**, que proibia em definitivo o tráfico de escravizados. A partir de então, o fim da escravidão parecia apenas uma questão de tempo. Assim, governo e proprietários de terras passaram a debater soluções para substituir a mão de obra escrava.

▼ Festejos na cidade do Rio de Janeiro quando a escravidão foi legalmente abolida. Fotografia de Augusto Elias, 1888.

O CRESCIMENTO DO ABOLICIONISMO

Com a proibição do tráfico de escravizados, o debate em torno da abolição se intensificou. Após o fim da Guerra de Secessão (1861-1865) nos Estados Unidos, o Brasil tornou-se a única nação independente da América a manter pessoas trabalhando na condição de escravizadas.

Os movimentos em prol da abolição ganhavam cada vez mais força no país, ao mesmo tempo que os ingleses continuavam a pressionar as autoridades brasileiras para abolir a escravidão.

A Guerra do Paraguai (1864-1870) também provocou diversos questionamentos sobre a escravidão, uma vez que foi necessário incorporar escravizados aos combatentes do Exército brasileiro. Por um lado, muitos escravizados haviam recebido a promessa de alforria para lutar na guerra. Por outro, era moralmente questionável que os africanos e seus descendentes combatessem em nome do Brasil, mas, em território brasileiro, não fossem considerados cidadãos.

Mesmo diante da forte mobilização pela abolição, as elites agrárias brasileiras resistiam à ideia de acabar com a escravidão. A questão tornou-se efetivamente o problema central do Império Brasileiro nos anos 1880, quando o movimento abolicionista passou a agrupar diversos setores da sociedade e diferentes partidos políticos em torno dessa causa, com a fundação da Sociedade Brasileira contra a Escravidão (1880) e a Confederação Abolicionista (1883).

O debate sobre a abolição encontrava adeptos tanto na Corte como entre intelectuais, jornalistas e profissionais liberais, e as opiniões eram difundidas pela imprensa, em livros, associações e comícios.

> **LEIS PARA ACALMAR OS ÂNIMOS**
>
> Para diminuir a tensão em torno do tema da abolição, foram criadas leis que, em tese, levariam à extinção gradual da escravidão. Contudo, essas leis não promoviam mudanças significativas e foram criticadas pelos abolicionistas.
>
> A **Lei do Ventre Livre** (28 de setembro de 1871), também chamada Lei Rio Branco, declarava livres os filhos de escravizadas nascidos no Brasil a partir daquela data. No entanto, os recém-nascidos ficavam sob os cuidados dos senhores até os 8 anos de idade. Além disso, uma vez que as crianças completassem essa idade, os senhores poderiam entregá-las ao poder público e receber uma indenização do Estado ou mantê-las trabalhando até que completassem 21 anos.
>
> A **Lei dos Sexagenários** (28 de setembro de 1885), ou Lei Saraiva-Cotegipe, declarava livres os escravizados a partir de 60 anos de idade. Entretanto, como indenização, esses ex-escravizados deviam trabalhar para seus antigos senhores por mais três anos.

◀ Integrantes da Confederação Abolicionista em 1888. Na foto, podem ser identificados dois dos mais importantes líderes do movimento: José do Patrocínio (em pé, primeiro à esquerda) e André Rebouças (sentado, primeiro à esquerda).

CIDADANIA GLOBAL

ESCRAVIDÃO E TRABALHO DECENTE

Ao longo de séculos, colonizadores portugueses e seus descendentes na América portuguesa e, posteriormente, no Império do Brasil, exploraram a mão de obra de pessoas escravizadas.

1. Por que o regime escravista não pode ser considerado um tipo de trabalho decente?
2. Os efeitos da escravidão ainda são visíveis no Brasil atual e traz impactos no crescimento econômico de nosso país. Quais desses impactos você percebe em seu cotidiano? Compartilhe seus conhecimentos com a turma.

A ABOLIÇÃO DA ESCRAVIDÃO

Em 1884, as províncias do Ceará e do Amazonas se antecipararam ao restante do Brasil e aboliram a escravidão. Na mesma época, várias cidades do sul também já não mantinham mão de obra escrava.

Por mais que as elites agrárias e os conservadores se posicionassem contra o movimento abolicionista, ele havia se fortalecido e se espalhado. Nesse processo, fugas, rebeliões e compras de alforrias coletivas tiveram papel fundamental. Assim, escravizados e ex-escravizados figuram entre os protagonistas do processo de abolição da escravidão no Brasil.

Sem ter como resistir às pressões da maior parte da sociedade, em 13 de maio de 1888, a Câmara e o Senado aprovaram a lei que extinguiu definitivamente a escravidão. Como dom Pedro II estava fora do país, Isabel, a princesa regente, assinou a **Lei Áurea**, que continha apenas dois artigos: "Art. 1º – É declarada extinta, desde a data desta Lei, a escravidão no Brasil; Art. 2º – Revogam-se as disposições em contrário".

A Lei Áurea significou, em teoria, o direito dos ex-escravizados à igualdade civil. Na prática, porém, não se garantiu a inserção dos libertos na sociedade brasileira no período pós-abolição.

Motivada pelo preconceito, a elite brasileira não teve interesse em empregar ex-escravizados: negros e mestiços, tanto escravizados quanto ex-escravizados, assim como os trabalhadores livres – oriundos de várias gerações de descendentes de europeus, africanos e indígenas –, eram erroneamente considerados inferiores. Não há, entre os seres humanos, diferenciação de capacidade ou de personalidade definida por origem ou cor de pele; contudo, essas concepções equivocadas serviram ideologicamente à elite branca, que se julgava superior.

Além de não encontrar emprego, os afrodescendentes não tiveram nenhum apoio do Estado brasileiro para inserir-se na vida do país como cidadãos com direitos. De escravizados tornaram-se pessoas livres sem recursos financeiros, sem trabalho e sem moradia. Começavam uma nova vida, mas não dispunham de condições mínimas de sobrevivência.

Da esquerda para a direita: escravos de ganho (carregador e vendedora de alimento) fotografados por Christiano Júnior, em 1865; mulher escravizada carregando criança branca, em fotografia de autoria desconhecida, c. 1870.

A IMIGRAÇÃO

Como vimos, os debates sobre a substituição da mão de obra escrava começaram bem antes da abolição, pois essa questão já era discutida desde o fim do tráfico negreiro. Uma das soluções propostas era a vinda de imigrantes para o país.

A imigração foi incentivada desde o governo de dom João VI, mas as primeiras políticas nesse sentido visavam povoar as regiões desabitadas do território brasileiro.

Entre as décadas de 1840 e 1870, os cafeicultores do Oeste Paulista passaram a financiar a vinda de imigrantes para suas fazendas, estabelecendo um tipo de relação de trabalho conhecido como **sistema de parceria**. Cada família recebia determinado número de mudas de café pelas quais seria responsável, e todos tinham de trabalhar: adultos e crianças. Lucros e prejuízos eram divididos entre o **colono** (como era chamado o imigrante) e o fazendeiro, mas o primeiro deveria trabalhar obrigatoriamente para o segundo até saldar as despesas da viagem.

No início, o sistema de parceria funcionou. Porém, os constantes atritos entre fazendeiros (pouco acostumados com contratos de trabalho e com a divisão dos lucros) e imigrantes europeus (endividados e trabalhando dia e noite) minaram o projeto.

No final da década de 1860, o governo estabeleceu uma política de **imigração subvencionada**: a administração provincial arcava com parte dos custos da vinda dos imigrantes europeus, diminuindo os gastos dos fazendeiros e dos imigrantes.

Diante da diminuição constante do número de africanos escravizados, a imigração em massa já era vista, então, como solução para o trabalho nas fazendas de café.

> **PARA EXPLORAR**
>
> **Museu da Imigração do Estado de São Paulo**
> O antigo prédio da Hospedaria de Imigrantes, na capital paulista, abriga atualmente o Museu da Imigração do Estado de São Paulo. No *site* do museu, é possível consultar um amplo acervo de registros referentes à imigração para o Brasil, os quais preservam a memória daqueles que fizeram parte desse processo.
> Disponível em: http://museudaimigracao.org.br/. Acesso em: 5 jun. 2023.

 Aprofunde seus conhecimentos a respeito das relações entre **os imigrantes e o ciclo do café**. Depois, liste as principais características dessa relação.

▼ Nos anos 1880, na cidade de São Paulo, foi construída uma hospedaria para abrigar os imigrantes até que fossem contratados por um fazendeiro. Na fotografia, família de italianos na Hospedaria de Imigrantes, c. 1900.

Guilherme Gaensly/Memorial do Imigrante, São Paulo, SP

MÃO DE OBRA GARANTIDA PARA AS FAZENDAS DE CAFÉ

A imigração subvencionada tornou-se comum a partir dos anos 1870, impulsionada por três processos: as campanhas cada vez mais intensas pela abolição da escravidão, a expansão da lavoura cafeeira (especialmente rumo ao Oeste Paulista) e a crise pela qual passavam certos países europeus, o que forçava muitos indivíduos a emigrar. A província de São Paulo foi a que mais investiu na subvenção da imigração para substituir a mão de obra escrava nas fazendas de café.

Parte da elite econômica e intelectual do país defendia o incentivo à imigração porque enxergava, na vinda de europeus brancos para o Brasil, a possibilidade de contar com trabalhadores disciplinados e de "civilizar" a sociedade brasileira. Essa ideia tinha relação com as equivocadas teorias raciais em voga naquele momento na Europa, hoje superadas, que defendiam uma suposta superioridade dos europeus em relação a outros povos.

A LEI DE TERRAS

No mesmo ano em que a Lei Eusébio de Queirós foi publicada, abolindo o tráfico de escravizados, foi também promulgada a **Lei de Terras**.

Até então, uma pessoa poderia ocupar e cultivar uma terra desocupada e ter direito à posse dessa terra. Essa lei tornou propriedade do Estado as terras ainda não ocupadas e determinou que elas só poderiam ser adquiridas por compra. Na prática, isso favorecia os grandes fazendeiros, que contavam com recursos para adquirir as terras, e desfavorecia quem não tinha posses.

Muitos historiadores argumentam que essa lei preparava o país para o fim do trabalho escravo, impedindo ex-escravizados e imigrantes de terem acesso à terra, ou seja, privando-os de se tornarem pequenos agricultores. De fato, sem a possibilidade de produzir para a própria subsistência, pessoas desprovidas de recursos financeiros não tinham como sobreviver senão trabalhando para os grandes proprietários de terras.

> ### O TRABALHO NAS FAZENDAS
>
> O trabalho nas lavouras era árduo. Em geral, os trabalhadores estrangeiros não conseguiam acumular dinheiro suficiente para comprar um lote de terra. Além disso, endividavam-se com os fazendeiros, que mantinham, dentro das fazendas, armazéns com produtos de primeira necessidade, para onde iam os rendimentos da família imigrante.
>
> Próximo às lavouras de café, os trabalhadores cultivavam outros gêneros alimentícios, cuja produção partilhavam com o fazendeiro.

Imigrantes trabalham na colheita de café em fazenda de Ribeirão Preto (SP). Foto de 1902. Muitos cafeicultores tratavam os imigrantes da mesma forma que faziam com os escravizados, impondo a eles até mesmo castigos físicos. Por isso, quando tinham oportunidade, muitos imigrantes trocavam o trabalho na lavoura pela vida nas cidades.

ATIVIDADES

Retomar e compreender

1. Por que, no século XIX, a Inglaterra se desinteressou pela escravidão?
2. Quais acontecimentos intensificaram os debates sobre a abolição da escravidão no Brasil?
3. Explique por que se considera que a Lei de Terras serviu para garantir a propriedade das terras aos grandes fazendeiros e obrigar os imigrantes a trabalhar para eles.

Aplicar

4. A representação a seguir foi elaborada por um abolicionista em 1840. Ela retrata a chegada de um grupo de africanos ao Rio de Janeiro.

◀ Paul Harro-Harring. *Desembarque de escravos negros na ilha de Sant'Anna*, c. 1840. Nanquim, aquarela e guache sobre papel.

   a) Descreva a imagem levando em consideração as personagens, sua postura e suas atitudes.
   b) Em sua opinião, por que um abolicionista criaria essa representação? Discuta com um colega e elabore um parágrafo com suas conclusões.

5. Em 1911, o jornal paulistano *La Battaglia* (A Batalha), escrito em italiano, publicou a carta de um imigrante da Itália, trabalhador em uma fazenda de café, para o cônsul daquele país em São Paulo. Leia um trecho dessa carta e responda às questões.

> Há três anos trabalho na fazenda na qual o administrador tem um vício infame de maltratar os pobres filhos do trabalhador, em especial o italiano.
> Ora, é preciso que sua Excia. saiba que o abaixo assinado é um pobre pai de família com quatro filhos menores e mulher, o que quer dizer, unicamente dois braços à disposição do serviço da fazenda. Caí doente há três meses e não pude trabalhar por 30 dias, sendo, desde então, objeto de escárnio e maus-tratos por parte dos empregados da fazenda. Resisti pacientemente, até que, não podendo mais suportar as humilhações, resolvi abandonar a fazenda. Parti deixando meus familiares, com a esperança de que o fazendeiro em pouco tempo os deixasse livres para partir, mas, até hoje não os vi, o que me fez acreditar que estão proibidos de sair da fazenda.
>
> Mary del Priore e outros. *Documentos de história do Brasil*: de Cabral aos anos 90. São Paulo: Scipione, 1999. p. 64-65.

   a) O que o imigrante diz acerca do administrador da fazenda em que trabalhava?
   b) O que aconteceu com o imigrante e como os empregados da fazenda reagiram?
   c) Diante disso, qual foi a atitude do imigrante?
   d) **SABER SER** Em sua opinião, por que o imigrante decidiu relatar a situação que viveu ao cônsul italiano? Como você se sente em relação a essa situação?

171

INVESTIGAR

O legado da escravidão e as ações afirmativas

Para começar

Como vimos, a promulgação da Lei Áurea, em 1888, não significou a consolidação da igualdade civil para os ex-escravizados. Leia o trecho a seguir, da historiadora Marina de Mello e Souza.

> Sem ter a pretensão de mudar o rumo da história, podemos, entretanto, pensar em superar alguns de nossos problemas fundamentais, que ajudam a perpetuar as desigualdades entre nós, como o preconceito contra o negro e o mestiço. [...] Estes se ligam diretamente ao nosso passado, no qual os africanos eram considerados seres inferiores, primitivos, incapazes de construir civilizações como as europeias.
>
> Marina de Mello e Souza. *África e Brasil africano*. São Paulo: Ática, 2012. p. 140.

O problema

Na atualidade, em quais aspectos é possível notar os legados da escravidão e quais ações podem ser realizadas para reparar as injustiças provocadas por eles?

A investigação

- **Prática de pesquisa:** Revisão bibliográfica
- **Instrumento de coleta:** livros, artigos e *sites*

Material

- Livros e artigos sobre a condição dos negros no Brasil
- Textos sobre políticas de promoção de igualdade racial
- Computador com acesso à internet

Procedimentos

Parte I – Levantamento de materiais de pesquisa

1. Formem grupos de três a cinco integrantes.
2. Para realizar a pesquisa de revisão bibliográfica, vocês deverão partir do trecho do texto da historiadora Marina de Mello e Souza e pesquisar, individualmente, textos que tratem de racismo e desigualdade social. A pesquisa de revisão bibliográfica, que faz parte do método científico, consiste em reunir e analisar textos que se complementem ou apresentem oposições.
3. Em data agendada pelo professor, cada componente do grupo deve trazer para a sala de aula os resultados da pesquisa individual. Os livros, os artigos e os *sites* podem ser apresentados diretamente aos outros membros do grupo. Caso julgue necessário, você pode fazer um resumo de cada fonte pesquisada para facilitar a exibição do material coletado.
4. Não se esqueçam de citar todas as fontes de pesquisa.
5. Em grupo, aproveitem esse momento para discutir as informações coletadas por todos.

Parte II – Elaboração do texto de revisão bibliográfica

1. Estabeleçam as tarefas de cada membro do grupo para a elaboração do texto.
2. Durante a elaboração do texto, fiquem sempre atentos ao problema proposto no início desta seção. O texto deverá abordar os principais assuntos dos materiais coletados sobre o problema em questão e ter a seguinte estrutura: introdução, desenvolvimento e conclusão.
3. Retomem o material obtido por todos durante a pesquisa e definam os tópicos que vão estruturar o texto de revisão bibliográfica. Essa estrutura dependerá dos tipos de ponto abordados pelos autores dos livros e artigos coletados na primeira fase do projeto.
4. Em nova data estipulada pelo professor, tragam para a sala de aula o texto finalizado e deixem o material disponível para análise dos outros grupos. O professor pode determinar um tempo máximo para que os grupos apresentem o texto aos colegas de turma.

Questões para discussão

1. Quais foram os principais dados e informações obtidos por seu grupo nas fontes pesquisadas?
2. Quais dados e informações apresentados nos textos elaborados pelos outros grupos mais chamaram sua atenção?
3. De modo geral, todos os grupos chegaram aos mesmos resultados? Algum deles apontou informações diferentes das que vocês pesquisaram? Em caso afirmativo, quais?
4. Com base na pesquisa realizada por seu grupo, nas informações apresentadas pelos outros grupos e na discussão dos resultados, qual é a conclusão de seu grupo a respeito do problema proposto no início desta seção?
5. Como essa relação poderia ser melhorada, tanto para os pesquisadores quanto para a sociedade?

Comunicação dos resultados

Apresentação oral e debate

Com base no texto produzido, apresentem uma síntese do trabalho realizado. Combinem com o professor a data em que ocorrerão as apresentações orais e a data em que a turma debaterá sobre o problema investigado.

Liniker Eduardo/ID/BR

ATIVIDADES INTEGRADAS

Retomar e compreender
1. O que foi o Ato Adicional de 1834?
2. Quais eram os principais grupos políticos do período regencial?

Aplicar
3. Leia atentamente este trecho de texto e responda às questões.

> O período regencial foi um dos mais agitados da história política do país e também um dos mais importantes. Naqueles anos, esteve em jogo a unidade territorial do Brasil, e o centro do debate político foi dominado pelos temas da centralização ou descentralização do poder, do grau de autonomia das províncias e da organização das Forças Armadas.
>
> [...] Nem tudo se decidiu na época regencial. Podemos mesmo prolongar a periodização por dez anos e dizer que só por volta de 1850 a Monarquia centralizada se consolidou, quando as últimas rebeliões provinciais cessaram.
>
> Boris Fausto. *História do Brasil.* 12. ed. São Paulo: Edusp, 2006. p. 161.

a) Por que o autor diz que "O período regencial foi um dos mais agitados da história política do país"?
b) Por que a unidade territorial estaria em jogo?
c) Com base no que você estudou nesta unidade, responda: Sob o governo de quem a monarquia centralizada se consolidou?

Analisar e verificar
4. Observe o mapa e responda às questões.

■ **Expansão cafeeira no Rio de Janeiro e em São Paulo (século XIX)**

Fonte de pesquisa: Flavio de Campos; Miriam Dolhnikoff. *Atlas história do Brasil.* São Paulo: Scipione, 2006. p. 24.

a) O que o mapa mostra?
b) Com base nas informações do mapa e no conteúdo apresentado nesta unidade, explique como ocorreu a expansão cafeeira em São Paulo.
c) Analise o mapa "Expansão cafeeira no Rio de Janeiro e em São Paulo (século XIX)" e o mapa "Expansão da rede ferroviária em São Paulo (1870-1890)", reproduzido no capítulo 2 desta unidade. Em seguida, responda: Que relação é possível estabelecer entre esses mapas?

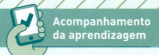

Acompanhamento da aprendizagem

5. Leia o trecho e, em seguida, responda às questões propostas.

> A ferida do mais sangrento conflito militar da história do nosso continente está sendo reaberta por uma Subcomissão de Verdade e Justiça do Parlamento do Mercosul, o Parlasul.
>
> A bancada paraguaia nesse colegiado, que também tem parlamentares brasileiros, argentinos, uruguaios e bolivianos, conseguiu instalar essa comissão com o objetivo de tentar revisar a história da Guerra do Paraguai, acusar os ganhadores de genocídio e buscar reparação financeira e um pedido de desculpas.
>
> A Guerra da Tríplice Aliança, como é chamada no país vizinho, aconteceu entre 1864 e 1870, quando o Brasil era um império comandado por Dom Pedro II. O conflito teve como contexto o alinhamento dos países sul-americanos em lados opostos diante de uma guerra civil no Uruguai. O combate ganhou força após os paraguaios, comandados por Francisco Solano López, aprisionarem um navio brasileiro e invadirem o atual Mato Grosso do Sul em represália à invasão do Uruguai pelo Brasil.
>
> [...]
>
> Um dos principais historiadores no Brasil desse conflito continental, o professor da Universidade de Brasília (UnB) Francisco Doratioto entende que os países vencedores não devem dinheiro nem desculpas ao Paraguai.
>
> "O discurso de que o Paraguai foi vítima nessa guerra é factualmente falso, porque eles foram o país agressor, foram eles que provocaram o conflito", defende ele [...].
>
> Raphael Veleda. Paraguaios querem reparação do Brasil por guerra ocorrida há 150 anos. *Metrópoles*, 18 jul. 2022. Disponível em: https://www.metropoles.com/brasil/paraguaios-querem-reparacao-do-brasil-por-guerra-ocorrida-ha-150-anos. Acesso em: 5 jun. 2023.

a) Por que o conflito possui denominações distintas?
b) **SABER SER** Em sua opinião, por que o tema desse conflito foi retomado por parlamentares paraguaios do Parlasul? Você concorda com essa perspectiva?
c) Qual é a posição do historiador Francisco Doratioto sobre o debate no Parlasul?

Criar

6. Em interdisciplinaridade com Arte, organize-se em grupos de quatro ou cinco estudantes e montem uma peça de teatro que aborde o movimento abolicionista no Brasil. Para isso, sigam estas etapas:
   - Elaborem o roteiro da peça teatral utilizando o conteúdo apresentado nesta unidade. Para obter mais informações, façam uma pesquisa sobre o assunto em materiais impressos e digitais.
   - Criem as personagens da peça e elaborem o texto definitivo a ser encenado, estabelecendo todos os diálogos.
   - Distribuam os papéis entre os integrantes do grupo e combinem os horários dos ensaios.
   - Preparem os cenários e os figurinos tomando como referência imagens da época.
   - No dia marcado pelo professor, apresentem a peça à turma.

7. Grupos de negros escravizados recrutados por estancieiros que lutaram na Revolução Farroupilha ficaram conhecidos como lanceiros negros e foram para a guerra com a promessa de serem libertos ao final dela. Em interdisciplinaridade com Língua Portuguesa, junte-se a dois colegas e elaborem um áudio, de até três minutos, sobre o papel que os lanceiros negros tiveram durante a Revolução Farroupilha. Para isso, sigam as seguintes etapas.
   - Façam uma pesquisa sobre os lanceiros negros e, com base nela, elaborem um roteiro para o áudio.
   - Definam quem vai fazer a leitura do áudio, o equipamento e o aplicativo de gravação e o formato do arquivo.
   - Façam a gravação e, na data combinada, compartilhem-na com a turma.

CIDADANIA GLOBAL
UNIDADE 6

Retomando o tema

Como você estudou nesta unidade, o Brasil foi o último país a abolir formalmente a escravidão. Ainda hoje, embora sejam proibidas por lei, ocorrem práticas de exploração que são identificadas como **trabalho análogo à escravidão**.

De acordo com o Ministério do Trabalho e Previdência, o trabalho decente:

> [...] é uma condição fundamental para a superação da pobreza, a redução das desigualdades sociais, a garantia da governabilidade democrática e o desenvolvimento sustentável. Em inúmeras publicações, o Trabalho Decente é definido como o trabalho produtivo adequadamente remunerado, exercido em condições de liberdade, equidade e segurança, capaz de garantir uma vida digna.
>
> Brasil. Ministério do Trabalho e Previdência. Trabalho decente. Disponível em: https://www.gov.br/trabalho-e-previdencia/pt-br/servicos/trabalhador/mais-acoes/trabalho-decente. Acesso em: 5 jun. 2023.

1. Durante o período estudado, qual era a principal forma de trabalho utilizada no Brasil? Havia outras modalidades de relações de emprego?
2. Como você explicaria o termo **trabalho análogo à escravidão** para alguém que não o conhece?
3. Quais elementos caracterizam uma **vida digna**, termo presente no texto do Ministério do Trabalho e da Previdência?

Geração da mudança

- Com base nos conhecimentos da turma, elaborem, de modo coletivo, um termômetro que mostre cerca de seis escalas que caracterizem o trabalho decente e a vida digna. Quanto mais escalas uma condição de trabalho alcançar no termômetro de vocês, maior será o nível dela em relação às condições dignas de vida.
- O termômetro pode ser desenhado em papel pardo, cartolina, EVA ou mesmo na lousa ou em aplicativos de desenho digital. Cuidem para que as escalas estejam visíveis.
- Com o termômetro pronto, cada estudante deve propor à turma o caso de uma pessoa que desempenhe atividades profissionais. A pessoa em questão pode ser um familiar, um funcionário da escola, alguém retratado em alguma notícia, etc. Com base nos conhecimentos sobre a situação profissional dessa pessoa, afiram a escala de trabalho decente mais adequada à situação dela.

Autoavaliação

REVOLUÇÕES E NACIONALISMOS NO SÉCULO XIX

UNIDADE 7

PRIMEIRAS IDEIAS

1. De acordo com o que já foi estudado, você saberia citar algumas das mudanças que ocorreram na Europa no século XIX? Em caso afirmativo, dê exemplos.
2. Em sua opinião, como se dá o processo de unificação de um país?
3. Você se lembra de algum momento da história no qual o povo assumiu o governo de um país ou foi às ruas para reivindicar melhores condições de vida? Se sim, que momento foi esse?

Conhecimentos prévios

Nesta unidade, eu vou...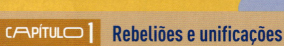

CAPÍTULO 1 — Rebeliões e unificações

- compreender as principais características do período da Restauração, após o Congresso de Viena.
- analisar os ideais revolucionários do século XIX na Europa.
- reforçar os conceitos de **liberalismo** e de **nacionalismo**.
- caracterizar as revoluções de 1830 e de 1848 na França.
- conhecer o significado de **unificação** no contexto histórico de meados do século XIX, com base nas experiências italiana e alemã.

CAPÍTULO 2 — A expansão da indústria na Europa

- analisar o processo de expansão da indústria na Europa.
- compreender como se deu a urbanização europeia.
- caracterizar o pensamento da burguesia e sua forma de ver o mundo.
- examinar a evolução das lutas das mulheres.
- identificar as teorias políticas que surgiram no período.
- compreender o que foi a Comuna de Paris.
- explicar a importância do surgimento das teorias científicas do positivismo e do evolucionismo.

CIDADANIA GLOBAL

- identificar as relações entre desigualdades sociais e econômicas e a exploração da mão de obra sem proteção social.
- conhecer os grupos de trabalhadores que, ainda hoje, sofrem com a carência de direitos trabalhistas e com o desrespeito aos direitos já adquiridos.
- elaborar ações para promover a proteção de trabalhadores no mundo contemporâneo.

LEITURA DA IMAGEM

1. Descreva as pessoas e a situação retratadas na fotografia.

2. Em qual data comemorativa esse evento ocorreu? Qual seria a relação entre esse dia e a Comuna de Paris? Levante hipóteses.

3. A bandeira de uma das personagens retratadas traz a seguinte frase: "Viva a Comuna". O evento foi uma das primeiras experiências de governo popular realizadas no mundo. Em sua opinião, por que se comemora esse evento na França?

CIDADANIA GLOBAL

10 REDUÇÃO DAS DESIGUALDADES

Durante a Comuna de Paris, foram instituídas diversas medidas que beneficiaram a população local.

1. Dê exemplo de alguma medida adotada pelo governo do Brasil em benefício da população do país.

2. De que modo as medidas citadas como resposta ao item anterior contribuem para a redução das desigualdades no Brasil? Levante hipóteses com a turma.

Conheça outras **obras de arte inspiradas na Comuna de Paris**. Quais cores e símbolos são recorrentes nessas manifestações artísticas?

Instalação do artista Dugudus com silhuetas das tropas da Comuna de Paris apresentados em frente à Basílica do Sacré Coeur, em Paris, para comemorar os 150 anos da Comuna de Paris, na França. Foto de 2021.

179

CAPÍTULO 1
REBELIÕES E UNIFICAÇÕES

PARA COMEÇAR

Após a queda de Napoleão Bonaparte, as monarquias europeias se reuniram no Congresso de Viena e fizeram acordos na tentativa de restaurar a ordem absolutista. Em sua opinião, quais foram os impactos desses acordos nos diversos países em que houve o retorno do absolutismo e dos privilégios da nobreza?

A RESTAURAÇÃO

Após a derrota de Napoleão Bonaparte, representantes das monarquias vitoriosas reuniram-se em Viena, na Áustria, para discutir a reorganização das fronteiras europeias. As reuniões aconteceram entre outubro de 1814 e junho de 1815 e foram chamadas de **Congresso de Viena**. Os encontros foram conduzidos por Áustria, Prússia, Rússia e Grã-Bretanha e contaram com a participação da França derrotada.

Nas regiões que haviam ficado sob o domínio napoleônico, tinham sido implementadas reformas que destituíram as dinastias reinantes e diminuíram consideravelmente os privilégios da nobreza e do clero. Assim, um dos princípios mais defendidos em Viena foi o da **legitimidade**.

Segundo esse princípio, a situação política das monarquias europeias deveria ser restaurada, ou seja, tudo tornaria a ser como era antes da Revolução Francesa. Para a França, por exemplo, isso significou o retorno da monarquia sob a liderança de Luís XVIII. Na Espanha, como vimos na unidade 4, o rei Fernando VII voltou ao poder. Assim, o período que sucedeu o Congresso de Viena ficou conhecido como **Restauração**.

No entanto, os princípios liberais e humanistas e o conceito de igualdade de direitos já haviam modificado de forma irreversível as sociedades europeias. Para os grupos pobres, para a classe média e para a burguesia seria difícil aceitar novamente um regime social baseado no poder divino dos reis e nos privilégios da nobreza.

▼ *O Congresso de Viena*, detalhe de gravura colorizada de J. Zutz, século XIX. No Congresso de Viena, as fronteiras que vigoravam na Europa antes da expansão territorial francesa foram restabelecidas e o poder das monarquias foi restaurado.

OS MOVIMENTOS REVOLUCIONÁRIOS

A Restauração encontrou resistência em grande parte da Europa Ocidental, e vários movimentos revolucionários eclodiram, ao longo da primeira metade do século XIX, inspirados nos ideais liberais. Alguns deles também eram nacionalistas, ou seja, buscavam autonomia e independência nacional. O nacionalismo havia ganhado vigor nos locais invadidos pelas tropas de Napoleão, pois, contra esse domínio, surgiram fortes sentimentos de identidade.

Um dos fatores que impulsionaram tais movimentos foi a crise econômica que atingia tanto os grupos populares quanto a pequena e a média burguesia da Europa naquele período. O clima de insatisfação era crescente; a população sofria com a escassez de alimentos, as más colheitas agrícolas, a elevação dos preços dos produtos, o desemprego, a pobreza e a precariedade das condições de vida dos trabalhadores.

> **PARA EXPLORAR**
>
> *Os miseráveis*, de Victor Hugo. São Paulo: Scipione, 2011 (Coleção Reencontro Literatura).
> Clássico da literatura francesa, *Os miseráveis* narra a história de Jean Valjean, que passa 19 anos na prisão condenado por ter roubado um pão para alimentar os sobrinhos, que passavam fome na França revolucionária.

◀ Distribuição de sopa feita pelos freis capuchinhos aos pobres na Rue de la Santé, em Paris. Gravura de 1860.

Na década de 1820, eclodiram revoltas na Espanha e na península Itálica e ergueu-se o movimento independentista na Grécia. Nas décadas seguintes, revoltas, revoluções e levantes em prol da independência irromperam em outras partes da Europa. O cerceamento dos direitos outrora conquistados e a limitação das liberdades individuais e da cidadania impulsionaram as primeiras manifestações nesse sentido.

Durante esse período, com o avanço da industrialização na Europa, muitos trabalhadores do campo migraram para as cidades; o proletariado começou a tomar forma como grupo social, identificado pelas precárias condições de vida e de trabalho. As lutas desses trabalhadores, organizados em sindicatos e em associações urbanas, contribuíram para a formação de uma consciência proletária e para a elaboração das teorias socialistas, que começavam a ser difundidas na Europa.

AS REVOLUÇÕES DE 1830 E 1848 NA FRANÇA

Com o fim do período napoleônico e a Restauração das antigas monarquias após o Congresso de Viena, Luís XVIII foi coroado rei da França em 1815, instituindo uma monarquia constitucional. Após sua morte, em 1824, seu irmão Carlos X assumiu o trono e anulou as bases constitucionais, centralizando o poder nas próprias mãos e beneficiando os nobres e a Igreja católica.

O governo de Carlos X foi marcado por permanentes tensões com os políticos liberais. Em julho de 1830, o rei dissolveu a Câmara dos Deputados e submeteu a imprensa à censura. Revoltada com essas medidas, grande parcela da burguesia e dos trabalhadores urbanos realizou violentos protestos em Paris naquele ano, os quais resultaram na destituição de Carlos X. Com o apoio de parte dos revoltosos, Luís Filipe, primo do antigo monarca, assumiu o poder.

Em 1846, uma forte crise econômica atingiu a França. Enfraquecido politicamente, Luís Filipe reprimiu os movimentos oposicionistas, proibiu reuniões políticas e coibiu a liberdade de imprensa. Insatisfeita com essas medidas, uma expressiva porção da burguesia liberal, dos trabalhadores e dos estudantes ocupou as ruas de Paris em 1848, formando uma aliança da qual resultaria a revolução que derrubou a monarquia de Luís Filipe e instaurou a **Segunda República** francesa. Um governo provisório foi, então, organizado, restabelecendo a liberdade de imprensa e o voto universal masculino e abolindo a escravidão nas colônias francesas.

O proletariado, contudo, seguiu mobilizado, exigindo mudanças mais profundas e a ampliação dos direitos sociais. Alguns meses depois, os trabalhadores voltaram às ruas em grandes manifestações, que foram reprimidas com violência.

Em dezembro de 1848, após o fim das manifestações, foram convocadas eleições presidenciais das quais Luís Bonaparte, sobrinho de Napoleão, saiu vitorioso. Anos depois, após promover um golpe de Estado, Luís Bonaparte se tornaria imperador.

CIDADANIA GLOBAL

REVOLTAS E DESIGUALDADES

O início do século XIX foi marcado por revoltas populares na Europa. Para muitos pesquisadores, essas revoltas têm relação direta com o liberalismo e o avanço da industrialização. Sobre esse tema, compartilhe seus conhecimentos com a turma, com base nas questões a seguir.

1. Em sua opinião, quais condições sociais, relacionadas à industrialização, teriam causado o descontentamento que levou a essas revoltas?
2. Essas condições evidenciam a desigualdade social e econômica. Ainda hoje, essas desigualdades são visíveis? Há movimentos que buscam reduzi-las?

▼ Defesa de uma barricada em julho de 1830. Detalhe de litografia colorida, século XIX. Essa obra, de autoria desconhecida, retrata um dos muitos levantes populares ocorridos nas revoluções liberais de 1830 na França.

A PRIMAVERA DOS POVOS

A França não foi o único local da Europa a experimentar revoluções ao longo do século XIX. Em 1848, movimentos revolucionários motivados pelos ideais liberais da burguesia, pelas reivindicações dos trabalhadores e pelo espírito nacionalista ocorreram em várias regiões do continente. Assim como na França, em diversos casos, as revoltas se constituíram em alianças entre diferentes grupos sociais com o objetivo de frear as reações conservadoras da nobreza absolutista.

Esse momento histórico ficou conhecido como **Primavera dos Povos**. Observe o mapa.

Europa: Revoluções de 1848

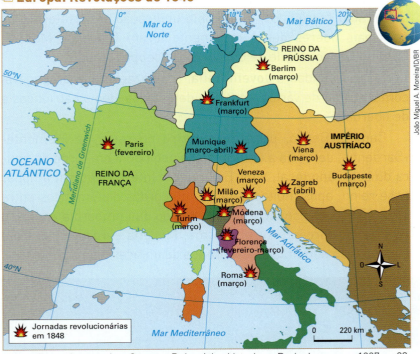

Fonte de pesquisa: Georges Duby. *Atlas historique*. Paris: Larousse, 1987. p. 83.

> **NACIONALISMO E IDENTIDADE CULTURAL**
>
> Os movimentos nacionalistas do século XIX tiveram como principal objetivo a independência política e territorial e a formação de Estados nacionais. Mas eles também reivindicaram o reconhecimento das identidades culturais, linguísticas, históricas e étnicas dos povos. Esses princípios ajudaram a criar o fundamento de nacionalidade como o concebemos atualmente.

Alguns movimentos revolucionários tinham caráter fortemente popular e reivindicavam mudanças sociais que beneficiariam os trabalhadores. Outros movimentos, como os ocorridos nas atuais Hungria, Itália e Alemanha, eram marcadamente nacionalistas.

Os nacionalistas húngaros, por exemplo, revoltaram-se contra a dinastia dos Habsburgo, que governava o Império Austríaco e dominava a região. A população iniciou a revolta reivindicando uma Constituição e um Exército nacional. A revolta foi derrotada com o auxílio das tropas russas, em 1849, e apenas em 1867 o Império Austríaco reconheceu a Hungria como Estado autônomo. Formou-se, então, o Império Austro-Húngaro.

Nas atuais Itália e Alemanha, as revoluções também contribuíram para iniciar movimentos de unificação territorial.

O PROCESSO DE UNIFICAÇÃO ITALIANA

No século XIX, a península Itálica encontrava-se dividida em várias regiões autônomas: o reino de Piemonte-Sardenha, mais industrializado, ao norte; as Duas Sicílias, basicamente agrícolas, ao sul; e os Estados Pontifícios, ao centro. Grande parte do norte da península era controlada pelo Império Austro-Húngaro. Os estados da Toscana, de Módena e de Parma eram autônomos, mas seus governantes cediam aos interesses desse Império.

Durante a Primavera dos Povos, ocorreram vários levantes na península, envolvendo organizações como as dos carbonários, que lutavam pela libertação das regiões sob domínio austro-húngaro e pela unificação italiana. Apesar de esses levantes terem sido derrotados, a luta pela unificação se fortaleceu. Os principais líderes desse movimento foram Giuseppe Mazzini, Camillo Benso, conde de Cavour, e Giuseppe Garibaldi.

Mazzini fundou a **Jovem Itália**, organização que propagava, com o auxílio de vários jornais, a defesa dos ideais patrióticos e de liberdade.

Camillo Benso, primeiro-ministro do reino de Piemonte-Sardenha, defendia a unificação da península em torno da figura do soberano local, Vítor Emanuel II. Interessado em ampliar esse reino, após muitas batalhas e acordos diplomáticos entre 1859 e 1860, Benso incorporou a região da Lombardia e anexou regiões da porção central: Parma, Módena e Toscana. O êxito conquistado alimentou a esperança de unificar toda a península.

carbonário: grupo nacionalista que combatia a Igreja e o absolutismo. O nome relaciona-se às cabanas de carvoeiros onde os participantes se reuniam.

Estado Pontifício: território localizado na região central da península Itálica e governado pela Igreja católica.

▼ Gravura do século XIX representando a reunião dos primeiros adeptos da luta contra o domínio austro-húngaro na península Itálica. Eles ficaram conhecidos como carbonários.

A UNIFICAÇÃO SE COMPLETA

Em 1860, Giuseppe Garibaldi liderou um levante em Gênova, importante centro comercial, e prosseguiu com seu exército, conhecido como "Camisas vermelhas", para libertar do controle da dinastia Bourbon as regiões que iam da Sicília até Nápoles.

Diferentemente do conde de Cavour, defensor da unificação sem reformas sociais, Garibaldi pretendia que a Itália unificada fosse também mais justa do ponto de vista social. Porém, para não dividir o movimento unificador e considerando ser impossível implementar as mudanças que pretendia, Garibaldi concordou em passar os territórios conquistados no sul a Vítor Emanuel II, que se tornou, então, o primeiro rei da Itália unificada.

Roma não aceitou a unificação e contou com o apoio dos franceses para impor resistência. Entretanto, os franceses recuaram durante a Guerra Franco-Prussiana – que será estudada adiante. Isolada, a cidade foi incorporada à Itália em 1870, tornando-se a capital do país.

O papa Pio IX não aceitou a perda dos territórios da Igreja e rompeu com o governo italiano, o que deu origem à chamada **Questão Romana**. Essa questão só seria solucionada em 1929, quando o ditador italiano Benito Mussolini, governante do país à época, assinou o Tratado de Latrão e criou o Estado do Vaticano, um pequeno território autônomo dentro de Roma, dirigido pela Igreja católica.

■ A unificação da Itália

Fonte de pesquisa: *Atlas histórico escolar*. Rio de Janeiro: FAE, 1991. p. 136.

185

O PROCESSO DE UNIFICAÇÃO ALEMÃ

Logo depois de encerrado o Congresso de Viena, os territórios de língua alemã uniram-se na **Confederação Germânica**, formada por cidades livres, ducados, reinos e principados. Somavam-se 39 Estados independentes, entre os quais se destacavam parte do Império da Áustria e o reino da Prússia, que disputavam o controle da Confederação. Veja no mapa como a Confederação se organizava e quando ocorreram as anexações das quais resultou a formação da atual Alemanha.

Em 1834, a Prússia liderou a criação de uma união alfandegária (*Zollverein*) para facilitar o comércio entre grande parte dos estados da Confederação. A *Zollverein*, que tinha deixado de fora o Império Austríaco, possibilitou a seus integrantes significativa expansão econômica, unindo fontes de carvão a fábricas e mercados, o que favoreceu a indústria e os transportes e foi o primeiro passo rumo à unificação.

Com isso, a Confederação passou a identificar a Prússia, cujo rei era Guilherme I, como o elemento unificador de um possível Estado alemão. Em 1866, Otto von Bismarck, primeiro-ministro prussiano, estabeleceu uma aliança entre Prússia, Itália e alguns estados alemães do norte contra o Império Austro-Húngaro. A vitória contra os austríacos garantiu a incorporação de áreas que estavam sob o domínio desse Império, possibilitando a formação da **Confederação Germânica do Norte**.

▲ O general e primeiro-ministro Otto von Bismarck, em foto de 1890. Bismarck foi um elemento fundamental no processo de unificação da Alemanha.

ducado: território sob o domínio de um duque.

Reich: palavra alemã que significa **Estado**.

Para alcançar a unificação, a Prússia ainda enfrentou um forte conflito no qual se opôs à França, que não aceitara a criação de um Estado alemão próximo de suas fronteiras. O embate foi nomeado **Guerra Franco-Prussiana**. Derrotados, os franceses foram obrigados a pagar uma indenização aos alemães e a ceder-lhes a região da Alsácia-Lorena, rica em minério de ferro e carvão, elementos muito valiosos e indispensáveis para o desenvolvimento industrial que marcava aquela época. Em 1871, a unificação da Alemanha consolidou-se com a coroação de Guilherme I como *kaiser* (imperador) alemão, dando início ao **Segundo *Reich***.

■ A unificação da Alemanha (1815-1871)

Fonte de pesquisa: Jeremy Black (ed.). *Atlas of World History*. London: Dorling Kindersley, 1999. p. 203.

ATIVIDADES

Acompanhamento da aprendizagem

Retomar e compreender

1. Explique o que foi o período de Restauração ocorrido após o Congresso de Viena, na Europa.

2. Quais grupos foram contrários à Restauração? Por quê?

3. Identifique as alternativas correspondentes aos acontecimentos que ocorreram na França entre 1848 e 1852.

   a) Após a Revolução de 1848, foi instituído um governo permanente com a participação das elites, o que garantiu melhores condições de vida para os operários.

   b) O governo provisório convocou eleições presidenciais, e Luís Bonaparte, sobrinho de Napoleão, foi eleito presidente da França.

   c) O rei Carlos X contou com o apoio da burguesia em suas medidas.

   d) Luís Bonaparte promoveu um golpe de Estado e foi coroado imperador.

4. Em sua opinião, os ideais que influenciaram os movimentos revolucionários do século XIX são observados em nossa sociedade hoje? Justifique sua resposta.

5. Descreva a unificação alemã conforme a sequência de fatos em que ela aconteceu.

Aplicar

6. O trecho a seguir é parte da mensagem do rei Vítor Emanuel II ao Parlamento italiano, reunido em Turim, na Itália, em março de 1861. Leia-o com atenção e, depois, responda às questões propostas.

   > A tarefa a que consagramos nossa vida está terminada. Depois de longos sofrimentos [...] a Itália se restaurou [...]. Aqui, onde nosso povo, depois de séculos de separação, encontra-se pela primeira vez reunido na pessoa de seus representantes [...].
   >
   > Proclamamos a separação entre Igreja e Estado. Havendo reconhecido a absoluta independência da autoridade espiritual, estamos convencidos de que Roma, a capital da Itália, continuará a ser a pacífica e respeitada sede do Pontificado. Desse modo, teremos sucesso em tranquilizar as consciências dos homens. Foi assim, pela afirmação de nossas resoluções e pela moderação de nossos atos, que fomos capazes de apressar a unidade nacional sem alterar as nossas amistosas relações com as potências estrangeiras [...].
   >
   > Rei Vítor Emanuel II. Mensagem ao Parlamento italiano, mar. 1861. Em: Adhemar Marques; Flávio Berutti; Ricardo Faria. *História contemporânea através de textos*. São Paulo: Contexto, 2008. p. 83.

   a) A que fato histórico o texto do rei Vítor Emanuel II se refere?

   b) Por que o discurso de Vítor Emanuel II tem um tom de conciliação? A quem foram dirigidas as palavras do rei?

   c) Em sua opinião, que diferença há entre um país cujo governo é laico e outro em que o governo adota uma religião oficial?

7. Observe, na imagem, a estátua à esquerda e responda às questões.

   ▲ Frédéric Sorrieu. *República universal, democrática e social* (detalhe), 1848. Óleo sobre tela.

   a) Que acontecimento essa imagem retrata?

   b) Quais elementos representados nessa obra justificam sua resposta ao item **a**?

187

ARQUIVO VIVO

Identidades nacionais em textos escritos e imagens

Observe algumas **pinturas do Romantismo europeu** do século XIX e identifique características que indicam sentimentalismo ou exaltação dos fatos históricos.

Como você estudou neste capítulo, muitas das revoluções e revoltas ocorridas no século XIX foram impulsionadas por ideais nacionalistas. Nesse contexto do nacionalismo europeu, nasceu o **Romantismo**, uma corrente de pensamento que influenciou tanto as artes e a cultura quanto os movimentos sociais e políticos da época.

No campo da cultura e das artes, o Romantismo produziu obras que se tornaram conhecidas mundialmente e que constituem importantes registros desse momento histórico. Entre muitas outras, podemos citar as produções literárias de Lord Byron, Goethe e Victor Hugo; as composições musicais de Beethoven, Chopin, Tchaikovsky e Brahms; e as pinturas de Francisco de Goya e Eugène Delacroix.

Os artistas e pensadores românticos valorizavam tanto a cultura e a identidade nacional quanto a língua e a história de seu povo. Os românticos apresentavam características como o idealismo, o sentimentalismo e o individualismo, opondo-se ao racionalismo e ao cientificismo típicos do Iluminismo.

▲ Francisco de Goya. *O 2 de maio de 1808 em Madri*, 1814. Óleo sobre tela. Nessa obra, Goya representa uma das batalhas travadas entre os espanhóis e os exércitos napoleônicos.

O Romantismo e o nacionalismo caminharam juntos e se complementaram, estimulando as lutas de unificação e de independência em países que se constituíram como nação no século XIX, como Itália e Alemanha, por exemplo.

As invasões napoleônicas, e mesmo as do Império Austríaco em diversas partes da Europa, contribuíram para intensificar os ideais nacionalistas que visavam à defesa das identidades étnicas, culturais, históricas, territoriais e políticas dos povos conquistados. Nesse sentido, a idealização romântica reforçou o espírito de exaltação do povo e da nação e foi expressa por narrativas que auxiliavam na construção do sentimento nacional e da memória coletiva, retomando a origem e a singularidade de um povo, seus grandes feitos históricos e outros elementos formadores de identidade. Sobre as relações entre assuntos públicos e as artes, leia o texto a seguir, do historiador britânico Eric Hobsbawm.

> O elo entre os assuntos públicos e as artes é particularmente forte nos países onde a consciência nacional e os movimentos de libertação ou de unificação nacional estavam se desenvolvendo. Não foi por acaso que o despertar ou ressurreição das culturas literárias nacionais na Alemanha, na Rússia, na Polônia, na Hungria, nos países escandinavos e em outras partes coincidisse com [...] a afirmação da supremacia cultural da língua vernácula e do povo nativo, ante uma cultura aristocrática e cosmopolita que constantemente empregava línguas estrangeiras. É bastante natural que este nacionalismo encontrasse sua expressão cultural mais óbvia na literatura e na música, ambas artes públicas, que podiam, além disso, contar com a poderosa herança criadora do povo comum – a linguagem e as canções folclóricas.
>
> Eric J. Hobsbawm. *A era das revoluções*: Europa 1789-1848. Rio de Janeiro: Paz e Terra, 2007. p. 355-356.

vernáculo: língua originária de um povo, uma região ou um país.

O Romantismo também está relacionado ao liberalismo e ao contexto de ascensão da burguesia, como é possível verificar na presença do individualismo, das sensações e do universo psicológico. Tal característica representou, no século XIX, não só uma novidade, mas também uma profunda ruptura com o racionalismo e os modelos clássicos.

Organizar ideias

1. Quais concepções do Romantismo têm relação com o pensamento liberal do século XIX? Como essas concepções românticas influíram na representação e na construção das identidades nacionais? Comente suas percepções com a turma.
2. Observe atentamente a pintura *O 2 de maio de 1808 em Madri* e identifique nela alguns elementos do Romantismo.
3. Segundo Eric Hobsbawm, por que havia, em alguns países, um forte elo entre os assuntos públicos e as artes?
4. Quais eram os ideais para os quais o nacionalismo e as artes nacionais convergiam nessa época? A que tipo de cultura se opunham?

CAPÍTULO 2
A EXPANSÃO DA INDÚSTRIA NA EUROPA

PARA COMEÇAR

Durante a segunda metade do século XIX, a Europa teve um acelerado desenvolvimento tecnológico e industrial. Como esse duplo desenvolvimento influiu no processo de urbanização das cidades europeias?

NOVAS PAISAGENS URBANAS

Por volta de 1850, Londres, capital da Grã-Bretanha, era a cidade mais importante do Ocidente. Considerada um modelo de desenvolvimento urbano, recebia produtos e pessoas de todas as regiões do planeta.

A crescente industrialização atraía migrantes da área rural britânica. O governo precisava investir em recursos de infraestrutura, como transporte, saneamento e moradia; porém, o número de indivíduos que chegava era bem superior ao esperado.

Nesse período, Londres tinha uma população de aproximadamente 2,5 milhões de pessoas, a maioria vivendo em áreas mais distantes, os **subúrbios**, onde as condições de vida eram muito duras. Modestas e desconfortáveis, as moradias eram, em muitos casos, atingidas pela fuligem das fábricas. Famílias numerosas tinham de compartilhar ambientes pequenos e inadequados. Não havia esgoto nem recolhimento de lixo, o que favorecia a propagação de doenças.

O contraste com as áreas mais nobres e centrais era muito grande. Nessas áreas onde os mais ricos viviam, as inovações tecnológicas propiciaram um novo estilo de vida.

▼ Detalhe de *O palácio de cristal em 1851*. Litografia colorizada, de autor desconhecido, 1900. O palácio foi construído para abrigar a Exposição Universal de Londres. A monumental obra procurava enaltecer a grandeza dos britânicos.

A ASCENSÃO DA BURGUESIA

As revoluções de 1830 e de 1848 na Europa marcaram a consolidação da **burguesia** no poder. A monarquia parlamentar e o voto censitário permitiram aos burgueses a participação ativa na condução do Estado.

Nessa época, a antiga aristocracia, cujo poder se firmava na posse de terras, perdeu importância política e econômica, uma vez que a burguesia estabelecia os preços de itens essenciais e dominava as atividades industriais, mais lucrativas. Além disso, como os burgueses detinham os meios de produção, atribuía-se a eles a responsabilidade pelo progresso tecnológico.

Nesse cenário, predominavam os valores burgueses, por exemplo, a crença de que o progresso econômico dependia do esforço individual.

A alta burguesia defendia a liberdade econômica, isto é, a garantia de que o Estado não concederia privilégios econômicos a certos grupos, diferentemente do que ocorria no Antigo Regime. O princípio da liberdade econômica e o espírito empreendedor da classe burguesa aumentaram significativamente a importância dos bancos e das casas de investimento. Para os pequenos comerciantes e os profissionais liberais, que estavam mais sujeitos à variação da economia, a defesa da propriedade privada era muito importante.

A burguesia criou e passou a propagar um novo estilo de vida, no qual se exaltava a convivência familiar. As cidades tornaram-se redutos dessas famílias, que habitavam casas luxuosas, não mais iluminadas por velas. A iluminação era a gás e, depois, elétrica, o que também possibilitou às pessoas passear à noite e prolongar seus momentos de lazer.

> **A CLASSE MÉDIA**
>
> Com a industrialização e as configurações sociais que dela resultaram, desenvolveram-se novas profissões e outras cresceram em quantidade.
>
> Engenheiros, jornalistas, médicos, professores, juristas, administradores e pequenos comerciantes formavam um grupo social intermediário, que não detinha os meios de produção, mas dispunha de recursos suficientes para não ter de vender sua mão de obra aos industriais. Formavam, assim, um grupo entre a alta burguesia e os proletários: a **classe média**.

NOVAS TEORIAS CIENTÍFICAS

Informe-se sobre a **viagem de Spix e Martius pelo Brasil**, no século XIX. Juntos, esses dois naturalistas registraram diversos aspectos naturais e sociais dos diferentes locais por onde passaram. Depois, responda: Como as obras desses estudiosos podem ser relacionadas com as teorias científicas do século XIX?

No decorrer do século XIX, as descobertas científicas e as invenções técnicas se multiplicavam. O progresso científico era valorizado sobretudo pela burguesia, que desfrutava diretamente dessas novidades. Isso significou a perda de influência da Igreja católica nos diversos aspectos da vida social e a consequente separação política entre Igreja e Estado.

Nesse contexto, o francês **Auguste Comte** (1798-1857) formulou os princípios fundamentais do **positivismo**, corrente de pensamento que serviu de base à reflexão sobre a ciência da época. Segundo Comte, apenas a ciência leva ao verdadeiro conhecimento, devendo apoiar-se no experimento e na observação, e não em crenças e ideais.

Várias áreas das ciências naturais e humanas se desenvolveram nesse período. Um exemplo é a **sociologia**, "ciência que estuda a sociedade", segundo um de seus precursores, o francês **Émile Durkheim** (1858-1917).

O botânico austríaco **Gregor Mendel** (1822-1884), pioneiro no estudo da **genética**, foi responsável por outro avanço importante. Durante anos, Mendel realizou cruzamentos entre mudas de ervilha. Esses experimentos lhe permitiram perceber que alguns traços, como a cor da semente, são transmitidos de uma geração a outra mesmo que a planta não os manifeste. Com base nessas investigações, foram formuladas as **leis de hereditariedade**.

Apoiado nos conhecimentos sobre hereditariedade, o naturalista francês **Jean-Baptiste de Lamarck** (1744-1829) estudou diversas espécies de animais e concluiu que as características dos seres vivos não são imutáveis, mas se transformam ao longo do tempo. Segundo ele, passados enormes períodos, essas transformações originariam novas espécies.

Representação de Mendel, que era monge agostiniano, trabalhando no jardim do monastério onde viveu. Litografia colorida, de autor desconhecido, início do século XX.

AS TEORIAS DE DARWIN

Com base nos estudos de Mendel e de Lamarck, o naturalista inglês **Charles Darwin** (1809-1882) elaborou uma teoria da evolução dos organismos com base no conceito da **seleção natural**: os indivíduos mais adaptados ao ambiente têm mais chances de sobreviver; à medida que sobrevivem, os mais aptos se reproduzem e transmitem suas características genéticas aos descendentes, perpetuando-as e, consequentemente, perpetuando a própria espécie.

Para Darwin, os seres humanos, assim como os demais seres vivos, teriam evoluído de outras espécies. Sua teoria causou muita polêmica, pois contestava a explicação bíblica de que todos os seres vivos teriam surgido por vontade de Deus.

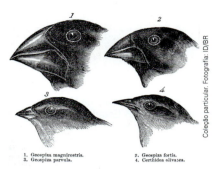

▲ Espécies de aves *Geospiza*, com quatro tipos de bico diferentes, desenhadas por Charles Darwin durante sua observação em Galápagos, no Equador, c. 1837.

◀ No processo de desenvolvimento de suas teorias, Darwin fez uma longa viagem a bordo do navio HMS Beagle para estudar diversas espécies animais. O arquipélago de Galápagos, a mil quilômetros da costa equatoriana, com grande diversidade de espécies de animais e de plantas, foi um dos locais visitados por ele. Foto de 2019.

DISTORÇÕES NAS CIÊNCIAS

A teoria de Darwin, elaborada para compreender a evolução das espécies no campo das ciências da natureza, foi apropriada por alguns sociólogos e outros estudiosos. Eles buscaram aplicar essa teoria à sociedade como um todo: haveria "sociedades mais evoluídas" que outras e "raças humanas superiores" a outras. Não por acaso, sob uma camuflagem científica, os brancos europeus e a sociedade em que estavam inseridos eram considerados superiores às outras etnias e sociedades.

Essa leitura racista da teoria de Darwin forneceu justificativas a ações que, na verdade, atendiam aos interesses econômicos e territoriais de diversos países europeus e dos Estados Unidos. Por isso, teve muita aceitação à época, mas também foi contestada. Hoje, o evolucionismo social é considerado inadmissível, pois sabe-se que não há "raças" entre os seres humanos e que as sociedades não são comparáveis em termos de "evolução", mas se diferenciam quanto à cultura, às tradições e à história. Todos os seres humanos são iguais em valor e diferentes em seu modo de ser e de viver. A aceitação e o reconhecimento do outro como indivíduo pleno de direitos são fundamentais, bem como a diversidade, e enriquecem a vida em sociedade.

NOVAS TEORIAS POLÍTICAS

A grande desigualdade social entre os burgueses mais ricos e os proletários passou a ser questionada não só pelos trabalhadores, mas também por intelectuais e membros da própria burguesia.

Nas primeiras décadas do século XIX, alguns pensadores elaboraram, então, propostas para atenuar problemas sociais causados pelo capitalismo. Destacaram-se o industrial britânico Robert Owen (1771-1858), o francês Charles Fourier (1772-1837) e o francês de origem nobre Claude-Henri de Rouvroy, ou conde de Saint-Simon (1760-1825). Mais tarde, o conjunto dessas propostas (veja o esquema) foi denominado **socialismo utópico**.

Entre os principais críticos dessas propostas estavam os filósofos alemães Karl Marx (1818-1883) e Friedrich Engels (1820-1895), que as consideravam irreais. De acordo com esses críticos, as proposições dos socialistas utópicos eram muito pontuais e não tinham o potencial de mudar o capitalismo como um todo, mantendo a desigualdade entre ricos e pobres.

Marx e Engels estudaram profundamente a economia capitalista para entender como e por que ela gerava desigualdade e propuseram soluções mediante uma teoria que foi denominada **socialismo científico**.

Em 1848, Marx e Engels publicaram um livro que seria o marco do socialismo científico: *O manifesto comunista*. Nessa obra, eles definem a história como uma permanente luta de classes, pois sempre teria havido a exploração de uma classe social por outra, e a consequente oposição entre elas. Essa luta teria se manifestado nos conflitos que envolviam indivíduo livre *versus* escravizado, senhor *versus* servo e, no século XIX, burguesia *versus* proletariado.

Segundo esses dois pensadores alemães, a burguesia era a classe dominante porque detinha os meios de produção: as fábricas, as terras e o capital. Para obter seu sustento, o trabalhador se via obrigado a vender ao proprietário da fábrica a única coisa que possuía: a própria força de trabalho.

De acordo com a teoria de Marx e Engels, essa relação de dominação chegaria ao fim quando o proletariado tomasse o poder político e econômico da burguesia. Nesse momento, o Estado – comandado por proletários – assumiria o controle da produção e do capital e abriria caminho para o surgimento de uma **sociedade comunista**, na qual não existiriam mais classes sociais.

PRINCIPAIS PENSADORES DO SOCIALISMO UTÓPICO

Robert Owen
Criou comunidades industriais na Escócia e nos Estados Unidos, visando à melhoria da qualidade de vida dos operários e também ao aumento da produtividade.

Charles Fourier
Propôs os falanstérios, comunidades nas quais não haveria divisão social, e a produção, industrial ou agrícola, seria distribuída igualmente entre as pessoas.

Conde de Saint-Simon
Defensor da solidariedade social, criticava nobres e clérigos por se manterem no ócio enquanto outras pessoas trabalhavam em excesso.

utópico: que é fruto da imaginação, de um sonho.

▼ O socialismo inspirou a formação de partidos e grupos políticos compostos de trabalhadores. Nesta foto, integrantes da Liga Socialista Inglesa, século XIX.

O ANARQUISMO

Outra importante corrente de pensamento do século XIX foi o **anarquismo**, que tinha como princípio privilegiar a liberdade do ser humano. Segundo os anarquistas, a humanidade não era totalmente livre, pois seguia regras preestabelecidas por diversas instituições, entre as quais o Estado.

Os anarquistas negavam, portanto, a legitimidade de instituições que exerciam poder autoritário e impunham normas. Eles propunham a criação de comunidades cuja administração fosse partilhada entre todos. Além de questionar o Estado e as instituições, combatiam as crenças religiosas, pois as consideravam um mecanismo de doutrina e dominação das pessoas.

Por pregarem o fim do Estado, as ideias anarquistas foram confundidas com incitação à confusão e ao caos. Daí a palavra "anarquia" ainda hoje ser associada à desordem.

O francês **Pierre-Joseph Proudhon** (1809-1865) teve contato com os socialistas utópicos, dos quais herdou algumas ideias. Contestou as propostas de Marx e Engels, pois era contrário à criação de um Estado que controlasse a sociedade, mesmo sendo proletário. Em 1840, publicou o livro *O que é a propriedade?*, no qual aponta os danos do patrimônio individual à estrutura social. O ponto fundamental do pensamento de Proudhon consiste na oposição à propriedade privada, que ele considerava "um roubo".

▸ Gustave Courbet. *Proudhon e seus filhos*, 1865. Óleo sobre tela. Para Proudhon, a sociedade deveria ser composta de pequenas associações, sem autoridades, nas quais as pessoas se ajudassem mutuamente.

O russo **Mikhail Bakunin** (1814-1876), filho de proprietário de terras, também foi um crítico do socialismo. Travou vários debates com Marx, para quem tentou mostrar o caráter centralizador e disciplinador do Estado proposto pelos socialistas. Em sua obra *Estadismo e anarquia*, defendeu o fim das classes sociais, da desigualdade política e do direito de herança.

CIDADANIA GLOBAL

TEORIAS POLÍTICAS E REDUÇÃO DAS DESIGUALDADES

Para alcançar a redução ou mesmo o fim das desigualdades sociais e econômicas, pensadores e revolucionários buscaram teorias políticas que atendessem a esses anseios. Ainda hoje, muitas dessas teorias são usadas como base na elaboração de políticas públicas que buscam diminuir as desigualdades, principalmente nos governos dos países democráticos. Em muitos casos, as teorias políticas são recombinadas, atendendo a anseios da população e também das empresas.

1. Forme dupla com um colega. Investiguem, na internet, quais são os cinco países com menor desigualdade social e econômica do mundo.

2. Escolham um desses países e busquem descobrir quais políticas públicas foram implementadas para reduzir as desigualdades. Depois, tentem relacionar essas medidas com aspectos das teorias políticas estudadas no tópico "Novas teorias políticas".

A COMUNA DE PARIS

PARA EXPLORAR

O grito do povo: os canhões de 18 de março, de Jean Vautrin e Jacques Tardi. São Paulo: Conrad Editora do Brasil, 2005.

A história em quadrinhos narra os eventos que antecederam a Comuna de Paris. Nela, mostra-se a participação de homens e de mulheres comuns na tomada do poder diante da ameaça de dissolução da Guarda Nacional.

Em 1871, ocorreu na França um movimento considerado, por muitos historiadores, a primeira revolução proletária: a **Comuna de Paris**.

Naquele ano, em meio à Guerra Franco-Prussiana, havia sido proclamada a **Terceira República Francesa**. Durante essa guerra, a resistência concentrou-se na cidade de Paris, que contava com a **Guarda Nacional**, formada por pessoas do povo, sem treinamento bélico, mas bem armadas. Foram organizados batalhões de operários dos bairros mais pobres, todos na expectativa de que, com a vitória, fosse instituído um regime caracterizado por mais justiça e mais políticas voltadas ao bem-estar social da camada menos favorecida da população.

Após o fim da guerra, contudo, o governo da França demonstrou não pretender implantar as reformas políticas e sociais esperadas e começou a desarmar os batalhões populares de Paris. O Exército republicano tentou confiscar os canhões da Guarda Nacional, mas não obteve sucesso.

Os dirigentes do governo, com medo, fugiram para Versalhes e de lá tentaram controlar a capital. Porém, a Guarda Nacional tomou os palácios parisienses e convocou eleições municipais. Em 27 de março de 1871, a Assembleia eleita proclamou a Comuna de Paris, um governo proletário, independente da República sediada em Versalhes.

O governo proletário era gerido pelo povo, que participava das decisões, e adotou medidas de cunho socialista. As dívidas e os aluguéis foram congelados, o que beneficiou os pobres. Foram instituídas pensões para órfãos e viúvas. Os funcionários públicos tiveram seus salários igualados aos dos operários – era o fim dos privilégios do funcionalismo. Os trabalhadores passaram a gerir as fábricas, a jornada de trabalho foi reduzida, foram criadas creches e escolas e, pela primeira vez, determinou-se a igualdade civil entre homens e mulheres.

Enquanto os *communards,* como eram conhecidos os participantes da Comuna, governavam Paris, o governo de Versalhes planejava a ocupação da capital. Assim, em 21 de maio de 1871, as tropas republicanas invadiram Paris.

Os *communards* ergueram barricadas nas ruas, resistindo enquanto puderam, mas foram derrotados em poucos dias. A retaliação do governo foi brutal: as tropas de Versalhes fuzilaram todos os opositores e suspeitos que encontraram. Cerca de 20 mil pessoas foram mortas.

▼ Barricada em rua do bairro de Ménilmontant, em Paris, em 1871.

A LUTA POR DIREITOS ÀS MULHERES

Desde o início da industrialização, os papéis desempenhados pelas mulheres já haviam se transformado. As mulheres mais pobres trabalhavam nas fábricas a fim de contribuir para o sustento familiar; aquelas que haviam recebido mais instrução e tinham melhor condição social, mas não eram ricas, trabalhavam em escritórios e no comércio.

O trabalho feminino passou a ser essencial para o orçamento familiar. Muitas mulheres casadas e com filhos conciliavam o trabalho doméstico com a profissão.

A partir da segunda metade do século XIX, com o desenvolvimento acelerado das tecnologias, exigia-se cada vez mais a qualificação dos trabalhadores. As mulheres da classe média atenderam rapidamente a essa demanda por mais estudos. A crescente presença de meninas nas escolas transformou o magistério, abrindo caminho para que as mulheres seguissem essa profissão.

Essa inserção no mercado de trabalho, porém, não foi acompanhada por conquistas sociais. Assim como nas primeiras décadas da Revolução Industrial, o salário pago aos homens era bem maior que o salário das mulheres. O clima revolucionário do período tinha também protagonistas femininas. Durante a Comuna de Paris, por exemplo, a participação das mulheres foi intensa.

Sob a influência dos princípios de igualdade liberais e socialistas, os movimentos feministas ganharam vulto nos países industrializados. Refutando as alegações que buscavam justificar a inferioridade feminina, esses movimentos lutavam pelo princípio de igualdade entre homens e mulheres. Muito influente na Inglaterra e nos Estados Unidos, a causa feminista ganhou apoio nessas sociedades e, no início do século XX, atingiu outros países da Europa e de outros continentes.

> ## A IMPRENSA FEMININA EM 1848
>
> As revoluções liberais que ocorreram na França em 1848 estimularam as mulheres francesas a se mobilizar para ter voz própria, mostrando que a igualdade de direitos não podia se restringir aos homens. Naquele ano, surgiram os jornais *A Voz Feminina*, de Eugénie Niboyet, e *A Política das Mulheres*, de Jeanne Deroin e Desirée Gay. O primeiro jornal discutia a igualdade de direitos entre homens e mulheres, e o segundo reivindicava melhores condições de vida para as mulheres trabalhadoras.

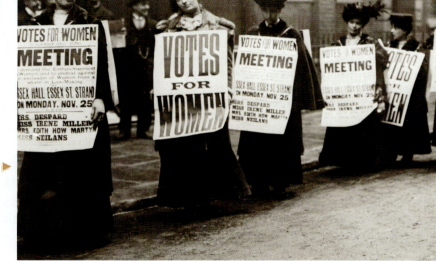

▶ Mulheres inglesas durante manifestação, em 1910, exigindo o direito ao voto. Somente em 1928 o Parlamento britânico aprovaria o sufrágio universal feminino.

ATIVIDADES

Retomar e compreender

1. Relacione a industrialização ocorrida no século XIX ao processo de expansão urbana na Europa.

2. Cite um dos principais valores defendidos pela burguesia europeia no século XIX.

3. Durante esse século, a vida das mulheres passou por quais transformações?

4. Copie e preencha esta tabela no caderno, comparando socialismo científico ao anarquismo.

Teoria	Principais ideias	Principais pensadores	Publicações ou realizações
Socialismo científico			
Anarquismo			

5. Explique as causas da Comuna de Paris.

Aplicar

6. Em 1836, o escritor inglês Charles Dickens (1812-1870) publicou uma coletânea de contos e crônicas inspirados na cidade de Londres. Leia, a seguir, um trecho de uma dessas crônicas e faça o que se pede.

> Se quisermos conhecer as ruas de Londres em seu momento mais glorioso, devemos observá-las em uma escura, sombria e triste noite de inverno. [...] É quando também uma névoa densa e preguiçosa paira sobre todos os objetos, tornando a luz das lamparinas ainda mais brilhantes e aumentando a luminosidade das vitrines, em contraste com a escuridão que a tudo rodeia. [...] Nas melhores e mais largas ruas as cortinas da sala de jantar estão bem abertas, as chamas do fogão na cozinha crepitam e os vapores apetitosos de um jantar quente acariciam as narinas dos famintos passantes.
>
> Charles Dickens. Cenas da manhã. Em: *Retratos londrinos*. Rio de Janeiro: Record, 2003. p. 79.

a) Retome o conteúdo do capítulo e relacione esse trecho com as transformações ocasionadas pela industrialização na Europa.

b) Para caracterizar a vida social em Londres no século XIX, o escritor recorreu a diferentes contrastes. Identifique-os.

c) Uma crônica é um texto literário breve que narra cenas do cotidiano. Em sua opinião, de que forma a crônica de Charles Dickens pode auxiliar um historiador a analisar a sociedade londrina no século XIX?

7. Observe a charge, leia a legenda e responda às questões.

▲ Émile Pouget. *Capital e trabalho*. Charge publicada no jornal *Le Père Peinard*, em 1894.

a) O que o autor representa nessa charge?

b) Qual crítica está explícita na imagem?

c) Em sua opinião, essa charge está relacionada a quais teorias políticas do século XIX?

198

HISTÓRIA DINÂMICA

O discurso da dominação

Parte importante do trabalho dos historiadores é analisar e compreender as ideias que motivaram e justificaram as ações de pessoas e de governos, em diferentes épocas. Investigar as crenças e os discursos das nações que tentaram colonizar outros povos é um desses contextos da pesquisa histórica.

Durante décadas, o discurso dos dominadores sequer foi questionado. Ao contrário, muitas vezes foi naturalizado, como se as ações de dominação não fizessem parte de decisões políticas, mas fossem, sim, naturais.

▲ William H. Walker. *O fardo (?) do homem branco*. Charge publicada na revista estadunidense *Life*, em 1899.

Na segunda metade do século XIX, os europeus realizaram uma nova expansão colonial visando à exploração dos recursos naturais encontrados na Ásia, na África e na América, fundamentais para a economia industrial. No mesmo período, surgiram teorias que justificavam essa expansão apoiadas na ideia da superioridade racial branca e da definição de negros, asiáticos e indígenas como povos inferiores.

Nesse contexto, também ligado à Guerra Filipino-Americana (1899-1902), o escritor inglês Rudyard Kipling (1865-1936) expressou no poema "O fardo do homem branco: os Estados Unidos e as ilhas Filipinas" (1899) sua colonizadora visão política do período. Leia um trecho desse poema e observe uma charge que faz referência às ideias nele presentes.

> Toma o fardo do Homem Branco
> Envia teus melhores filhos
> Vai, condena teus filhos ao exílio
> Para servirem à necessidade dos teus cativos
> Para esperar, com arreios pesados
> O povo agitado e selvagem
> Teus povos cativos e intratáveis
> Metade demônio, metade criança
>
> Rudyard Kipling. O fardo do homem branco. *McClure's*, 1899. Tradução nossa.

Em discussão

1. A quem você acha que o poema se dirige e o que o autor gostaria de transmitir a seus leitores?
2. O trecho "Metade demônio, metade criança" se refere a quem?
3. Repare na charge de William H. Walker; nela, há homens carregando outros homens. À frente, indivíduos com características genéricas de africanos e indianos carregam outros que portam símbolos referentes aos Estados Unidos e à Inglaterra. Como você explicaria o significado dessa charge?
4. Observe o título da charge. Em sua opinião, por que foi utilizado o ponto de interrogação?
5. SABER SER Com qual das visões sobre a expansão colonial você concorda: a do autor do poema ou a do autor da charge? Explique.

ATIVIDADES INTEGRADAS

Retomar e compreender

1. O papa Pio IX se recusou a reconhecer o Estado italiano e rompeu com o governo no episódio conhecido como Questão Romana. Considere tal fato e responda: Quando e como foi solucionada essa questão entre a Igreja católica e o Estado italiano?

Aplicar

2. Leia, a seguir, um texto do historiador britânico Eric Hobsbawm sobre o período que antecedeu a Primavera dos Povos.

> [...] Raras vezes a revolução foi prevista com tamanha certeza, embora não fosse prevista em relação aos países certos ou às datas certas. Todo um continente esperava, já agora pronto a espalhar a notícia da revolução através do telégrafo elétrico. Em 1831, [o escritor] Victor Hugo escrevera que já ouvia o "ronco sonoro da revolução, ainda profundamente encravado nas entranhas da terra, estendendo por baixo de cada reino da Europa suas galerias subterrâneas a partir do eixo central da mina, que é Paris". Em 1847, o barulho se fazia claro e próximo. Em 1848, a explosão eclodiu.
>
> Eric Hobsbawm. *A era das revoluções*: 1789-1848. 25. ed. São Paulo: Paz e Terra, 2010. p. 481.

   a) Relacione as datas citadas no texto com os fatos ocorridos na Europa, de acordo com o que você estudou nesta unidade.
   b) Analise a previsão de Victor Hugo, citada por Hobsbawm, e responda por que o escritor compara Paris ao eixo central de uma mina subterrânea.

3. O texto abaixo explica uma das teorias de Charles Darwin. Leia-o com atenção e faça o que se pede em seguida.

> Charles Robert Darwin foi um importante naturalista inglês que viveu no século 19. [...]
>
> Como naturalista, foi convidado para participar da viagem do navio Beagle ao redor do mundo, promovida pelo corpo de almirantes britânico. [...] À medida que passava de uma região para outra, Darwin notou que o mesmo animal apresentava características diferentes e que existiam traços comuns entre as espécies extintas e as atuais. Isso o levou à suposição de que os seres vivos não são imutáveis, mas capazes de transformar-se.
>
> [...] a teoria da origem das espécies [...] é o tema fundamental da [...] obra [de Charles Darwin]. Ela se baseia na luta pela vida, ou seja, na existência de uma permanente concorrência entre os indivíduos de cada espécie animal. Sobre a evolução das espécies, Darwin explica ainda que somente os mais fortes e mais aptos conseguem sobreviver e a própria natureza se encarrega de fazer essa seleção natural.
>
> [...]
>
> Thais Fernandes. Charles Darwin. *Ciência Hoje das Crianças*. Disponível em: http://chc.org.br/charles-darwin/. Acesso em: 5 jun. 2023.

   a) Explique o conceito de seleção natural proposto por Charles Darwin.
   b) Reflita sobre o texto e, com base nele e no que você estudou nesta unidade, elabore uma explicação para o fato de teóricos racistas terem se apropriado do estudo de Darwin para justificar a suposta superioridade de um povo.

Acompanhamento da aprendizagem

4. O processo tardio de unificação territorial e política da Itália criou condições para a formação de uma grande diversidade cultural nacional. Muitas regiões italianas têm identidade própria e se caracterizam por dialetos e costumes muito diferentes dos encontrados no restante do país. Considerando essa afirmativa, leia um trecho escrito pelo romancista e político Massimo d'Azeglio em 1865, pouco tempo depois da unificação italiana, que ocorreu em 1861. Depois, faça o que se pede.

> A primeira necessidade da Itália é que se formem italianos dotados de caráter elevado e forte; no entanto, se foi feita a Itália, não se fazem os italianos.
>
> Massimo d'Azeglio. Lettere di Massimo d'Azeglio. Citado por: Giulio Carcano. *Lettere di Massimo d'Azeglio a sua moglie Luisa Blondel*. Milano: Libreria di Educazione, 1870. Tradução nossa.

   a) Explique o significado da afirmação "se foi feita a Itália, não se fazem os italianos".
   b) A diversidade cultural italiana era vista de forma positiva ou negativa pelo autor? Justifique sua resposta.

Analisar e verificar

5. Observe a imagem. Depois, faça o que se pede.
   a) Descreva a cena representada na pintura.
   b) Em sua opinião, qual personagem representa a liberdade? E quais personagens representam o povo? Justifique.
   c) Essa obra foi produzida durante a onda revolucionária do século XIX. Sabendo disso, estabeleça uma relação entre a pintura e os acontecimentos da Primavera dos Povos.

Eugène Delacroix. *A liberdade guiando o povo*, 1830. Óleo sobre tela. Delacroix (1798-1863) foi um dos principais representantes do Romantismo francês.

Criar

6. Ao longo do século XIX, as mulheres se mobilizaram exigindo direitos, como o sufrágio feminino e a equidade de salários. Levante informações na internet sobre a situação política e social das mulheres brasileiras na atualidade, incluindo os direitos a elas garantidos. Faça uma lista de *links* com os materiais que você encontrou sobre o tema. Selecione três deles e escreva uma sinopse sobre cada item. Na data combinada, compartilhe com a turma sua lista de *links*, com as respectivas sinopses.

201

CIDADANIA GLOBAL
UNIDADE 7

10 REDUÇÃO DAS DESIGUALDADES

Retomando o tema

Como você aprendeu nesta unidade, o século XIX foi marcado por uma série de movimentos revolucionários que contestavam os privilégios dos grupos mais favorecidos e reivindicavam proteção social aos trabalhadores. Essa contestação visava a diminuição das desigualdades sociais e econômicas.

Mesmo diante dessa luta, existem, ainda hoje, grupos de trabalhadores desprovidos de acesso a direitos trabalhistas. No mundo contemporâneo, diferentes órgãos têm buscado reduzir a ocorrência dessa situação.

1. Com base no que você estudou, é possível afirmar que as desigualdades do século XIX, na Europa, causaram revoltas populares? Explique com exemplos de situações sociais reais.

2. Você conhece grupos de trabalhadores, em contexto nacional e internacional, que não têm acesso a direitos trabalhistas? Se sim, quais são esses grupos?

Geração da mudança

- Forme trio com dois colegas e elaborem uma lista de categorias trabalhistas que não têm acesso a direitos sociais. Depois, selecionem uma dessas categorias e busquem informações sobre ela, como a pauta de reivindicações de seus representantes e os órgãos responsáveis por fiscalizar as condições em que trabalham.

- Depois, pensem em ações que poderiam ser tomadas pela comunidade escolar para favorecer esses grupos, como o boicote às empresas que usam esse tipo de mão de obra, o envio de denúncias aos órgãos de fiscalização, etc.

- Em uma data combinada, apresentem as descobertas de vocês para a turma. A exposição pode ser feita com base em um vídeo, uma apresentação digital ou um cartaz, acompanhado da fala dos integrantes do trio.

Autoavaliação

Liniker Eduardo/ID/BR

OS ESTADOS UNIDOS NO SÉCULO XIX

UNIDADE 8

PRIMEIRAS IDEIAS

1. Você sabia que, no século XIX, os Estados Unidos tinham um território bem menor que o atual? Em sua opinião, como foram incorporadas novas regiões ao país?
2. Você já assistiu a um filme de faroeste? Em caso afirmativo, conte aos colegas quais eram as personagens e como era o local onde se passava o filme.
3. Os Estados Unidos são hoje uma grande potência mundial, mas nem sempre foi assim. Em sua visão, quais fatores contribuíram para que o país se desenvolvesse até se tornar tão influente?

Conhecimentos prévios

Nesta unidade, eu vou...

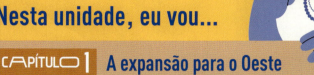

CAPÍTULO 1 — A expansão para o Oeste

- compreender o processo de expansão territorial dos Estados Unidos da América.
- conhecer os princípios norteadores da doutrina do Destino Manifesto e entender de que forma eles foram usados para legitimar a Marcha para o Oeste, avançando sobre territórios indígenas.
- identificar os fatores que desencadearam a aprovação da Lei de Terras e suas consequências para os povos indígenas.
- refletir sobre os impactos da Marcha para o Oeste na fauna e na flora dos Estados Unidos.

CAPÍTULO 2 — A Guerra de Secessão

- compreender o cenário econômico e a organização social estadunidenses pré-Guerra de Secessão.
- identificar as divergências entre abolicionistas e escravistas.
- entender o desenrolar da Guerra de Secessão e a vitória do Norte.
- reconhecer a segregação racial como desdobramento da Guerra de Secessão.
- caracterizar o processo de industrialização dos Estados Unidos e os impactos sociais, econômicos e ambientais gerados por ele.

CIDADANIA GLOBAL

- conhecer as atuais políticas municipais de preservação ambiental.
- debater sobre a importância delas para a vida terrestre (fauna e flora).

203

LEITURA DA IMAGEM

1. Descreva a cena retratada na imagem.
2. Que elementos presentes na imagem revelam a identidade indígena da manifestante que está em primeiro plano na foto?
3. Em sua opinião, a garantia dos direitos indígenas é importante apenas para os indígenas ou para toda a sociedade? Por quê?

CIDADANIA GLOBAL

Ao longo de milênios, diferentes povos nativos desenvolveram estratégias e tecnologias harmônicas e sustentáveis de exploração da natureza, respeitando as outras formas de vida existentes no espaço onde habitavam.

1. Em seu município, as atividades econômicas respeitam a fauna do bioma onde ele se localiza? Explique.
2. Nesse bioma, há espécies que foram extintas pela ação humana? Se sim, você sabe quais são elas?

 Conheça o primeiro **museu nacional dos Estados Unidos dedicado às comunidades indígenas** que vivem no país. Com base na observação, é possível afirmar que os povos nativos do continente americano são iguais? Explique.

Nativos americanos e apoiadores da defesa do meio ambiente durante o Dia dos Povos Indígenas em frente à Casa Branca em Washington, Estados Unidos. Foto de 2021.

CAPÍTULO 1
A EXPANSÃO PARA O OESTE

PARA COMEÇAR

Logo após a independência, os Estados Unidos da América iniciaram uma política de expansão territorial que se estendeu por boa parte do século XIX. De que modo esse processo atingiu os povos que habitavam os territórios ocupados durante o processo de expansão?

A EXPANSÃO TERRITORIAL

As Treze Colônias das quais se originaram os Estados Unidos ocupavam uma faixa restrita da costa atlântica da América do Norte (reveja o mapa "Os Estados Unidos da América pós-independência", na unidade 2). Essa faixa era limitada a oeste pelos montes Apalaches.

Conforme vimos na unidade 2, em 1763, o governo britânico proibiu que os colonos ocupassem as terras além dos Apalaches, reservando-as aos indígenas (veja no mapa "América do Norte após a Guerra dos Sete Anos (século XVIII)" a Linha da Proclamação que delimitava essas terras). Após o reconhecimento da independência pela Inglaterra, em 1783, as áreas entre os montes Apalaches e o rio Mississípi passaram a integrar o território do novo país. Assim, o governo estadunidense começou a respaldar a ocupação dessas áreas pelos colonos, às vezes negociada com lideranças indígenas, mas, em muitos casos, realizada à força.

Em 1803, conforme visto na unidade 3, os Estados Unidos compraram a Louisiana, território francês que fazia fronteira com o rio Mississípi. Ainda na primeira metade do século XIX, como resultado de aquisições negociadas com a Inglaterra, a Espanha e o México e de uma guerra travada com este último país, o território estadunidense se prolongou até a costa oeste do continente. A enorme área delimitada pelas novas fronteiras seria o cenário de disputas sangrentas entre indígenas e não indígenas. Em seu projeto de nação, os Estados Unidos não viam os indígenas como cidadãos, mas como obstáculos a serem superados.

▼ Gravura de 1878, de autoria desconhecida, mostrando as dificuldades que os imigrantes enfrentavam ao avançar em direção ao Oeste.

A DOUTRINA MONROE

Nas primeiras duas décadas do século XIX, ao mesmo tempo que os Estados Unidos expandiam seu território, diversos países da América, incluindo o Brasil, tornavam-se independentes (assunto estudado nas unidades 4 e 5). Na Europa, os Estados absolutistas tentavam se reorganizar desde o fim do Congresso de Viena, em 1815.

Diante de tais circunstâncias, em 1823, o então presidente dos Estados Unidos, James Monroe, enviou uma mensagem ao Congresso de seu país afirmando que os "continentes americanos", livres e independentes, não deveriam mais ser colonizados por potências europeias. O presidente temia que o restabelecimento do absolutismo na Europa viesse acompanhado de uma tentativa de recolonizar a América.

Essa mensagem, aprovada pelo Congresso, deu origem à política externa estadunidense conhecida como **Doutrina Monroe**, cujo lema era "A América para os americanos". O presidente havia sido claro: os Estados Unidos deveriam se tornar os "protetores" legítimos do continente americano.

Teoricamente, os Estados Unidos estavam apenas defendendo os países americanos, mas, na verdade, queriam assegurar os próprios interesses políticos e econômicos no continente. Nos anos 1870, quando o país começou a se recuperar da Guerra de Secessão – que você estudará no próximo capítulo – e a aumentar seu poder econômico e militar, a Doutrina Monroe foi retomada para intensificar a influência estadunidense em muitos lugares na América.

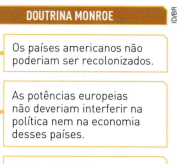

DOUTRINA MONROE
- Os países americanos não poderiam ser recolonizados.
- As potências europeias não deveriam interferir na política nem na economia desses países.
- Os Estados Unidos não se envolveriam em assuntos especificamente europeus.

A expansão dos Estados Unidos da América (1763-1853)

Fonte de pesquisa: SciencesPo – Atelier de Cartographie. Disponível em: http://cartotheque.sciences-po.fr/media/La_construction_du_territoire_des_Etats-Unis_dAmerique_1763-1912/1477. Acesso em: 7 jun. 2023.

A MARCHA PARA O OESTE

Em relação à política interna, ao governo estadunidense interessava ocupar as terras conquistadas de maneira a integrá-las à economia capitalista que se firmava no país. Nessa perspectiva, os indígenas não eram vistos como parte do projeto que formaria a nação estadunidense, mas como obstáculos ao progresso e à expansão rumo ao Pacífico.

Em 1829, Andrew Jackson assumiu a presidência dos Estados Unidos e, em uma de suas primeiras mensagens ao Congresso, recomendou que os indígenas fossem afastados para o Oeste, para além do rio Mississípi. Jackson incentivou perseguições a vilas e também queimas de casas e expulsão dos respectivos habitantes, causando a morte de milhares de indígenas de povos como os Cherokee, os Chickasaw e os Creek, entre outros.

Gradativamente, os indígenas foram "empurrados" cada vez mais na direção oeste do continente. A expulsão dos indígenas de suas terras foi respaldada juridicamente pela **Lei de Remoção dos Índios**, de 1830, que autorizava o governo estadunidense a transferi-los para a chamada "reserva indígena" localizada no atual estado de Oklahoma. Sob intensa pressão do governo, muitos povos foram obrigados a aceitar a remoção. Outros resistiram e foram exterminados.

Em geral, os povos transferidos com base na Lei de Remoção eram obrigados a andar por distâncias muito longas, escoltados por militares a serviço do governo, atravessando um ou mais estados do país até chegar à reserva. Populações inteiras viajavam a pé, percorrendo trajetos difíceis, e uma grande parcela de indígenas – crianças, idosos, homens e mulheres – morria no caminho. Por esse motivo, esses deslocamentos ficaram conhecidos como "marchas da morte" ou "trilhas das lágrimas".

CIDADANIA GLOBAL

OS IMPACTOS AMBIENTAIS DA MARCHA PARA O OESTE

A Marcha para o Oeste trouxe profundos impactos para as comunidades indígenas da América do Norte. Com ela, também foram impactadas a fauna e a flora da região. Forme dupla com um colega e busquem informações sobre as questões a seguir. Depois, compartilhem as descobertas de vocês com a turma.

1. Quais foram os impactos para a fauna e a flora das regiões ocupadas pelos colonos britânicos?
2. Atualmente, quais são as principais ações do governo dos Estados Unidos para promover a recuperação ou a preservação da flora e da fauna locais?

▼ Robert Lindneux. *A trilha de lágrimas*, 1942. Óleo sobre tela. Essa obra representa a remoção dos Cherokee de suas terras de origem, a leste do rio Mississípi, para a região de Oklahoma, fato ocorrido entre 1838 e 1839.

O DESTINO MANIFESTO

Ao longo do século XIX, muitos povos indígenas foram atacados, expulsos de suas terras ou mesmo assassinados. Essas ações visavam retirar esses povos das terras mais férteis – que seriam ocupadas por colonos – e abrir caminho para novos usos, com empreendimentos ferroviários, urbanos e agrícolas.

Apesar dos evidentes interesses econômicos que envolviam a expansão territorial estadunidense, ela era justificada como o cumprimento de uma missão civilizatória determinada pela Providência Divina.

A expressão **Destino Manifesto**, usada pela primeira vez em 1845 pelo jornalista estadunidense John O'Sullivan, sintetizava essa ideia. Sullivan, assim como boa parte da sociedade dos Estados Unidos da época, acreditava que o país tinha como missão moral levar o progresso e a civilização para seus vizinhos tidos como "selvagens" e "atrasados".

Por conseguinte, a ampliação do território dos Estados Unidos era considerada algo natural. Isso isentava de culpa o povo e os governantes daquele país por eventuais atos de violência. A Marcha para o Oeste, sobre os territórios indígenas e mexicanos, era, de acordo com o Destino Manifesto, inevitável (obra do destino) e evidente (manifesta).

THOMAS PAINE E O DESTINO MANIFESTO

Embora a expressão Destino Manifesto tenha surgido oficialmente no século XIX, suas origens remontam ao século XVIII. Nesse período, diversos intelectuais favoráveis à independência dos Estados Unidos desenvolveram escritos que buscavam justificar esse objetivo. Nesse sentido, o inglês Thomas Paine (1737-1809) foi particularmente importante. Em seu manifesto, publicado em 1776 com o título de *Senso Comum*, Paine faz uma forte defesa dos benefícios de governos republicanos e democráticos. Para ele, essas seriam as melhores formas de governo e, por isso, as nações que as implementassem prosperariam. Dessa forma, a hegemonia das colônias britânicas independentes seria um destino "certo".

■ **Estados Unidos da América: Deslocamentos indígenas (século XIX)**

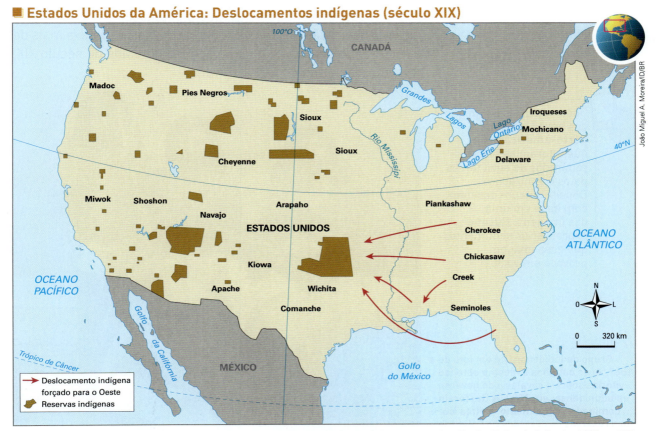

Fonte de pesquisa: *Atlas da história do mundo*. São Paulo: Folha de S.Paulo, 1995. p. 217.

A LEI DE TERRAS

No decorrer do século XIX, os Estados Unidos da América receberam um grande contingente de imigrantes. Os primeiros grupos começaram a chegar ainda no início do século. Vindos da Inglaterra, da Alemanha e da Irlanda, entre outros lugares, esses imigrantes passavam por sérias dificuldades financeiras em seus países de origem, além de perseguições políticas e religiosas. No Novo Mundo, esperavam encontrar liberdade, oportunidade de trabalho e riqueza.

Grande parte dos colonos que ocuparam as terras do Oeste era de imigrantes. Para regulamentar essa ocupação, em 1862, foi promulgada a **Lei de Terras** pelo então presidente Abraham Lincoln (1809-1865). A nova lei determinava que as "terras vazias" do Oeste passavam a ser consideradas de "domínio público", isto é, pertencentes ao governo. Mesmo habitando essas terras havia séculos, os indígenas não eram considerados seus proprietários. Por essa lei, chefes de família ou maiores de 21 anos de idade que nunca tivessem se envolvido em luta armada contra o país estavam autorizados a migrar para o Oeste e se apossar de parte das terras públicas. Após cinco anos de ocupação, a posse das terras se tornaria definitiva, mas condicionada ao trabalho e aos melhoramentos nelas realizados.

Apoiados pelo Estado, os colonizadores disputavam terras com os indígenas. A luta, desigual, levou à expulsão dos indígenas de suas terras. Estima-se que a população indígena no início da colonização inglesa na América do Norte somava mais de 2 milhões de pessoas e que, na segunda metade do século XIX, foi reduzida para menos de 300 mil.

▲ Cartaz de 1872 anunciando a venda de milhões de hectares nos estados de Iowa e de Nebraska.

 Observe outras imagens dos **povos indígenas norte-americanos** que lutaram ou foram removidos de suas terras pelos colonizadores. Depois, crie um desenho com base em uma das imagens. Busque expressar os sentimentos que essa imagem provoca em você.

▶ Grupo de indígenas Ute em foto de 1867. Após batalhas e mesmo obtendo vitórias sobre a cavalaria do governo estadunidense, em 1880 os Ute foram dominados. Atualmente, a etnia vive nas reservas dos estados do Colorado e de Utah, nos Estados Unidos.

ATIVIDADES

Retomar e compreender

1. Com a adoção da Doutrina Monroe, que papel os Estados Unidos atribuíam a si na relação com os países da América Latina?

2. O que era o Destino Manifesto? O que ele representou para as populações indígenas dos Estados Unidos?

Aplicar

3. Leia o fragmento de texto a seguir, escrito na década de 1940 por dois historiadores estadunidenses.

> Os Estados Unidos saíram da escuridão para penetrar na História há quase quatro séculos. É a mais nova das grandes nações e, sem dúvida, em muitos aspectos a mais interessante. [...] É interessante porque, desde o seu começo, seu povo teve consciência de um destino peculiar, porque de lá vieram as esperanças e aspirações do gênero humano e porque não deixou de realizar tal destino ou de justificar tais esperanças.
>
> Allan Nevins; Henry Steele Commager. *História dos Estados Unidos*. Citado por: Mary Anne Junqueira. *Estados Unidos*: consolidação da nação. São Paulo: Contexto, 2001. p. 9.

   a) Esse fragmento de texto se relaciona ao Destino Manifesto. Retire do texto um trecho que confirme essa afirmação e justifique sua escolha.

   b) O que os autores quiseram dizer com "Os Estados Unidos saíram da escuridão"?

   c) Em sua opinião, o fragmento de texto defende ou condena a ideia do Destino Manifesto? Justifique sua resposta com elementos do texto.

   d) Discuta com um colega a seguinte questão: Por que a alegação dos autores de que os Estados Unidos teriam ingressado na história havia quatrocentos anos não é correta? Registre no caderno suas conclusões.

4. Leia, a seguir, uma notícia sobre as comemorações do Dia de Cristóvão Colombo e do Dia dos Povos Indígenas nos Estados Unidos, em 2021. Em seguida, responda às questões propostas.

> O Dia de Cristóvão Colombo atraiu multidões [...] com desfiles em cidades dos Estados Unidos marcando a viagem do explorador e a cultura ítalo-americana, enquanto o foco se volta cada vez mais para a herança e as condições dos povos indígenas subjugados pelos colonizadores europeus.
>
> Na Casa Branca, onde o presidente dos EUA, Joe Biden, havia declarado o dia 11 de outubro como o Dia dos Povos Indígenas, ativistas comunitários promoveram protestos sobre mudanças climáticas, combustíveis fósseis e o coronavírus, que afetam desproporcionalmente os indígenas norte-americanos.
>
> [...]
>
> Maria Caspani. Desfiles e protestos marcam Dia de Colombo nos EUA, hoje também Dia dos Povos Indígenas. *Istoé Dinheiro*, 11 out. 2021. Disponível em: https://www.istoedinheiro.com.br/desfiles-e-protestos-marcam. Acesso em: 7 jun. 2023.

   a) Em sua opinião, qual teria sido o motivo para a escolha da mesma data do Dia de Cristóvão Colombo para a celebração do Dia dos Povos Indígenas?

   b) De acordo com o que você estudou neste capítulo, como o governo tratou os indígenas na época da expansão territorial estadunidense?

   c) **SABER SER** No Brasil, as populações indígenas também se manifestam para garantir seus direitos. Converse com o professor e os colegas e anote no caderno alguns exemplos dessas reivindicações.

5. Observe a imagem do tópico "A Marcha para o Oeste" e, em seguida, responda às questões.

   a) Que fato da história dos Estados Unidos essa imagem representa?

   b) Qual grupo aparece nessa obra?

   c) Que elementos da pintura chamaram sua atenção?

   d) Relacione o fato histórico que essa imagem representa com o título da obra.

211

CAPÍTULO 2
A GUERRA DE SECESSÃO

PARA COMEÇAR

Desde o período colonial, existiam diferenças significativas de ordem econômica, política e social entre as colônias do Norte e as colônias do Sul dos Estados Unidos. Qual é a relação entre essas divergências e a Guerra de Secessão?

QUESTÕES ECONÔMICAS E SOCIAIS

Uma vez independentes, as antigas Treze Colônias inglesas na América formaram uma federação. Esse sistema político permitiu a cada estado conservar certa autonomia em relação ao poder central. Contudo, a divergência de interesses entre os estados sulistas e os nortistas motivou constantes tensões.

Uma das principais diferenças entre os estados do Norte e os do Sul dos Estados Unidos da América estava relacionada às suas características econômicas. Enquanto no Sul predominavam os latifúndios voltados para o cultivo de produtos de exportação, com base no trabalho de africanos escravizados, a economia do Norte estruturava-se na pequena propriedade e no trabalho livre, o que favorecia o desenvolvimento do comércio e da atividade manufatureira. Dessa diferença decorria uma profunda divergência: Qual seria o sistema ideal de trabalho, o livre ou o escravista?

Na segunda metade do século XIX, a maioria dos estados do Norte já tinha abolido a escravidão, que era vista como entrave à expansão do mercado interno e ao desenvolvimento da economia industrial. Além disso, muitos pensadores estadunidenses advogavam a abolição em todo o país por motivos humanitários. Já os estados do Sul defendiam veementemente a manutenção da escravidão, pois a base de sua economia era a produção agrícola destinada ao mercado externo, e essa produção dependia da mão de obra escrava.

John Bachmann. *Vista panorâmica de Nova York e do Brooklyn*, 1851. Litografia colorizada. Nos estados do Norte, desenvolveu-se intensa vida urbana.

A GUERRA DE SECESSÃO (1861-1865)

As divergências entre os estados nortistas e sulistas atingiram o ponto mais crítico com a eleição de Abraham Lincoln à presidência, em 1860. Lincoln defendia que não deveria haver escravidão nas terras conquistadas durante a Marcha para o Oeste. Logo após a eleição, a Carolina do Sul iniciou um movimento separatista. Um ano depois, Carolina do Norte, Virgínia, Geórgia, Flórida, Alabama, Mississípi, Louisiana, Arkansas, Tennessee e Texas aderiram ao movimento, formando os **Estados Confederados da América**, uma unidade política independente e com presidente próprio.

Lincoln ainda tentou negociar um acordo com os separatistas para que retornassem à federação, mas, em abril de 1861, um ataque dos Estados Confederados a um posto militar federal na Carolina do Sul desencadeou o início de uma guerra civil entre esses estados e aqueles leais ao governo federal, os chamados estados unionistas (de União). Esse conflito, que ficou conhecido como **Guerra de Secessão**, durou quase cinco anos e provocou a morte de mais de 600 mil pessoas.

> **PARA EXPLORAR**
>
> *Lincoln.* Direção: Steven Spielberg. Estados Unidos, 2013 (149 min).
>
> A cinebiografia narra a trajetória de Abraham Lincoln, o 16º presidente estadunidense, abordando o primeiro e o segundo mandatos, a Guerra de Secessão e a luta para acabar com a escravidão nos Estados Unidos.

Estados Unidos da América: A Guerra de Secessão (1861-1865)

Fonte de pesquisa: Geoffrey Parker. *Atlas Verbo de história universal.* Lisboa: Verbo, 1996. p. 98-99.

A guerra terminou em fevereiro de 1865, com a vitória dos unionistas. Alguns fatores foram determinantes para essa vitória: a devastação de grandes áreas do Sul, principal palco dos combates, o que paralisou as atividades agrícolas nessa região; e o fato de o Norte dispor de maior poder bélico e tecnológico, aliado à escassez de combatentes separatistas, já que boa parte da população dos Estados Confederados era formada por escravizados.

Após o fim da guerra, o modelo industrial do Norte se expandiu. Com trabalho livre e investimentos em indústrias, em novas tecnologias e em educação, os Estados Unidos reuniram condições para engendrar um acelerado progresso econômico.

A SEGREGAÇÃO RACIAL

A vitória do Norte antiescravista na Guerra de Secessão não garantiu aos ex-escravizados sua integração na sociedade estadunidense. A escravidão foi proibida ainda durante a guerra, em 1863, mas a discriminação em relação aos ex-escravizados permaneceu.

Entre 1865 e 1867, nos estados do Sul, vigoraram os **Black codes** (Códigos negros), leis que estabeleciam regras para a vida dos afro-americanos (ex-escravizados e seus descendentes). Entre outras prescrições, ficava determinado que eles trabalhariam exclusivamente em plantações, não deveriam aprender a ler nem a escrever e seriam punidos com castigos físicos em caso de violação às normas.

Os códigos foram proibidos a partir de 1867 em razão da política do Congresso estadunidense de inserir os afro-americanos na sociedade sulista. Contudo, a partir da segunda metade da década de 1870, os estados do Sul passaram a aprovar nova legislação **segregacionista**, ou seja, que instituía a separação entre negros e brancos nos transportes, em restaurantes e em outros espaços públicos, tornando os negros cidadãos de segunda classe. Houve estados que proibiram casamentos entre negros e brancos e destinaram escolas diferentes para um e outro grupo. Essa legislação, conhecida como **Leis de Jim Crow**, vigorou até a década de 1960.

Além da discriminação oficial, os afro-americanos enfrentaram perseguições e violência por parte de associações como a Ku Klux Klan (KKK). Essa organização racista, fundada no Tennessee em 1865 por ex-soldados confederados, praticava o linchamento e o assassinato de ex-escravizados e de "brancos liberais" defensores do fim da segregação. A KKK também perseguia católicos, judeus e outros povos que considerava inferiores. Os integrantes da organização ficaram conhecidos por usar túnicas e capuzes brancos, que ajudavam a esconder sua identidade. Outros grupos extremistas, como os Cavaleiros das Camélias Brancas, a Irmandade Branca e a Liga Branca, seguiam a mesma linha de atuação.

> **CÓDIGOS NEGROS (BLACK CODES)**
>
> [...] [Os códigos] restringiam a liberdade dos negros em diversos aspectos. Entre essas leis estavam as de vadiagem, que obrigavam os ex-escravos a trabalhar sem poder escolher seus empregadores. Em alguns estados, os negros não tinham permissão para se reunir, casar-se com brancos, beber álcool, possuir armas de fogo, ou atuar em ofícios especializados. [...] Na Carolina do Sul, uma lei definiu os contratos de trabalho: os negros só poderiam trabalhar em empregos rurais ou domésticos. [...] Até mesmo alguns sulistas brancos acharam que essas medidas eram muito provocadoras para os nortistas, que as consideravam uma "escravidão disfarçada".
>
> Leandro Karnal e outros. *História dos Estados Unidos*: das origens ao século XXI. São Paulo: Contexto, 2008. p. 142.

Desfile dos membros da Ku Klux Klan, em Washington D.C., Estados Unidos, em setembro de 1926.

A INDUSTRIALIZAÇÃO DOS ESTADOS UNIDOS

Durante a guerra civil, o apoio do governo federal à indústria estadunidense cresceu muito. Para aumentar os recursos e o poder de combate contra os Estados Confederados, grandes somas foram investidas no Norte e no Nordeste dos Estados Unidos.

Terminado o conflito, o governo manteve os investimentos em infraestrutura, financiando a expansão da indústria (energia, siderurgia e petróleo) e a construção de ferrovias e incentivando o desenvolvimento científico e tecnológico e o aprimoramento das comunicações. Além dos recursos estatais, houve grande investimento por parte da iniciativa privada.

Por volta de 1900, cidades como Chicago e Nova York tinham se tornado grandes centros urbanos, com mais de um milhão de habitantes cada uma. Por outro lado, o crescimento urbano e industrial era mais lento no Sul, que se recuperava da destruição provocada pela guerra civil, e no Oeste, ainda pouco povoado.

CIDADANIA GLOBAL

INDUSTRIALIZAÇÃO E VIDA TERRESTRE

O desenvolvimento industrial em uma região altera drasticamente a sociedade da área, suas relações econômicas e políticas, além de trazer muitas modificações ambientais.

1. No caso de Chicago e Nova York, quais foram os principais impactos ambientais? Para responder, busque informações na internet e, depois, compartilhe suas descobertas com a turma.

2. A atividade industrial é uma atividade econômica importante, pois gera empregos e desenvolvimento social. Porém, também é a principal responsável pela poluição mundial. Em sua opinião, é possível equilibrar desenvolvimento industrial e preservação ambiental? Debata sobre esse tema com a turma.

Avenida Broadway, na cidade de Nova York, nos Estados Unidos, em foto de 1902. No início do século XX, Nova York já era um grande centro urbano.

Veja mais imagens de **Chicago e Nova York no início do século XX**. Que aspectos dessas cidades as caracterizam como grandes centros urbanos no período?

A FERROVIA TRANSCONTINENTAL

A expansão do sistema ferroviário no século XIX foi fundamental para o crescimento econômico dos Estados Unidos, pois tornava mais rápidas e dinâmicas as atividades financeiras (empréstimos, financiamentos e pagamentos) e permitia o transporte de cargas e de pessoas das regiões portuárias para o interior do país. Essa ampliação da malha ferroviária simbolizava o otimismo tecnológico e modernizador dos estadunidenses e lhes causava orgulho.

Desde a construção das primeiras linhas de trem, os estadunidenses alimentavam o sonho de implantar uma ferrovia transcontinental que atravessasse seu país de leste a oeste. Esse sonho tornou-se realidade em 1869. Até o início do século XX, outras quatro linhas já cortavam o país de uma costa à outra.

FORDISMO E TAYLORISMO

As novas fontes de energia, os avanços tecnológicos e o aumento da produção industrial alteraram também o ritmo das atividades nas fábricas. Os operários, o tempo e o próprio local de trabalho deveriam se adequar ao ritmo das máquinas: era preciso produzir a maior quantidade de mercadorias no menor tempo possível.

HENRY FORD E A LINHA DE MONTAGEM

O empreendedor Henry Ford (1863-1947) apresentou, em 1908, o Ford-T, um modelo de automóvel de baixo custo. Para agilizar a fabricação de veículos, Ford idealizou um modelo de produção industrial em grande escala, com base em uma **linha de montagem**. Sua proposta ficou conhecida como **fordismo** e revolucionou não só o mercado de automóveis, mas também toda a indústria.

▼ Linha de montagem de automóveis da Ford, em Michigan, Estados Unidos. Foto de 1913.

A linha de montagem era um sistema constituído por uma sequência de operários organizados em série. Cada um dos operários cumpria uma função na confecção de determinado produto. Desse modo, o operário, em vez de realizar várias etapas e controlar muitas máquinas ao mesmo tempo, passava a operar uma única máquina e a realizar apenas uma etapa restrita da produção.

Com o aperfeiçoamento desse sistema de linha de montagem, os lucros das grandes indústrias aumentaram bastante. Assim, os Estados Unidos se consolidavam como a mais influente potência industrial do mundo, exportando produtos e tecnologia para outras partes do planeta.

TAYLOR E A ORGANIZAÇÃO DO TRABALHO NAS FÁBRICAS

Para tornar o processo produtivo mais eficiente e diminuir o desperdício de materiais utilizados na produção, o engenheiro Frederick Taylor (1856-1915) propôs mudanças na organização do trabalho nas fábricas.

Sua proposta, conhecida como **taylorismo** e resultante da observação da rotina nas indústrias, indicava as etapas necessárias para o melhor aproveitamento de máquinas e de trabalhadores.

Taylor concluiu que, antes do início de qualquer trabalho, era preciso analisar o espaço da fábrica, planejar a produção, treinar e equipar todos os operários, dividir e padronizar as tarefas e controlar o tempo.

ATIVIDADES

Retomar e compreender

1. Como você explicaria os motivos que levaram à Guerra da Secessão para alguém que não conhece esse acontecimento histórico?

Aplicar

2. Observe a imagem e, em seguida, responda: Que elementos dessa imagem representam uma propriedade típica do Sul dos Estados Unidos no século XIX?

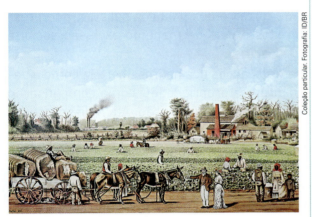

▲ William Aiken Walker. *Plantação de algodão no Mississípi*, 1883. Litografia.

3. Leia o texto e responda às questões.

> A segregação legal nos Estados Unidos pode ter acabado há mais de 50 anos. Mas, em muitas partes do país, americanos de raças diferentes não são vizinhos, não frequentam as mesmas escolas, não compram nas mesmas lojas e nem sempre têm acesso aos mesmos serviços.
> [...]
> Testemunhei isto em muitos locais do país — da Louisiana ao Kansas, do Alabama ao Wisconsin, da Georgia ao Nebraska. Em muitos destes lugares, pessoas de raças diferentes simplesmente não se misturam, não devido à escolha, mas devido às circunstâncias.
> E, se não há interação entre as raças, é mais difícil até começar uma conversa sobre como resolver o problema.
> Dados do censo divulgados recentemente e analisados pelo instituto de pesquisa americano Brookings Institution mostram que a segregação entre brancos e negros está caindo um pouco em cidades grandes, mas continua alta.
> [...]
>
> Rajini Vaidyanathan. Por que brancos e negros ainda vivem separados em algumas partes dos EUA. *BBC Brasil*, 10 jan. 2016. Disponível em: http://www.bbc.com/portuguese/noticias/2016/01/160110_eua_segregacao_fn. Acesso em: 7 jun. 2023.

a) Qual é o assunto principal do texto?
b) De acordo com o autor, a situação relatada no texto ocorre apenas em locais específicos?
c) Para a autora, qual é um dos maiores problemas de não haver interação racial?
d) De que maneira o assunto estudado neste capítulo se relaciona com esse artigo sobre a realidade dos Estados Unidos?
e) Que medidas você sugeriria para tentar diminuir ou extinguir a segregação racial nos Estados Unidos?

4. Leia o texto e, depois, responda às questões.

> Centenas de antirracistas conseguiram eclipsar uma manifestação do grupo racista Ku Klux Klan no estado norte-americano da Virgínia [...].
> [...]
> Os manifestantes do Ku Klux Klan levavam bandeiras confederadas e tiveram de ser escoltados pela polícia, enquanto centenas de manifestantes antirracistas gritavam "as vidas dos negros contam", "vergonha" e "racistas vão para casa".
>
> Luis Guita. Antirracistas abafam manifestação do Ku Klux Klan na Virgínia. *Euronews*, 9 jul. 2017. Disponível em: https://pt.euronews.com/2017/07/09/antirracistas-abafam-manifestacao-do-ku-klux-klan-na-virginia. Acesso em: 7 jun. 2023.

a) Explique a origem da Ku Klux Klan, citando aspectos do contexto de sua fundação.
b) De acordo com o texto, essa organização ainda existe? E a posição do grupo é unânime na sociedade estadunidense?
c) SABER SER Qual é seu posicionamento sobre organizações desse tipo? Comente com a turma.

217

ARQUIVO VIVO

A luta da população negra por direitos civis

Durante todo o período marcado pela segregação racial, os afro-americanos lutaram pela garantia de direitos civis e contra a discriminação. Até hoje, eles continuam se organizando para promover a justiça e a igualdade nos Estados Unidos.

Após a Guerra de Secessão e as lutas abolicionistas, das quais muitos negros participaram aderindo às forças da União, iniciou-se o período denominado **Reconstrução**, e alguns dispositivos legais favoreceram as comunidades negras do país. No entanto, esse período também foi marcado por reações, principalmente dos proprietários de terras e dos políticos sulistas, que pressionavam pela retirada desses direitos e pela permanente exclusão social e política dos negros nos Estados Unidos.

A emancipação trouxe novas reivindicações dos negros libertos, como a defesa da distribuição de terras e do direito à propriedade – como compensação pelo longo tempo em que trabalharam sem remuneração. Além disso, muitos intelectuais negros passaram a difundir ideias voltadas à questão da participação política e da educação pública e superior para os negros e também aos direitos das mulheres.

Entre o final do século XIX e o início do século XX, surgiram movimentos de luta pela conquista de direitos civis dos negros, como o **Movimento Niágara**, em 1905, e a **Associação Nacional para o Progresso da Gente de Cor** (NAACP, na sigla em inglês), em 1909. Esses movimentos estimularam a criação de projetos relacionados à educação de negros e à atuação de associações de bairros e igrejas que constituíam núcleos de ajuda mútua e de solidariedade. Eles também promoveram a formação de sindicalistas e militantes que se posicionavam contra as práticas de segregação e de desigualdade.

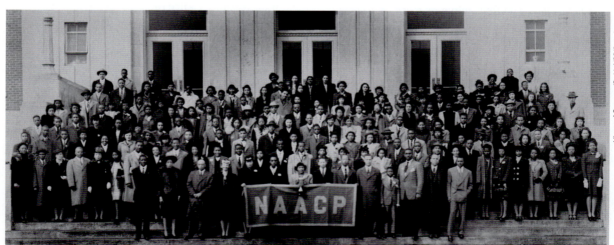

▲ Na foto, membros e delegados do Conselho da Juventude da NAACP, na conferência anual realizada em Richmond, Virgínia, entre 1916 e 1917.

Muitos ativistas e intelectuais negros, assim como simpatizantes brancos, participaram intensamente dos movimentos pela libertação dos escravizados e pelos direitos dos afro-americanos, como Frederick Douglass, Ida B. Wells e Harriet Tubman, entre outros.

Ao longo do tempo, os movimentos pelos direitos civis dos negros alcançaram diversas conquistas não apenas à população negra, mas também às mulheres e aos trabalhadores do país. Leia, a seguir, o trecho de um texto publicado em 1903 pelo escritor, sociólogo e historiador afro-americano William Edward Burghardt Du Bois (1868-1963) sobre a situação dos negros nos Estados Unidos.

▲ Filha de escravizados, Ida B. Wells foi jornalista e ativista pelos direitos civis dos afro-americanos entre o final do século XIX e o início do século XX nos Estados Unidos. Foto de 1893.

> [...] Eles não esperam que o livre direito de votar, de desfrutar direitos civis e ser educado virá num instante; eles não esperam ver a propensão e o preconceito desaparecer ao acorde de uma corneta; [...] pelo contrário, os negros devem insistir, continuamente, [...] que votar é uma necessidade da atualidade; que discriminação de cor é barbarismo, e que os meninos negros necessitam de educação, tanto quanto os meninos brancos.
>
> William Edward Burghardt Du Bois. *As almas do povo negro*. Tradução e notas de José Luiz Pereira da Costa. p. 79. Disponível em: https://afrocentricidade.files.wordpress.com/2016/04/as-almas-do-povo-negro-w-e-b-du-bois.pdf. Acesso em: 8 fev. 2023.

Organizar ideias

1. O período pós-emancipação e de Reconstrução, nos Estados Unidos, significou a conquista da plena cidadania pelos afro-americanos? Explique.

2. Após a abolição da escravidão, quais foram os principais direitos reivindicados pelos afro-americanos?

3. Quais eram os direitos que, segundo W. E. B. Du Bois, os negros dos Estados Unidos deveriam reivindicar?

4. Observe novamente a foto dos membros da Associação Nacional para o Progresso da Gente de Cor (NAACP). Apenas pessoas negras participavam dessa associação? Justifique.

5. Escreva um texto explicando a importância e as principais contribuições das organizações estadunidenses que lutavam pelos direitos dos negros. Se necessário, releia o texto desta seção para retomar algumas ideias.

6. Faça uma busca em livros, revistas, jornais ou na internet sobre as ideias e a atuação de um dos ativistas citados nesta seção. Depois, compartilhe com os colegas as informações que você obteve.

CONTEXTO

PRODUÇÃO ESCRITA

Manifesto

Proposta

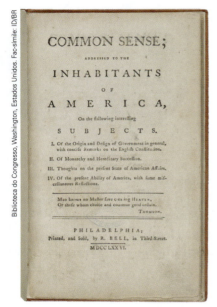

▲ Primeira página do manifesto *Common Sense* (1776), de Thomas Paine. Ela faz parte de uma obra que compilou os textos de Paine e foi publicada em 1894.

Ao longo desta unidade, você pôde analisar os processos que levaram à hegemonia dos Estados Unidos no continente americano. Esse processo histórico tem suas origens na independência desse país. Um marco desse contexto foi o manifesto chamado *Common Sense* (Senso comum, em tradução do inglês), escrito pelo britânico revolucionário Thomas Paine em 1776 e divulgado por meio de um panfleto. Muitos trechos desse texto ajudaram a compor a Declaração da Independência dos Estados Unidos, como vimos na unidade 2.

Compreende-se que um **manifesto** é um tipo de texto usado por diferentes movimentos sociais para divulgar seus princípios e expor suas reivindicações. De teor social, artístico ou político, o manifesto tem o objetivo de divulgar a causa de determinado grupo e mobilizar o público leitor a engajar-se nela. A linguagem utilizada é acessível e, necessariamente, apresenta argumentos em defesa do ponto de vista que se pretende compartilhar.

Agora, imagine que a turma é uma organização social coletiva que deseja expressar um posicionamento sobre um aspecto cultural que pode ser melhorado no Brasil.

Público-alvo	Pessoas interessadas no debate sobre a influência da cultura estadunidense no Brasil.
Objetivo	Apresentar um posicionamento coletivo sobre o tema e engajar o leitor.
Circulação	Comunidade escolar e comunidade externa.

Planejamento e elaboração

1 Em área externa da escola, a turma deve ler em conjunto o trecho do manifesto "Enquanto houver RACISMO, não haverá DEMOCRACIA", apresentado a seguir.

Enquanto houver RACISMO, não haverá DEMOCRACIA

Nós, população negra organizada, mulheres negras, pessoas faveladas, periféricas, [...] que professam religiões de matriz africana, quilombolas, pretos e pretas com distintas confissões de fé, povos do campo, das águas e da floresta, trabalhadores explorados, informais e desempregados, em Coalizão Negra por Direitos, viemos a público exigir a erradicação do racismo como prática genocida contra a população negra.

O Brasil é um país em dívida com a população negra — dívidas históricas e atuais. Portanto, qualquer projeto ou articulação por democracia no país exige o firme e real compromisso de enfrentamento ao racismo. Convocamos os setores democráticos da sociedade brasileira, as instituições e pessoas que hoje demonstram comoção com as mazelas do racismo e se afirmam antirracistas: sejam coerentes. Pratiquem o que discursam. [...]

Em nosso passado, formamos quilombos, forjamos revoltas, lutamos por liberdade, construímos a cultura e a história deste país. Hoje, lutamos por uma verdadeira democracia, exercício de poder da maioria, e conclamamos aqueles e aquelas que se indignam com as injustiças de nosso país.

Assinam: Coalizão Negra Por Direitos, Coletivo Legítima Defesa e a Frente 3 de Fevereiro.

Coalizão Negra Por Direitos; Coletivo Legítima Defesa; Frente 3 de Fevereiro. Enquanto houver RACISMO, não haverá DEMOCRACIA. Manifesto, 17 jun. 2022. Disponível em: https://comracismonaohademocracia.org.br/. Acesso em: 7 jun. 2023.

2 Após a leitura, conversem sobre o manifesto, destacando a percepção sobre a estrutura do texto e sobre os argumentos apresentados.

3 Depois, selecionem o tema do manifesto de vocês. Pensem, por exemplo, em comportamentos e situações que costumam deixá-los desconfortáveis.

4 Após a escolha do tema, é preciso que o coletivo debata sobre ele para que sejam elaborados os principais pontos do manifesto. Para isso, escolham dois colegas para cuidar da mediação do debate e dois colegas para realizar o registro das falas e intervenções. Assim, a turma deve debater em busca de consensos, de modo que as causas, os valores e as reivindicações do coletivo fiquem evidentes.

5 Finalizado o debate, com as devidas anotações sobre o tema do manifesto e os pontos a ser defendidos, a turma vai verificar os pontos mais recorrentes e importantes para o grupo e decidir a ordem em que eles serão apresentados no texto.

6 Um colega vai redigir o manifesto, sob a supervisão de todos. Lembrem-se: é fundamental que o título do manifesto traga o tema de forma explícita, que a linguagem seja adequada ao público-alvo e que a estrutura textual seja dissertativa, composta de introdução, desenvolvimento (descrição dos pontos defendidos e a argumentação), conclusão e assinatura em nome do grupo.

Revisão e reescrita

1 Terminada a escrita, o colega responsável pela redação fará uma leitura em voz alta da primeira versão do manifesto. O grupo deve atentar aos seguintes pontos:
- O título do manifesto explicita o tema que vai ser tratado?
- A argumentação do grupo está baseada em fatos e informações confiáveis?
- A defesa do posicionamento coletivo é feita de maneira convincente?
- A linguagem é acessível e os argumentos convencem o leitor sobre o ponto de vista do grupo?

2 Feitas as observações, a turma deverá reescrever o manifesto, ajustando o que for necessário.

Circulação

1 Após a releitura e a revisão do texto, a turma deverá eleger um estudante para fazer a leitura da versão final aos colegas.

2 Por ser um tema de interesse social, o manifesto pode ser impresso e distribuído à comunidade escolar ou divulgado em plataformas digitais.

ATIVIDADES INTEGRADAS

Retomar e compreender

1. Relacione a chegada de imigrantes aos Estados Unidos, no século XIX, com a assinatura da Lei de Terras.

2. Indique três fatores que ajudam a entender a vitória dos estados do Norte na Guerra de Secessão.

Aplicar

3. O jurista francês Alexis de Tocqueville (1805-1859) visitou os Estados Unidos em 1831. Em seus cadernos de viagem, ele registrou suas impressões acerca do tratamento dado pelos estadunidenses aos povos indígenas. Leia um trecho do relato.

[...] As raças indígenas fundem-se em presença da civilização da Europa como as neves debaixo do sol. Os esforços que elas fazem para lutar contra o seu destino só faz acelerar para elas a marcha destrutiva do tempo. A cada dez anos, aproximadamente, as tribos indígenas que foram repelidas para os desertos do Oeste se dão conta de que nada ganharam ao recuar e que a raça branca avança ainda mais rapidamente do que elas recuam. Irritadas pelo sentimento de sua própria impotência, ou inflamadas por alguma nova injúria, elas se reúnem e se fundem impetuosamente nas regiões onde habitavam outrora e onde se erguem agora as habitações dos europeus, as cabanas rústicas dos pioneiros e mais adiante as primeiras aldeias. Percorrem o país, queimam as habitações, matam os rebanhos [...]. A civilização recua então, mas recua como a onda do mar que sobe. [...]

Alexis de Tocqueville. *A democracia na América*. 2. ed. São Paulo: Martins Fontes, 2005. p. XXVIII-XXIX.

a) A qual processo histórico estudado o autor faz referência em seu relato?

b) O ponto de vista do autor é otimista ou pessimista em relação ao destino dos indígenas dos Estados Unidos? Justifique.

c) Em sua opinião, o que Tocqueville quis dizer ao afirmar que "A civilização recua então, mas recua como a onda do mar que sobe"?

4. Leia o texto e responda às questões.

[...] Nos Estados do Sul, a segregação foi uma forma de supremacismo branco fundamentado em lei e apoiado por violência. Foram os estados do Sul que se revoltaram, em 1861, para preservar a escravidão depois da eleição de um presidente abolicionista, Abraham Lincoln. [...] Quando os brancos do Sul, gradativamente, recuperaram o poder local, voltaram a criar leis obrigando a separação racial e restringindo os direitos de pessoas Afro-Americanas.
[...]
Quando Du Bois se pronunciou em 1935 sobre a influência Afro-Americana sobre a formação da educação pública, ele convivia com a distorção desse projeto educacional por parte de supremacistas brancos. Ao voltarem ao poder no Sul, impuseram a segregação não apenas para separar brancos e negros, mas também para criar diferenças de condições de ensino entre alunos brancos e negros, que serviam como espetáculo público, de modo a demonstrar a superioridade de qualquer pessoa branca sobre todas as pessoas afro-americanas. Ainda foi necessário aguardar algumas décadas até o Supremo Tribunal [...] declarar a segregação escolar do ponto de vista racial como procedimento inconstitucional. [...].

Jerry Dávila. Raça, memória e educação na formação nacional dos estados unidos (XIX-XXI). *Revista História da Educação* [on-line], v. 25, 2021. Disponível em: https://doi.org/10.1590/2236-3459/106499. Acesso em: 7 jun. 2023.

a) Segundo o texto, como os supremacistas sustentaram o processo de segregação racial nos Estados Unidos?

b) Durante o período da segregação racial, qual direito fundamental foi negligenciado aos estudantes negros?

c) Em sua opinião, quais foram os prejuízos vivenciados pela população negra devido à demora do Supremo Tribunal em declarar a segregação escolar como um procedimento inconstitucional?

d) Você já presenciou algum caso de discriminação racial ou já foi alvo de discriminação? Converse com os colegas sobre essa questão.

Analisar e verificar

5. Observe a foto e faça as atividades propostas.

▲ Operários trabalham em linha de montagem da Ford, em Highland Park, Michigan, Estados Unidos. Foto de 1912.

a) Descreva os elementos retratados na imagem.

b) Relacione essa imagem ao fordismo e ao taylorismo.

Criar

6. O *hip-hop* é um movimento artístico, político e social que surge da luta antirracista, no século XX, e que agrega diferentes manifestações nos países que, no passado, receberam africanos escravizados. Trata-se de uma resposta à forte repressão racista originada dos tempos coloniais e da manutenção da escravidão em vários países independentes, como os Estados Unidos. Em interdisciplinaridade com Artes, junte-se a um colega para produzir uma colagem sobre o tema. Para isso:

- Selecionem imagens ligadas ao *hip-hop* em diferentes países.
- Escolham um tamanho e uma base para a colagem de vocês. Lembrem-se de que ela pode ser impressa ou digital.
- Organizem as imagens e cole-as, da maneira como preferirem.
- Em uma data combinada, compartilhem a colagem de vocês com a turma e observem os trabalhos feitos pelas outras duplas.

▲ O *hip-hop* é um movimento em constante criação. Mais recentemente, tem agregado pautas indígenas, como neste grafite, do artista manauara Raiz, feito em Manaus (AM). Foto de 2022.

CIDADANIA GLOBAL
UNIDADE 8

15 VIDA TERRESTRE

Retomando o tema

Nesta unidade, você estudou o processo de expansão territorial dos Estados Unidos, os interesses e conflitos envolvidos, bem como o desenvolvimento econômico vivenciado pelo país. Sobre a expansão territorial, é importante que se reconheça que ela tinha como objetivo ocupar e tornar produtiva as novas áreas, e não fazia parte das preocupações daquele período refletir sobre as consequências negativas da ação da humanidade sobre o meio ambiente.

Contudo, no mundo contemporâneo, nos conscientizamos cada dia mais sobre a possibilidade de esgotamento dos recursos naturais e as consequências dos desequilíbrios ambientais.

1. Sobre a Lei de Terras de 1862, quais eram suas determinações? É possível identificar a visão que se tinha sobre o meio ambiente à época? Converse com os colegas e levante hipóteses.

2. No mundo atual, existem diversos discursos e políticas de preservação e recuperação do meio ambiente. Você conhece alguma dessas iniciativas?

Geração da mudança

- Baseados nas discussões sobre as ações atuais de preservação e de recuperação do meio ambiente, você e sua turma deverão investigar as principais políticas do município onde moram voltadas à preservação da fauna e da flora.

- Para isso, organizem-se em grupos de até quatro integrantes. Busquem informações sobre unidades de preservação ambiental ou áreas verdes preservadas existentes no município de vocês. Observem se, nas redondezas da escola ou da casa de vocês, há áreas abandonadas ou tomadas pelo descarte ilegal de lixo.

- Investiguem também os programas ambientais existentes e as principais áreas atendidas.

- Em uma roda de conversa, compartilhem as descobertas do grupo. Nesse diálogo, a turma deve, de modo coletivo:

    a) listar as principais iniciativas governamentais identificadas;

    b) analisar se esses programas atendem o município ou se há, ainda, áreas carentes.

Autoavaliação

IMPERIALISMOS E RESISTÊNCIAS

UNIDADE 9

PRIMEIRAS IDEIAS

1. Você sabia que muitos eletrodomésticos comumente usados nas residências atuais foram inventados a partir da segunda metade do século XIX, com o desenvolvimento industrial de países como os Estados Unidos e a Grã-Bretanha?
2. Como esses eletrodomésticos e outros objetos produzidos pela indústria daquele período chegaram a diversos lugares do mundo?
3. Em sua opinião, por que os Estados Unidos são vistos, atualmente, como uma nação imperialista?

Conhecimentos prévios

Nesta unidade, eu vou...

CAPÍTULO 1 — Industrialização e imperialismo

- identificar os impactos da Segunda Revolução Industrial nas cidades europeias e no cotidiano de seus habitantes.
- analisar a passagem do capitalismo industrial para o capitalismo financeiro.
- compreender o conceito de **imperialismo** e suas consequências.
- reconhecer a política imperialista do Japão no Oriente e as causas da Guerra Sino-Japonesa.
- conhecer a política imperialista dos Estados Unidos em relação aos países da América Latina.

CAPÍTULO 2 — O imperialismo na África

- relacionar a Conferência de Berlim à partilha da África entre as potências europeias, os Estados Unidos e o Império Otomano.
- compreender a participação dos portugueses, dos franceses, dos belgas e dos britânicos na expansão imperialista na África.
- reconhecer os movimentos de resistência dos povos africanos contra o imperialismo europeu.

CAPÍTULO 3 — O imperialismo na Ásia

- identificar as ações imperialistas das potências industrializadas na Ásia.
- reconhecer o controle do comércio indiano pela Grã-Bretanha.
- conhecer os movimentos de resistência ao imperialismo britânico na Índia.
- identificar as ações de resistência dos chineses contra a dominação estrangeira.

CIDADANIA GLOBAL

- conhecer o conceito de **pobreza**, de acordo com a Organização das Nações Unidas (ONU).
- analisar os impactos cotidianos de ter de viver com a renda que identifica as famílias em situação de pobreza.

225

LEITURA DA IMAGEM

1. Descreva o(s) artefato(s) histórico(s) representado(s) na foto.

2. Em sua opinião, qual é a importância desses objetos, tanto para os descendentes do Reino do Benin quanto para a Inglaterra e os outros países da Europa que saquearam e venderam esses itens a museus e colecionadores?

3. Na década de 1950, a Nigéria e outros países africanos requisitaram aos museus europeus que devolvessem as peças roubadas nos séculos anteriores. Por que apenas recentemente esses países começaram a atender aos pedidos de devolução? O que mudou para que finalmente atendessem às requisições? Levante hipóteses com a turma.

CIDADANIA GLOBAL

1 ERRADICAÇÃO DA POBREZA

Desde a Idade Moderna, as nações europeias projetavam a invasão e a dominação de territórios na América, na África e na Ásia. No caso africano, essas tentativas só tiveram êxito no final do século XIX. Uma das principais consequências desse processo é o fato de que, ainda hoje, a África concentra a maior parte dos países mais pobres do mundo.

1. Qual é a definição de **pobreza extrema**, de acordo com a ONU? Se necessário, busque essa informação na internet.

2. Qual seria a relação entre as invasões europeias do século XIX e a situação atual de pobreza enfrentada por diversos países africanos? Levante hipóteses sobre o tema.

Veja, em detalhes, algumas das peças que integram o conjunto dos **Bronzes de Benin**. Que aspectos da corte do antigo Reino do Benin elas evidenciam?

Na década de 2020, diversos museus europeus começaram a devolver peças que fazem parte do conjunto escultórico conhecido como Bronzes de Benin, produzidas entre os séculos XV e XIX no Reino de Benin, no sul da atual Nigéria. Esses artefatos foram roubadas pelos ingleses no final do século XIX. Na foto, autoridades nigerianas são fotografadas após assinarem acordo em Berlim, na Alemanha, para retorno de artefatos nigerianos. Foto de 2022.

227

CAPÍTULO 1
INDUSTRIALIZAÇÃO E IMPERIALISMO

PARA COMEÇAR

No século XIX, o uso de matérias-primas, como o aço, e de fontes de energia, como o petróleo, favoreceu o desenvolvimento das indústrias, dos transportes e das comunicações. Você sabe qual é a relação entre o uso das fontes de energia e de matérias-primas e o imperialismo?

A SEGUNDA REVOLUÇÃO INDUSTRIAL

Na segunda metade do século XIX, alguns países da Europa Ocidental, os Estados Unidos e o Japão alcançaram um grande desenvolvimento industrial. As descobertas científicas e as inovações tecnológicas impulsionaram esse desenvolvimento, além de contribuir para a modernização dos meios de transporte e de comunicação.

Nesse período, surgiram novas indústrias e houve a expansão progressiva de ferrovias. As principais fontes de energia passaram a ser o petróleo e a eletricidade, que substituíram o carvão vegetal e o carvão mineral, muito usados durante a Primeira Revolução Industrial. Além disso, o aço tornou-se o material mais utilizado na indústria e, aos poucos, os motores de combustão interna, assim como os motores elétricos, foram substituindo as máquinas a vapor. O emprego do aço na indústria, aliado ao uso de novas fontes de energia, tornou o ritmo produtivo mais acelerado, favorecendo a produção em larga escala.

Conhecido como **Segunda Revolução Industrial**, esse processo foi responsável por muitas mudanças na sociedade e na economia da época.

▼ Trem da companhia ferroviária Chicago & Rock Island and Pacific Railroad (CRI&PRR), nos Estados Unidos. Foto de 1852.

OS NOVOS INVENTOS E A ERA DO OTIMISMO

As inovações promovidas pela Segunda Revolução Industrial causaram grandes transformações no cotidiano das pessoas. O uso da **eletricidade** foi uma das principais inovações dessa época, pois possibilitou que mais atividades pessoais ou profissionais fossem realizadas no período noturno.

A energia elétrica proporcionou também a invenção de diversos aparelhos eletrodomésticos e o desenvolvimento da versão elétrica da geladeira e do ferro de passar roupas.

Inúmeros equipamentos foram inventados nesse período, como o fogão a gás, o aparelho de raios X, o microfone, o telégrafo, o telefone, a furadeira elétrica, a máquina fotográfica, o cinema, a descarga em vasos sanitários e o automóvel. Muitos deles são utilizados ainda hoje, em nosso dia a dia, em diversos lugares do mundo.

Os países industrializados incentivavam o consumo desses novos produtos e serviços, e a população, estimulada pela publicidade, era tomada por grande otimismo e euforia.

No entanto, os principais consumidores desses produtos e serviços pertenciam, em geral, à burguesia. Os operários que trabalhavam nas indústrias fabricantes desses inventos pouco se beneficiaram das inovações urbanas.

Além disso, as condições de trabalho dessas pessoas nas fábricas eram precárias, assim como suas condições de moradia. As residências dos operários ficavam próximas aos locais de trabalho e nelas não havia rede de esgoto nem abastecimento de água ou de gás.

PRINCIPAIS INVENTOS E INOVAÇÕES DA SEGUNDA REVOLUÇÃO INDUSTRIAL

- **1850**
- **1856** Processo Bessemer de fabricação de aço
- **1870**
- **1870** Invenção do dínamo, dispositivo que gera energia elétrica
- Invenção e aperfeiçoamento do motor de combustão interna, que permitiu o uso do petróleo como fonte de energia
- **1890**
- **1885** Produção do primeiro veículo motorizado, por Karl Benz
- **1910**
- **1908** Criação do automóvel Ford T, por Henry Ford

DO CAPITALISMO INDUSTRIAL AO CAPITALISMO FINANCEIRO

Até a metade do século XIX, a produção de uma indústria era garantida por recursos próprios. Por isso, essa fase é conhecida como **capitalismo industrial**. No entanto, ainda nesse mesmo século, ocorreu a associação entre o capital industrial e o capital financeiro, isto é, banqueiros e outros grupos de investidores começaram a investir em empresas, promovendo a criação de ações, que passaram a ser comercializadas como mercadorias. Iniciava-se, assim, a fase do **capitalismo financeiro**.

Muitas empresas pequenas entraram em processo de falência, e as grandes empresas uniram-se em associações, visando à própria preservação. Observe, no esquema a seguir, os tipos de associação realizados entre grandes empresas no século XIX.

AS ASSOCIAÇÕES ENTRE EMPRESAS NO BRASIL

Atualmente, no Brasil, as *holdings* atuam nas bolsas de valores, controlando os mercados das ações de suas empresas associadas. Já a formação de cartéis e trustes é proibida por lei. Para evitar a organização de trustes, o governo brasileiro criou o Conselho Administrativo de Defesa Econômica (Cade). No caso dos cartéis, mesmo com a proibição, ainda há setores que o praticam de certo modo, padronizando o preço de seus produtos para impedir a concorrência.

TIPOS DE ASSOCIAÇÃO ENTRE GRANDES EMPRESAS NO SÉCULO XIX

Truste	Cartel	Holding
Associação de empresas de um mesmo ramo, com o objetivo de manter o controle sobre toda a linha de produção.	Conjunto de empresas independentes que, por meio de acordos, dividem o mercado entre si, com o objetivo de combater a concorrência.	Empresa que obtém o controle de outras empresas – do mesmo ramo ou não – e que detém a posse majoritária das ações de suas associadas.

Essas associações propiciaram um acúmulo de capital por grandes grupos de empresas, dando origem às **transnacionais**, corporações empresariais com matriz em um país e diversas filiais em diferentes partes do mundo.

Charge política feita em 1902 na qual o cartunista estadunidense Homer Davenport critica com ironia os contrastes econômicos e sociais causados pelo truste.

O IMPERIALISMO

No século XIX, o mercado consumidor nos países capitalistas industrializados da Europa, nos Estados Unidos e no Japão crescia em proporção menor que a produção de sua indústria. Além disso, o desenvolvimento tecnológico possibilitava a utilização de novas matérias-primas, mas muitas delas eram escassas nesses países. Era o caso, por exemplo, do látex, abundante na Amazônia e em parte da África e da Ásia, e do cobre, extraído no Chile, no Peru e no Congo.

Esse contexto levou grupos financeiros a fazer grandes investimentos no exterior com o apoio do Estado. Assim, principalmente a partir da segunda metade do século XIX, as potências industriais buscaram garantir o domínio sobre novos territórios para obter matéria-prima, mão de obra barata, novos mercados consumidores e oportunidades de investimento de capital. Esse processo é chamado de **imperialismo**.

Países europeus, como Grã-Bretanha, França, Alemanha, Bélgica e Itália, partiram sobretudo em direção à Ásia e à África; os Estados Unidos se dirigiram principalmente aos países da América Latina e às ilhas do oceano Pacífico; e o Japão voltou-se para a China e a Coreia.

Para dar uma justificativa ideológica às práticas imperialistas, os europeus se autorrepresentavam como seres ética e culturalmente superiores. Afirmavam que cabia a eles uma "**missão civilizadora**" e defendiam que representavam um modelo de sociedade, alegando a superioridade do "homem branco". Utilizavam, para isso, os argumentos do "evolucionismo social" (assunto visto na unidade 7).

Uma das várias táticas utilizadas para consolidar a dominação e a exploração dos territórios sob domínio imperialista foi enviar missionários religiosos cristãos para a conversão de africanos e de asiáticos ao cristianismo. Os missionários cristãos buscavam impor os valores do cristianismo, alegando que as religiões dos povos nativos eram inferiores. Outra estratégia muito empregada pelos europeus foi estimular as rivalidades já existentes entre as populações locais.

As potências imperialistas não respeitavam as fronteiras estabelecidas até então nesses territórios, assim como desconsideravam sua política, suas leis, suas culturas e suas tradições, e introduziam, forçadamente, as formas ocidentais de organização social, política e econômica.

Capa de uma revista francesa de 1900. A ilustração traduz e reforça a visão de que a França seria a portadora de progresso e civilização para suas colônias.

O EXPANSIONISMO JAPONÊS

Até o século XIX, o Japão manteve uma política de isolamento em relação aos demais países. Sua economia era essencialmente agrária, o que dava grande poder e prestígio aos proprietários de terra.

O país era governado por um imperador que, na prática, não tinha poder político. Esse poder estava nas mãos do **xógum**, o chefe militar. Outro grupo importante na hierarquia japonesa era o dos **samurais**, guerreiros que serviam aos proprietários de terra.

A partir de 1854, o Japão se abriu ao Ocidente, apesar da grande resistência dos grupos tradicionais. A elite agrária se uniu, então, ao jovem imperador Meiji (1852-1912), que empreendeu uma série de reformas: contratou engenheiros ocidentais para construir fábricas e ferrovias e militares ocidentais para modernizar a Marinha e o Exército. Esse período ficou conhecido como **Era Meiji** e transformou o Japão agrário em uma sociedade capitalista e imperialista.

No final do século XIX, o Japão já era uma potência industrial. Como precisava de matéria-prima e de mercado consumidor, o governo japonês adotou uma política imperialista no Oriente.

Os japoneses avançaram pela Coreia e pela China, quando ocorreu a **Primeira Guerra Sino-Japonesa** (1894-1895). O Japão saiu vitorioso e conquistou o território da Manchúria e a ilha de Formosa, também conhecida como Taiwan.

Entre 1904 e 1905, a Rússia entrou em conflito com o Japão, reivindicando a Manchúria. Esse conflito ficou conhecido como **Guerra Russo-Japonesa**. Mais uma vez, os japoneses venceram e, além de firmar seu poder na região, conquistaram a ilha de Sacalina.

Ainda no início do século XX, o Japão entrou em disputa com os Estados Unidos pelo domínio de ilhas no Pacífico.

CIDADANIA GLOBAL

POBREZA NO JAPÃO ATUAL

Uma ideia do senso comum sobre o Japão e outros países que tiveram o passado imperialista é que, nessas regiões, não existe pobreza. Porém, nas primeiras décadas do século XXI, diferentes crises mostraram que esse cenário não era verdadeiro. Embora o Japão tenha a terceira maior economia do mundo, ela é acompanhada por uma taxa de pobreza de 15%, de acordo com informações do Banco Mundial em 2022.

1. Em sua opinião, por que há essa ideia de que não existe pobreza em países como Japão, Estados Unidos e Inglaterra?

2. Embora exista pobreza no Japão, o país dispõe de uma série de programas que visam combater essa situação. Que programas são esses? Será que eles dariam certo no Brasil? Para responder, faça uma busca na internet. Depois, compartilhe suas descobertas e percepções com a turma.

▼ Gravura do século XIX que representa uma fábrica no Japão durante a Era Meiji.

O IMPERIALISMO ESTADUNIDENSE

Como vimos na unidade 8, a Marcha para o Oeste expandiu o território dos Estados Unidos da costa do Atlântico até a costa do Pacífico. Essa expansão se deu à custa da ocupação de metade do território do México e mediante o massacre de diversos povos indígenas, que, apesar de muita resistência, tinham sido praticamente extintos no final do século XIX. O expansionismo estadunidense voltou-se, então, para Cuba e Porto Rico, as últimas colônias espanholas na América, e para as Filipinas, na Ásia.

Outro território dominado economicamente pelos Estados Unidos foi o **Havaí**, arquipélago localizado no oceano Pacífico. No século XIX, predominavam na economia do Havaí fazendeiros estadunidenses que ali cultivavam cana-de-açúcar e frutas tropicais. Havia também fazendeiros franceses, alemães, ingleses, chineses e japoneses no arquipélago.

Em 1894, em razão das tensões entre o poder local e os empresários estrangeiros, os Estados Unidos invadiram o Havaí. Após quatro anos de disputas legais, o Havaí foi incorporado como **protetorado**, ou seja, uma forma de sujeição em que o território ou país dominado mantém algumas estruturas governamentais, assim como sua nacionalidade. Cabe à potência dominante decidir a política externa praticada no protetorado e garantir-lhe proteção. Em 1959, o Havaí tornou-se a 50ª unidade federativa dos Estados Unidos.

▲ Charge de Charles Nelan, datada de 1898, sobre a aquisição das Filipinas pelos Estados Unidos. Nessa representação, o Tio Sam, personagem-símbolo estadunidense, pondera sobre como lidar com o novo território conquistado.

■ **Estados Unidos da América: Intervenções imperialistas (1858-1934)**

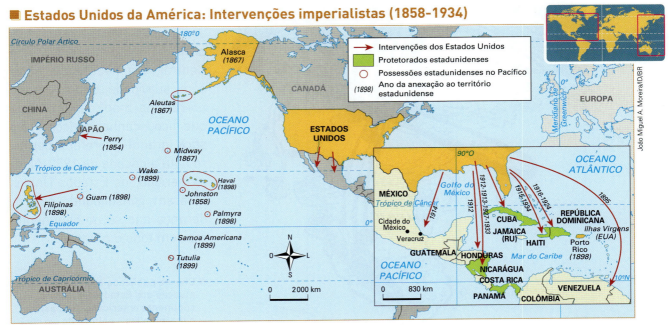

Fonte de pesquisa: *Atlas do censo demográfico 2000*. Rio de Janeiro: IBGE, 2003. p. 58.

233

A AMÉRICA LATINA E O EXPANSIONISMO ESTADUNIDENSE

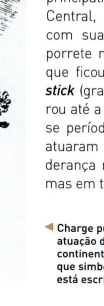

Veja algumas imagens que evidenciam as **influências estadunidenses nos países da América do Sul**. Depois, responda: Como você percebe essa influência em seu dia a dia?

Alguns historiadores consideram que o primeiro passo do imperialismo estadunidense na América foi estabelecer barreiras às intervenções europeias no continente, com a criação da Doutrina Monroe na década de 1820. Isso ocorreu porque, ao mesmo tempo que defendiam a autonomia dos países americanos, os Estados Unidos condicionavam as fronteiras e os interesses da América aos deles próprios. As ideias expressas no Destino Manifesto também serviram de justificativa para a política expansionista estadunidense, pois remetiam a uma "missão civilizatória" para legitimar as ocupações ou as intervenções territoriais.

Na segunda metade do século XIX, a retomada do Pan-Americanismo (conceito visto na unidade 4) por pensadores estadunidenses explicitou as ambições expansionistas do país. Na integração proposta, os Estados Unidos se colocavam como centro de decisões, enquanto os outros países da América tinham papel secundário. Isso foi logo percebido e rejeitado por alguns setores da sociedade e dos governos latino-americanos. Assim, uma modalidade mais agressiva de negociação e de intervenção foi implementada por Theodore Roosevelt (1858-1919), que assumiu a presidência dos Estados Unidos em 1901.

A partir de então, a ação imperialista estadunidense materializou-se em ocupações militares e manipulações políticas. Roosevelt dizia que, em relação aos países latino-americanos, principalmente aos da América Central, era necessário "falar com suavidade e um grande porrete na mão", uma política que ficou conhecida como **big stick** (grande porrete) e perdurou até a década de 1930. Nesse período, os Estados Unidos atuaram consolidando sua liderança não só no continente, mas em todo o mundo.

◀ Charge publicada em 1905 ironiza a atuação dos Estados Unidos no continente americano. No bastão, que simboliza a política do *big stick*, está escrito "Doutrina Monroe".

AMÉRICA CENTRAL

A política imperialista dos Estados Unidos foi especialmente forte na América Central. O caso da intervenção no Panamá é bastante significativo.

O Panamá tornou-se independente da Espanha em 1821, incorporando-se à Grã-Colômbia. Após a dissolução da Grã-Colômbia, em 1830, passou a fazer parte da República de Nova Granada, que, mais tarde, foi chamada de Colômbia. A partir de então, houve alguns movimentos pela independência do território panamenho, mas nenhum deles obteve êxito até o final do século XIX.

O território do Panamá é um istmo, estreita porção de terra que conecta duas grandes extensões territoriais. Essa situação geográfica era muito favorável à construção de um canal que ligasse os oceanos Atlântico e Pacífico – veja o mapa "O Panamá na atualidade (2018)". A possível existência de uma passagem rápida e segura entre esses oceanos integraria o fluxo comercial entre duas grandes áreas de consumo e de produção no mundo. Por isso, a partir de 1880, o governo colombiano iniciou a construção do canal. Contudo, sucessivos reveses impediram a conclusão das obras.

Os Estados Unidos também se interessaram pela construção de um canal no Panamá. Assim, Roosevelt tentou fazer um acordo com o governo colombiano para viabilizá-la. Como não teve sucesso, o governo dos Estados Unidos apoiou militarmente um movimento separatista do Panamá. O movimento saiu vitorioso e, em 1903, foi fundada a República do Panamá.

As obras do canal foram concluídas em 1914. A partir de então, os Estados Unidos intervieram várias vezes na região para assegurar seus interesses, violando a autonomia política do Panamá. Em 1977, essa situação foi oficializada por um acordo que determinava a gestão conjunta do canal pelos dois países. A interferência estadunidense na área do canal só cessou em 1999, quando o governo local assumiu o controle definitivo da região.

> **PARA EXPLORAR**
>
> **Infográfico: como funciona o Canal do Panamá?**
>
> O infográfico apresenta o funcionamento e como ocorreu a construção do canal, utilizado há mais de cem anos para encurtar a distância entre o Atlântico e o Pacífico, consistindo em um atalho que é peça-chave para o comércio marítimo.
>
> Disponível em: https://super.abril.com.br/tecnologia/infografico-como-funciona-o-canal-do-panama/. Acesso em: 9 jun. 2023.

O Panamá na atualidade (2018)

Fonte de pesquisa: *Atlas geográfico escolar*. 8. ed. Rio de Janeiro: IBGE, 2018. p. 39.

CARIBE

Cuba, como vimos na unidade 4, foi o último país da América a se tornar independente da Espanha, em 1898. Por muito tempo, empresas estadunidenses obtiveram grandes lucros com a produção de açúcar e o cultivo de tabaco e de frutas tropicais nessa colônia.

Assim, os estadunidenses tinham forte interesse no território cubano e, como no Panamá, apoiaram militarmente o processo de independência do país, declarando guerra à Espanha. Após a independência de Cuba, exerceram forte interferência na elaboração da constituição do novo país e fizeram aprovar a **Emenda Platt**. Essa emenda assegurava aos Estados Unidos o direito de intervir nos assuntos internos do novo Estado cubano.

A manutenção de um padrão político e econômico similar ao colonial, mantido por governos autoritários alinhados aos Estados Unidos, sufocou as aspirações populares e gerou tensões que permearam a primeira metade do século XX. Na prática, apesar de independente, Cuba estava sob a tutela dos Estados Unidos, que controlaram a economia e a política do país até a Revolução Cubana, em 1959.

A DIPLOMACIA DO DÓLAR

Além do controle sobre Cuba, após a guerra hispano-americana, os Estados Unidos garantiram a posse de Porto Rico, no Caribe, bem como das ilhas de Guam e das Filipinas, no oceano Pacífico. Os desdobramentos dessa guerra colocaram fim ao domínio colonial espanhol e, ao mesmo tempo, consolidaram uma nova potência imperialista, os Estados Unidos.

Mas não foi apenas com intervenções armadas que os Estados Unidos asseguraram seus interesses. Companhias produtoras de frutas, investidores estrangeiros, controle de mercados e entrada maciça de capitais foram algumas táticas usadas para consolidar seu poderio econômico na região durante as primeiras décadas do século XX. Essa política de incentivos econômicos e de expansão capitalista, denominada **Diplomacia do dólar**, consistiu em investimentos e na exploração econômica das pequenas repúblicas da América Central.

> **CAMPONESES, INDÍGENAS E NEGROS**
>
> Na prática, as intervenções estadunidenses sobre os países da América Central e o México garantiram o poder das elites locais sobre a maior parte da população, que vivia em situação de pobreza ou miséria. Ela era formada, em sua maioria, por pessoas indígenas, camponeses e descendentes de ex-escravizados.
>
> O receio de uma revolução que alçasse tais grupos populares ao poder tornou a aliança com os Estados Unidos essencial a essas elites, que, em troca da submissão às investidas estadunidenses, garantiam suas posições políticas, econômicas e sociais sobre a população.

▼ Gilbert Gaul. *Nas trincheiras diante de Santiago*, 1898. Litografia. A pintura representa a participação dos Estados Unidos no processo de independência de Cuba.

ATIVIDADES

Acompanhamento da aprendizagem

Retomar e compreender

1. Complete o quadro com base nos impactos da Segunda Revolução Industrial.

Principais mudanças promovidas pela Segunda Revolução Industrial	
Sociais	
Econômicas	

Aplicar

2. Leia o trecho de texto e, em seguida, responda às questões.

> O desenvolvimento tecnológico agora dependia de matérias-primas que, devido ao clima ou ao acaso geológico, seriam encontradas exclusiva ou profusamente em lugares remotos. O motor de combustão interna, criação típica do período que nos ocupa, dependia do petróleo e da borracha. O petróleo ainda vinha predominantemente dos EUA e da Europa (da Rússia e, muito atrás, da Romênia), mas os campos petrolíferos do Oriente Médio já eram objeto de intenso confronto no conchavo diplomático. A borracha era um produto exclusivamente tropical, extraída com uma exploração atroz dos nativos nas florestas equatoriais do Congo e da Amazônia, alvo de protestos anti-imperialistas precoces e justificados. Com o tempo, foi exclusivamente cultivada na Malaia [nome da Malásia antes de sua independência]. O estanho provinha da Ásia e da América do Sul. Os metais não ferrosos, que anteriormente eram irrelevantes, tornaram-se essenciais para as ligas de aço exigidas pela tecnologia da alta velocidade.
>
> Eric J. Hobsbawm. *A era dos impérios*: 1875-1914. São Paulo: Paz e Terra, 2010. p. 107-108.

   a) Identifique as principais matérias-primas que eram utilizadas pelas indústrias dos países imperialistas.
   b) Quais eram os locais de origem delas?
   c) Relacione o uso dessas matérias-primas com o desenvolvimento tecnológico que caracterizou a Segunda Revolução Industrial.

3. O que justificava o interesse dos Estados Unidos na construção do canal do Panamá?

4. Observe a caricatura e faça o que se pede.

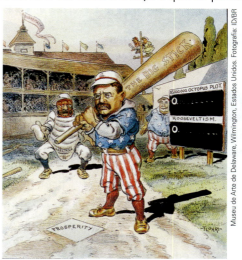

▲ Caricatura do presidente Theodore Roosevelt na capa da revista *Judge Magazine* de maio de 1907.

   a) Descreva os elementos representados nessa caricatura.
   b) Qual prática política essa imagem critica? Explique-a.

5. Leia o trecho da Emenda Platt e, em seguida, faça as atividades propostas.

> III. Que o governo de Cuba permita que os Estados Unidos exerçam o direito de intervir no sentido de preservar a independência cubana […] [e manter] um governo adequado para a proteção da vida, propriedade e liberdade individual […].
>
> VII. Que, a fim de auxiliar os Estados Unidos a sustentar a independência cubana, e para proteger a população dali, tão bem como para a sua própria defesa, o governo de Cuba deverá vender ou alugar terras aos Estados Unidos […].
>
> Richard B. Morris (org.). *Documentos básicos da história dos Estados Unidos*. Rio de Janeiro: Fundo de Cultura, 1964. p. 182-183.

   a) Explique o papel dos Estados Unidos no processo de independência de Cuba.
   b) Quais foram as implicações da Emenda Platt para os cubanos?
   c) Relacione esse fragmento de texto com o que você estudou sobre a política externa estadunidense.

237

CAPÍTULO 2
O IMPERIALISMO NA ÁFRICA

PARA COMEÇAR

Em 1900, quase todo o continente africano estava sob o poder de potências europeias. Os conflitos entre as nações industrializadas, que disputavam entre si o domínio de novos territórios, e os povos de regiões por elas colonizadas não tardaram a surgir. Você sabe como se deram esses conflitos?

A CONFERÊNCIA DE BERLIM

Conforme vimos no capítulo anterior, o imperialismo levou vários países europeus a buscar novos territórios na Ásia e na África a partir da década de 1870. Os europeus estavam interessados principalmente em obter matérias-primas para suas indústrias.

O aumento do interesse de potências industriais europeias pelo continente africano preocupou Portugal, que já tinha colônias nesse continente desde o século XVI. Temendo perdê-las, o governo português propôs uma conferência sobre a ocupação da África.

Para garantir as possessões de seu país, Otto von Bismarck, primeiro-ministro da Alemanha, patrocinou a **Conferência de Berlim**. Entre 1884 e 1885, as principais potências europeias, os Estados Unidos e o Império Otomano, reunidos em Berlim, estabeleceram diretrizes para a partilha imperialista da África.

A partir dessa conferência, as áreas de domínio de cada país participante foram progressivamente delimitadas por uma série de tratados bilaterais. Em 1914, as possessões europeias já estavam definidas. Compare os mapas "África (1880)" e "África (1914)" a seguir e observe que, após pouco mais de duas décadas, todo o continente africano, com exceção apenas da Etiópia e da Libéria, era dominado por países europeus.

▼ Boulevard de la Gare, em Casablanca, Marrocos, tomado durante o protetorado francês. Detalhe de cartão-postal de cerca de 1920.

A PARTILHA IMPERIALISTA DA ÁFRICA

Os países imperialistas defenderam apenas os próprios interesses ao partilhar a África entre si. O poder político-militar desses países foi decisivo para determinar o tamanho e a localização dos territórios atribuídos a cada um deles.

■ África (1880)

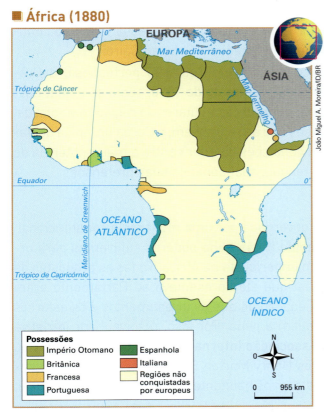

Fonte de pesquisa: *Atlas da história do mundo*. São Paulo: Folha de S.Paulo, 1995. p. 234-235.

■ África (1914)

Fonte de pesquisa: Geoffrey Parker. *Atlas Verbo de história universal*. Lisboa: Verbo, 1997. p. 104-105.

OS FRANCESES

Os interesses imperialistas franceses se manifestaram muito antes da Conferência de Berlim. Em 1830, a França invadiu a região onde atualmente fica a Argélia, no norte da África, utilizando a **Legião Estrangeira** – exército paramilitar francês criado pelo rei Luís Filipe em meados do século XIX – no combate aos berberes, povos muçulmanos que habitavam a região. Da invasão à independência, em 1962, a Argélia nunca foi completamente dominada; contudo, foi palco de inúmeras revoltas.

Mais conquistas se sucederam, e a França foi tomando territórios onde hoje se localizam o Gabão, o Marrocos, a Tunísia e o Senegal, entre outros países.

Em suma, a França dominou grande parte do noroeste africano (as chamadas África Ocidental Francesa e África Equatorial Francesa), além da atual República Popular do Congo e da ilha de Madagascar.

paramilitar: referente a organização de cidadãos armados e fardados, sem relação com as forças militares regulares.

239

> **O FIM DA MONARQUIA PORTUGUESA**
>
> O recuo de Portugal diante do Ultimato de 1890 foi decisivo para o fim da monarquia portuguesa. Fortalecido, o movimento republicano português acusou a monarquia de ser fraca e aceitar os desmandos da Grã-Bretanha.
>
> Em 1910, dom Manuel II teve de abandonar seu palácio em virtude de um bombardeio da Marinha portuguesa. A República foi proclamada, e o rei exilou-se na França.

OS PORTUGUESES

O objetivo de Portugal durante a Conferência de Berlim era garantir a posse de suas duas colônias, **Angola** e **Moçambique** – veja o mapa "África (1880)" –, e da região entre elas, unindo-as em um só território. A Grã-Bretanha, contudo, apresentou forte objeção a esse projeto, pois também tinha interesse na região e pretendia construir uma ferrovia que atravessaria todo o continente africano, unindo a Cidade do Cabo ao Cairo.

Para acabar com qualquer pretensão portuguesa, a Grã-Bretanha determinou o **Ultimato de 1890**, segundo o qual Portugal deveria retirar suas forças militares da região reivindicada. Caso os portugueses não se retirassem, a Coroa britânica declararia guerra. Sem condições de lutar contra a maior potência do mundo, Portugal recuou, abandonando suas pretensões.

OS BELGAS

A Bélgica era governada por uma monarquia constitucional. Assim, o rei Leopoldo II não tinha poderes suficientes para organizar um projeto imperialista na África. Todas as propostas de ocupação territorial que ele apresentava ao Parlamento eram refutadas sob a alegação de que os investimentos e os esforços requeridos não valiam a pena. Por isso, resolveu, por iniciativa pessoal, criar a **Associação Internacional do Congo** e contratou o explorador inglês Henry Morton Stanley para estabelecer relações comerciais com os habitantes do interior daquela região.

Em 1884, na Conferência de Berlim, o rei belga conseguiu garantir a posse das terras congolesas, fundando o **Estado Livre do Congo**. A intenção de Leopoldo II era explorar o látex das seringueiras e o marfim das presas de elefantes e, para alcançá-la, impôs um dos mais violentos governos instaurados nas colônias africanas. Ele exigia que a população local atingisse cotas de produção e mantinha uma **Força Pública** – exército que reprimia brutalmente os trabalhadores que não cumprissem as metas estabelecidas. Muitos congoleses, incluindo crianças, tiveram as mãos decepadas como punição por descumprir tais metas.

Essas atrocidades tornaram-se públicas, e, em 1908, o Parlamento belga tomou o Estado Livre do Congo do domínio pessoal do rei, assumindo a administração congolesa. O Parlamento buscou, a partir de então, diminuir a violência do tratamento dado aos povos nativos.

▼ Durante a administração belga no Congo, praticou-se ali uma contínua caça a elefantes para a obtenção do marfim de suas presas. Nessa foto de 1900, colonizadores e congoleses posam com as presas de elefantes.

OS BRITÂNICOS

Em 1859, o governo egípcio iniciou as obras para a abertura do **canal de Suez**. Esse canal uniria o mar Mediterrâneo ao mar Vermelho e encurtaria radicalmente a distância para a navegação e o comércio entre Europa, Ásia e África. Entretanto, o governo egípcio não teve condições de continuar financiando as obras. Para viabilizar a construção e saldar dívidas, foi obrigado a vender ao Império Britânico sua participação no canal.

A Grã-Bretanha estava interessada no controle total do canal, pois isso facilitaria a rota dos navios britânicos à Índia, anexada ao Império Britânico em 1876. Portanto, além de assumir essas obras, a Grã-Bretanha ocupou o Egito de 1882 a 1954, apesar da resistência e dos protestos da população local. Os britânicos também ocuparam as regiões dos atuais Sudão, Sudão do Sul, Gana e Nigéria.

A GUERRA DOS BÔERES (1899-1902)

Quando o empresário e administrador inglês Cecil Rhodes (1853-1902) chegou ao sul da África, em 1870, o Império Britânico possuía duas modestas colônias na região: Cabo e Natal. Após ficar milionário com a exploração local de minérios, Rhodes, então governador do Cabo, liderou a invasão às colônias dos africânderes, ou **bôeres**, colonizadores de ascendência holandesa estabelecidos nas colônias do Transvaal, desde 1848, e do Orange, desde 1854, também no sul da África.

A invasão dessas colônias, ricas em ouro, ferro e diamantes, provocou o conflito entre colonos britânicos e bôeres denominado **Guerra dos Bôeres**. Após terem suas terras arrasadas, suas tropas cercadas e cerca de 25 mil civis – homens, mulheres e crianças – confinados em campos de concentração, os bôeres se renderam em 1902.

Então, firmou-se um tratado que extinguiu as repúblicas bôeres e colocou seus cidadãos sob a autoridade do Império Britânico.

Charge representando Cecil Rhodes publicada em 1892. Rhodes tornou-se um dos principais símbolos da expansão territorial que marcou o imperialismo europeu.

A RESISTÊNCIA AFRICANA

O estudo da expansão territorial imperialista não deve ser feito apenas sob a perspectiva dos colonizadores europeus. É importante entender a visão dos povos nativos, conhecer suas ações de resistência e reconhecer os efeitos desse processo, uma vez que tais efeitos são percebidos ainda hoje em diversas regiões africanas.

Nos últimos anos do século XX, a historiografia passou a dedicar mais atenção à análise de documentos sobre a reação dos povos africanos ao imperialismo europeu. Desde então, esses estudos vêm mostrando que praticamente todas as sociedades africanas estabelecidas em territórios disputados pelos europeus empreenderam ações de resistência. A ideia segundo a qual os africanos viam os europeus como libertadores ou civilizadores faz parte do ponto de vista dos europeus imperialistas e, portanto, não corresponde ao que os africanos de fato pensavam sobre a colonização.

A resistência africana à colonização aconteceu de diversas formas – fugas, revoltas e protestos – e apresentava motivações variadas: o desejo de retomar a liberdade e a soberania; a luta pela manutenção de hábitos, crenças e formas de administração; e a resistência à exploração econômica praticada pelos europeus.

No nordeste do continente africano, por exemplo, as populações do Egito, do Sudão e da Somália lutaram não apenas contra a conquista e a ocupação de seus territórios, mas também para preservar sua fé, a religião muçulmana.

O poder tecnológico e militar das potências europeias garantiu o domínio do continente africano por quase um século. Mesmo assim, algumas ações de resistência dos povos nativos se prolongaram por vários anos, mostrando sua capacidade de organização e sua determinação em resistir à dominação europeia. Veja, na linha do tempo, algumas das inúmeras ações de resistência e de luta desses povos.

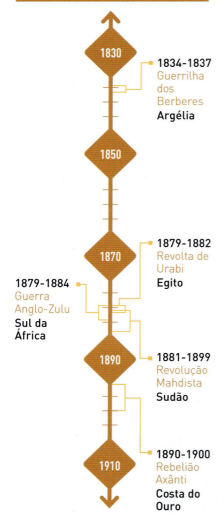

PRINCIPAIS CONFLITOS ENTRE COLONIZADORES E NATIVOS RESISTENTES

- 1834-1837 Guerrilha dos Berberes — **Argélia**
- 1879-1884 Guerra Anglo-Zulu — **Sul da África**
- 1879-1882 Revolta de Urabi — **Egito**
- 1881-1899 Revolução Mahdista — **Sudão**
- 1890-1900 Rebelião Axânti — **Costa do Ouro**

Saiba mais sobre a resistência dos povos africanos diante do imperialismo, conhecendo algumas **lideranças que se transformaram em heróis da independência africana**. Comente com os colegas qual caso chamou mais sua atenção e por quê.

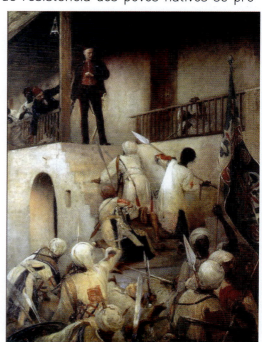

George William Joy. *Defesa final do general Gordon*, 1885. Óleo sobre tela. A obra representa o ataque de um grupo de nativos a um oficial inglês, no conflito conhecido como **Revolução Mahdista**, ocorrido no Sudão.

A REBELIÃO AXÂNTI

Entre as inúmeras ações de resistência lideradas por nativos africanos contra os colonizadores, uma das mais representativas foi a rebelião do povo Axânti contra o domínio britânico, na Costa do Ouro, atual Gana.

Essa rebelião se estendeu dos anos 1890 aos anos 1900 e decorreu da deposição de um grande número de chefes tradicionais pelos colonizadores britânicos – a deposição violava o caráter sagrado da realeza, elemento tradicional da cultura axânti. No lugar dos chefes depostos, foram nomeados outros líderes locais, não legitimados pela população e encarregados da cobrança de uma indenização pelas revoltas anteriores. Além disso, o governo britânico exigiu que seu novo representante, Arnold Hodgson, se sentasse no **Tamborete de Ouro**, símbolo sagrado da cultura axânti e instrumento de consagração da legitimidade de seus chefes. Todas essas medidas levaram os Axânti a enfrentar os britânicos em batalhas violentas, as quais foram debeladas em 1900, após a prisão e a deportação da rainha **Yaa Asantewaa**, líder de Edweso, e de generais axântis. Leia o discurso proferido pela rainha.

▲ Bonecas da cultura axânti, feitas de madeira, século XIX. As práticas imperialistas não respeitavam as identidades culturais e as tradições locais dos povos colonizados.

> Eu vi que alguns de vocês temem ir em frente e lutar por nosso rei. Se estivéssemos nos bravos dias do passado [...] os chefes não assistiriam sentados nosso rei ser deposto sem disparar um tiro. Nenhum homem branco podia ter ousado falar com os chefes dos Achântis do modo como o governador falou com vocês esta manhã. É verdade que a bravura dos Achânti não existe mais? Eu não posso acreditar nisto. [...] Se vocês, homens achânti, não forem em frente, então nós iremos. Nós, as mulheres, iremos. Chamarei cada companheira. Lutaremos com o homem branco. Lutaremos até que a última de nós caia no campo de batalha.
>
> Yaa Asantewaa. Citada por: Luiz Arnaut. *Reações africanas ao imperialismo.* Universidade Federal de Minas Gerais. Disponível em: http://www.fafich.ufmg.br/luarnaut/Reacoes%20africanas.pdf. Acesso em: 9 jun. 2023.

◄ O rei axânti (sob o dossel, com barba branca) é transportado por escravizados na Costa do Ouro, atual Gana. Foto de cerca de 1890.

ATIVIDADES

Acompanhamento da aprendizagem

Retomar e compreender

1. Compare os mapas "África (1880)" e "África (1914)" e, depois, responda: Das colônias já estabelecidas em 1880, quais apresentam territórios ampliados em 1914?

2. Agora, observe apenas o mapa "África (1914)" e, com base nele, responda: Quais eram as principais potências imperialistas europeias no início do século XX?

3. Explique com suas palavras o que foi a Conferência de Berlim.

Aplicar

4. Leia o texto e responda às questões.

> [...] o racismo [...] não é uma conclusão tirada dos dados da ciência, de acordo com pesquisas de laboratório que comprovem a superioridade de um grupo étnico sobre outro, mas uma ideologia deliberadamente montada para justificar a expansão dos grupos de nações dominadoras sobre aquelas áreas por eles dominadas ou a dominar. [...]
> [...]
> A partilha da África, feita por Bismarck na Alemanha, entre 15 de novembro de 1884 e 26 de fevereiro de 1885 criou uma trégua entre as nações conquistadoras, e com isso o mundo ficou dividido entre os brancos civilizados europeus e os povos não brancos "bárbaros" e "selvagens".
> [...]
> Ordenado o colonialismo através do racismo, as nações dominantes sentiram-se à vontade para o saque às colônias e para as razias mais odiosas nas regiões da Ásia, América Latina, África e Oceania e para agir contra todos os que compunham as multidões de desamparados e anônimos da história. [...]
> As explicações eram fáceis e já vinham pré-fabricadas pela sociologia [...] desenvolvida na Europa para dar aparência de verdade científica ao crime. [...]
>
> Clóvis Moura. O racismo como arma ideológica de dominação. *Jornal GGN*, 13 maio 2014. Disponível em: https://jornalggn.com.br/blog/antonio-ateu/clovis-moura-o-racismo-como-arma-ideologica-de-dominacao. Acesso em: 9 jun. 2023.

razia: invasão de território estrangeiro com o objetivo de saqueá-lo.

a) De que maneira regiões da Ásia, da América Latina, da África e da Oceania foram impactadas pela divisão entre "bárbaros" e "civilizados" estabelecida pelos europeus?

b) Com base nas explicações do autor do texto, é possível dizer que o uso da noção de superioridade racial para justificar o imperialismo caracteriza uma postura ideológica ou uma fundamentação científica? Explique.

5. O texto a seguir corresponde a uma resposta de Machemba, chefe do povo Yao, da África Oriental, ao comandante alemão Hermann von Wissmann, em 1880. Leia-o e, depois, responda às questões.

> Prestei atenção à vossa mensagem sem encontrar razão para vos obedecer. Preferiria morrer. Se for amizade que você deseja, então eu estou pronto para ela, hoje e sempre; mas para ser seu súdito, isto eu não posso ser. Se for guerra [que] você deseja, então eu estou pronto, mas nunca para ser seu súdito. Não caio a vossos pés, pois sois uma criatura de Deus como eu [...]. Sou sultão aqui na minha terra. Vós sois sultão lá na sua. No entanto, vede, não vos digo que me deveis obedecer, pois sei [que] sois um homem livre. Quanto a mim, não irei à vossa presença; se sois bastante fortes, vinde vós me procurar.
>
> Machemba. Citado por: Luiz Arnaut. *Reações africanas ao imperialismo*. Universidade Federal de Minas Gerais. Disponível em: http://www.fafich.ufmg.br/luarnaut/Reacoes%20africanas.pdf. Acesso em: 9 jun. 2023.

a) O autor do documento partilha do ponto de vista imperialista ou da perspectiva dos povos nativos?

b) Qual é a posição assumida pelo autor: de resistência ou de submissão? Justifique sua resposta com trechos do documento.

c) Com base no que você estudou neste capítulo, explique como os imperialistas europeus conseguiram garantir o domínio do continente africano por quase cem anos.

ARQUIVO VIVO

Máscaras africanas

Os artefatos produzidos pelos povos africanos se tornaram mais conhecidos na Europa a partir da segunda metade do século XIX, época em que alguns países europeus decidiram partilhar a colonização da África.

Um tipo de objeto que despertou o interesse de conquistadores e de artistas desses países europeus foram as máscaras africanas, por causa da diversidade do material empregado em sua confecção, da temática ligada a rituais e da magia a elas relacionada. As máscaras africanas representavam feições de animais e de seres humanos e, geralmente, eram feitas de madeira, mas também podiam ser confeccionadas com fibras naturais, barro, peles de animais, tecidos, marfim, ouro e cobre, entre outros materiais. Depois, eram finalizadas com pinturas, sementes e conchas. A predominância do uso da madeira se devia à crença de que a máscara conservava o espírito da árvore de que se originara.

Entre outras ocasiões, as máscaras eram usadas em cerimônias e rituais relacionados às colheitas, à passagem da infância para a vida adulta e aos funerais.

No início do século XX, o artista plástico espanhol Pablo Picasso (1881-1973) se encantou com a beleza e a complexidade das máscaras africanas, que passaram a ter grande influência em sua obra.

▲ **Máscaras tradicionais dos povos da Costa do Marfim (à esquerda) e do Mali (à direita)**, s. d.

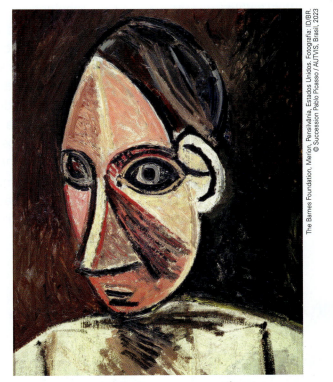

▲ Pablo Picasso. *Cabeça de mulher*, 1907. Óleo sobre tela.

Organizar ideias

1. Quais detalhes da mulher representada por Picasso exibem semelhanças com as máscaras africanas apresentadas nesta seção?

2. Em interdisciplinaridade com Arte, agora é a sua vez de confeccionar uma máscara inspirando-se nas produções africanas. Você pode desenhar ou fazer uma máscara utilizando diferentes materiais.

CAPÍTULO 3
O IMPERIALISMO NA ÁSIA

PARA COMEÇAR

Assim como no continente africano, as potências imperialistas se impuseram em territórios do continente asiático. Como você imagina que os povos nativos reagiram à política imperialista?

A FORMAÇÃO DOS IMPÉRIOS NA ÁSIA

Até o final do século XVIII, a presença europeia na Ásia caracterizou-se principalmente pelo controle de postos comerciais na Índia e na China, instalados entre os séculos XVI e XVII, durante a expansão marítima. Nesse período, a atividade comercial asiática foi fortemente influenciada por países europeus. Como vimos, no século XIX, o avanço da industrialização na Europa, nos Estados Unidos e no Japão levou as potências econômicas a estabelecer uma política de dominação na Ásia e na África.

A expansão imperialista na Ásia se diferenciou daquela ocorrida na África principalmente pelo fato de que apenas a Grã-Bretanha e a França se apropriaram dos territórios asiáticos, à exceção da atual Indonésia, que foi dominada pelos holandeses.

A partir de 1842, a França ampliou seus domínios territoriais para além da África, até as ilhas Marquesas e o Taiti, no sul do Pacífico. Dali, os franceses chegaram ao Sudeste Asiático, ocupando a Cochinchina, o Camboja e o Laos.

Da mesma maneira que na África, a ocupação dos territórios na Ásia foi bastante violenta, causando a morte de inúmeros nativos e desestruturando, em muitos casos, sua cultura e sociedade.

▼ Samuel Howitt. Detalhe de *O tigre na baía*, 1807. Os europeus frequentemente caçavam animais típicos das regiões que ocupavam. Por serem considerados exóticos na Europa, esses animais eram abatidos e exibidos como troféus.

A ÍNDIA BRITÂNICA

Do século XV ao século XVIII, reinos e impérios indianos regulavam o comércio com os europeus – exploradores portugueses, espanhóis, britânicos e holandeses –, limitando as trocas comerciais a algumas cidades do litoral, como Mumbai e Calicute.

Em meados do século XVIII, a empresa comercial britânica **Companhia das Índias Orientais** estabeleceu-se na costa oriental do subcontinente indiano, controlando o comércio existente na região.

Nessa época, na Índia, havia cerca de 200 milhões de habitantes, artesanato sofisticado, grande variedade de especiarias, vastos campos de algodão e fábricas domésticas que produziam tecidos de excelente qualidade para exportação.

Essas e outras características indianas tornavam esse imenso território bastante atrativo para os europeus, o que levou o Império Britânico a chamá-lo de "joia da Coroa" após conquistá-lo, pois, de todas as colônias, a Índia era a que oferecia mais recursos naturais e humanos.

Sob a administração da Companhia das Índias Orientais, a refinada produção de tecidos indiana passou a sofrer com a concorrência dos tecidos produzidos pelas indústrias na Inglaterra, que tinham qualidade inferior e eram mais baratos.

Com a entrada dos produtos ingleses, a Índia passou de exportadora de tecidos de algodão a exportadora da matéria-prima, ou seja, dos fios de algodão, e importadora dos tecidos industrializados ingleses.

▲ Fabricante de lenços em Délhi, na Índia, em foto publicada em 1868 na obra *O povo da Índia*, de John Forbes Watson.

 Veja imagens que exibem aspectos do passado e do presente dos indianos, evidenciando **tradição e modernidade na Índia atual**. Depois, identifique os elementos que indicam tradição e aqueles que mostram a modernidade indiana.

247

DOMINAÇÃO E RESISTÊNCIA

A partir dos anos 1850, a Companhia das Índias Orientais estendeu seus domínios por toda a região da Índia, aproveitando-se principalmente de fatores que provocavam rivalidades internas – como o sistema de castas e os conflitos entre chefes locais – e fazendo acordos políticos e comerciais. No entanto, enfrentou forte resistência da população indiana.

Em 1857, os **sipaios**, soldados hindus da própria Companhia, rebelaram-se contra o domínio imperialista britânico, dando início à **Revolta dos Sipaios**, que durou até 1858.

Sofrendo com a pobreza e a fome, os sipaios se opuseram a várias determinações britânicas, como a cobrança excessiva de impostos, a mistura de castas nas tropas militares e o uso de gordura de animais considerados sagrados para impermeabilizar as munições. Eles também eram contrários à crescente opressão política britânica e à exploração da economia indiana. Durante essa revolta, chegaram a matar famílias inteiras de britânicos.

A repressão ao movimento foi violenta, com punições extremamente severas aos insurgentes. Para impedir que novas agitações acontecessem, o governo britânico dissolveu a Companhia das Índias Orientais e passou a administrar diretamente o governo britânico na Índia. Em 1877, a rainha Vitória foi coroada imperatriz da Índia, anexando ao Império Britânico as riquezas desse território.

A luta pela independência teve início em 1885, com o **Congresso Nacional Indiano**, uma conferência que reuniu jornalistas, advogados e outras pessoas que defendiam a autonomia indiana. Mas a Índia só conquistaria a independência em 1947.

> **sistema de castas:** divisão fundamentada em preceitos religiosos que define permanentemente a posição social dos indivíduos e hierarquiza a população.

▼ Gravura de autoria desconhecida retratando um episódio da Revolta dos Sipaios ocorrido em 1857. Como forma de protesto às ações britânicas, os sipaios organizaram ataques aos britânicos que viviam na Índia.

DA ÍNDIA BRITÂNICA À INDEPENDÊNCIA

- **1817** — Auge da Companhia das Índias Orientais na Índia
- **1857-1858** — Revolta dos Sipaios
- **1876** — A Índia passa de protetorado inglês a integrante do Império Britânico
- **1885** — Primeiro Congresso Nacional Indiano
- **1947** — Independência da Índia

248

O IMPERIALISMO NA CHINA

No início do século XIX, a China era um império com aproximadamente 400 milhões de habitantes. A produção do país garantia o abastecimento interno e fabricava produtos sofisticados e cobiçados no exterior. Alguns portos ao sul da China escoavam produtos como porcelana, charão, seda e chá.

charão: verniz negro ou vermelho à base de laca.

O imperador tinha poderes absolutos, governando uma sociedade bastante tradicional. Como o Japão, a China resistia às pressões comerciais ocidentais. As potências imperialistas, embora comprassem produtos da China, desejavam, principalmente, vender para os chineses.

Ainda no início do século XIX, a Companhia das Índias Orientais descobriu que um produto possibilitaria um comércio altamente lucrativo com a China: o **ópio**, droga produzida a partir de uma planta chamada papoula. Apesar de proibido por leis chinesas, o hábito de fumar ópio era comum no país. Assim, os comerciantes britânicos passaram a vender ópio produzido na Índia, ainda que ilegalmente, a comerciantes chineses.

A droga teve efeito devastador na população e desorganizou a economia chinesa, causando sérios problemas financeiros para o país. As autoridades locais, então, intensificaram o combate à entrada de ópio em seu território. Em 1839, o governo chinês confiscou e destruiu um estoque de cerca de 20 mil caixas do entorpecente armazenadas em depósitos e navios britânicos aportados na cidade de Cantão (atual Guangzhou). A ação foi usada como pretexto para os britânicos iniciarem uma guerra contra a China, conhecida como **Guerra do Ópio**.

A poderosa Marinha britânica destruiu as forças chinesas, e o governo chinês foi obrigado a assinar o **Tratado de Nanquim**, em 1842. Esse tratado impôs penalidades à China, privilegiando a Grã-Bretanha, como mostra o esquema ao lado.

PRINCIPAIS CONDIÇÕES DO TRATADO DE NANQUIM

- Abrir alguns portos chineses aos britânicos.
- Pagar uma indenização no valor de 21 milhões de dólares, em razão do prejuízo causado pela destruição das caixas de ópio e pela guerra.
- Ceder Hong Kong ao domínio da Grã-Bretanha (o território só foi devolvido à China em 1997).

◀ A aquarela de Edward Hodges Cree retrata marinheiros britânicos rebocando navios de guerra em direção à cidade de Cantão, em 1841.

CIDADANIA GLOBAL

O CASO CHINÊS

O imperialismo na China impactou o desenvolvimento econômico e as estruturas políticas do país, que, em 1978, apresentava 770 milhões de pessoas em situação de pobreza extrema. No entanto, após implementar diversas políticas públicas voltadas à erradicação da pobreza, a China atual figura como um caso bem-sucedido desse processo: de acordo com o Banco Mundial, esse número chegou a 6 milhões em 2019. Sozinha, a China foi responsável por cumprir 70% da redução da pobreza mundial.

- Assim como feito anteriormente em relação ao Japão, busque na internet informações sobre as políticas públicas implementadas pelo governo chinês para reduzir a pobreza. Depois, em uma roda de conversa, compartilhe-as com a turma e avalie se tais medidas seriam efetivas no Brasil e em quais regiões.

A REVOLTA DOS *BOXERS*

Entre o final do século XIX e o início do século XX, houve um aumento significativo, na China, da presença de estrangeiros representantes das potências imperialistas, os quais conquistavam direitos de fazer comércio em território chinês.

Um movimento nacionalista de resistência chinesa teve grande destaque na luta contra o domínio dessas potências: a **Sociedade dos Punhos Harmoniosos e Justiceiros**. Organizados secretamente desde o final do século XIX, seus integrantes ficaram conhecidos como **boxers**.

Os *boxers* acreditavam ser necessário expulsar os estrangeiros e punir os chineses que tivessem aderido a hábitos ocidentais. Assim, a partir de 1899, passaram a atacar residências e estabelecimentos comerciais estrangeiros, bem como, eventualmente, os próprios estrangeiros.

Em suas primeiras ações, os *boxers* – que, acredita-se, contavam com o apoio de autoridades locais – realizaram ataques pontuais que desorganizaram atividades como a comunicação por telégrafo e o transporte ferroviário. Entre os hábitos e instituições do Ocidente atacados pelos *boxers* também figuravam as missões religiosas ali originadas.

Cientes de que seus interesses na China vinham sendo prejudicados, as potências europeias pressionaram o governo chinês para que reprimisse o movimento. Contudo, esse governo via com simpatia as ações dos *boxers* e se recusou a ceder à pressão estrangeira.

Assim, Grã-Bretanha, Alemanha, França e outros países imperialistas se uniram em uma expedição internacional para interferir diretamente na revolta. Essa violação da soberania chinesa levou o governo chinês a apoiar os *boxers*, declarar guerra aos invasores e expulsar os diplomatas de Pequim. Como estes se recusaram a obedecer, os *boxers* estabeleceram um cerco às embaixadas que durou 55 dias.

A revolta só teve fim em 1901, com a vitória das forças estrangeiras. Como consequência, o governo chinês teve de pagar uma indenização às nações imperialistas, além de abrir seus portos para as embarcações delas originárias.

Membro da Sociedade dos Punhos Harmoniosos e Justiceiros, China. Foto de cerca de 1900.

ATIVIDADES

Retomar e compreender

1. Quais características da Índia atraíam os imperialistas, sobretudo o Império Britânico, no século XVIII?

2. Como a Grã-Bretanha conseguiu romper a barreira comercial do Império Chinês?

Aplicar

3. Observe o mapa e responda às questões.

A Ásia e a Oceania (início do século XX)

Fonte de pesquisa: Geoffrey Parker. *Atlas Verbo de história universal*. Lisboa: Verbo, 1997. p. 113.

a) Que potência europeia possuía mais domínios na Ásia e na Oceania no início do século XX?

b) Reveja o mapa "África (1914)". Compare-o com o mapa acima e responda: Qual potência europeia possuía mais domínios no mundo no início do século XX?

4. Leia o texto e responda às questões.

> Quando os britânicos chegaram pela primeira vez, Bengala [na Índia] era um dos lugares mais ricos do mundo. [...] Lá havia ricas áreas agrícolas, que produziam um algodão de rara qualidade, e também uma indústria avançada para os padrões da época. [...] os ingleses destruíram primeiro a economia agrícola, depois transformaram a carência em fome coletiva. Uma maneira de fazer isso foi transformar terras agrícolas em áreas para a produção de papoulas [...]. A partir do século XVIII, a Grã-Bretanha impôs duras leis tarifárias para impedir que os produtos industrializados indianos competissem com a produção têxtil dos ingleses. [...]
>
> Noam Chomsky. *A minoria próspera e a multidão inquieta*. 2. ed. Brasília: Ed. da UnB, 1999. p. 84-85.

a) Por que os britânicos enfraqueceram a região de Bengala?

b) Com base no que você estudou neste capítulo, qual era a principal utilização da papoula pelos britânicos?

251

Fontes históricas materiais do imperialismo

As fontes históricas materiais são os vestígios físicos de uma comunidade. No caso do imperialismo do século XIX, elas evidenciam, por exemplo, os tipos de matérias-primas e outros materiais considerados valiosos às nações que invadiam e saqueavam comunidades africanas e asiáticas.

O **látex**, um produto exclusivamente tropical, era extraído de árvores nas florestas equatoriais do Congo sob um regime de extrema violência contra os nativos por parte dos colonizadores belgas, como vimos no capítulo anterior.

Alguns **metais**, como o estanho e o cobre, eram retirados de colônias na América do Sul e de países africanos. E, respondendo à constante demanda por metais preciosos, os imperialistas transformaram a África do Sul no maior produtor de ouro do mundo, sem contar a riqueza sul-africana em diamantes.

Apesar de ter a economia como foco de interesse, o imperialismo europeu interferiu também na cultura dessas regiões e provocou desordem em vários costumes e tradições das sociedades locais. Por se julgarem superiores às culturas nativas, os europeus reprimiam determinadas práticas culturais dos povos dominados. Assim, impediam que esses povos vivessem de acordo com hábitos e cultura próprios, destruindo e saqueando templos, moradias tradicionais e cidades organizadas de acordo com preceitos dos nativos.

▲ Ainda hoje, minérios como ouro e estanho são exportados pela República Democrática do Congo, que implementa tecnologias extrativistas menos agressivas ao meio ambiente. Foto de 2021.

Em meados do século XX, diversas localidades que sofreram as investidas imperialistas conseguiram se tornar independentes e, ainda hoje, lutam para se desenvolver e se restabelecer no contexto mundial.

Com o avanço da cultura de paz e a busca por reparação histórica, diversos grupos têm questionado a preservação de **monumentos históricos** que homenageiam figuras imperialistas. Trata-se de mais um tipo de fonte histórica material que está em processo de ressignificação.

O texto a seguir aborda um caso sobre esse tema.

> Começou em Bristol, no Reino Unido, com a derrubada da estátua [do] traficante de escravos Edward Colston. Desde o final de semana, movimentos semelhantes têm se repetido mundo afora, com o questionamento à presença de monumentos de exaltação a personalidades históricas de passado indigno.
>
> Nesta terça-feira [...] uma multidão se reuniu na Universidade de Oxford, no Reino Unido, pedindo a retirada da estátua de Cecil Rhodes, fundador da antiga colônia britânica da Rodésia, atual Zimbábue. Mais cedo, na Bélgica, a prefeitura da Antuérpia retirou a figura do rei Leopoldo II, acusado de genocídio durante a colonização belga no Congo. [...]
>
> O debate não é recente e [...] os personagens acima já foram alvo de questionamentos nos últimos anos. Para uma parcela da sociedade, cada vez mais ativa nas ruas ou nas redes sociais, não cabe eternizar em bronze ou concreto, sobretudo em praça pública, a imagem de assassinos ou figurões cuja fortuna foi construída à custa da exploração alheia.
>
> Em Londres, o prefeito Sadiq Kahn anunciou a criação de um estudo para revisar todos os monumentos e nomes de ruas com alusão aos tempos imperiais. Em Bristol, o prefeito Marvin Rees reconheceu a legitimidade do ato que levou 10 mil pessoas às ruas da cidade:
>
> — Sei que a remoção da estátua de Colston divide opiniões, mas é importante ouvir aqueles que veem nela uma afronta à humanidade e fazem de hoje um legado para o futuro da nossa cidade, combatendo o racismo e a desigualdade em todos os cantos.
>
> Fábio Schaffner. Derrubada de estátuas reacende debate sobre homenagens a personagens históricos controversos. *ZeroHora*, 9 jun. 2020. Disponível em: https://gauchazh.clicrbs.com.br/geral/noticia/2020/06/derrubada-de-estatuas-reacende-debate-sobre-homenagens-a-personagens-historicos-controversos-ckb8fooah00a8015nm95ed8ga.html. Acesso em: 9 jun. 2023.

▲ Multidão em Oxford, Reino Unido, reivindicando a retirada da estátua de Cecil Rhodes, fundador de colônia britânica na África. Foto de 2020.

Em discussão

1. A foto que retrata uma mina na República Democrática do Congo se constitui como uma fonte histórica material. Essa fonte histórica mostra uma transformação ou uma ruptura com o passado? Por quê?

2. O que a notícia de 2020 revela acerca da opinião atual dos ingleses quanto ao imperialismo?

3. SABER SER Qual é a sua opinião sobre esse tema? Você é a favor ou contra a remoção desse tipo de monumento histórico? Por quê?

ATIVIDADES INTEGRADAS

Retomar e compreender

1. Você vê semelhanças entre a política imperialista estadunidense no século XX e a forma como os Estados Unidos se relacionam com os outros países do mundo atualmente? Há diferenças na maneira como eles se relacionam com a América Latina e com o Oriente Médio?

2. Sobre a Segunda Revolução Industrial e o processo de expansão imperialista ocorrido na segunda metade do século XIX, identifique a alternativa incorreta e corrija-a no caderno.
   a) Descobertas científicas e inovações tecnológicas proporcionaram o desenvolvimento industrial de diversos países da Europa Ocidental, além dos Estados Unidos e do Japão.
   b) As principais fontes de energia utilizadas durante a Segunda Revolução Industrial foram o aço, o petróleo, o carvão mineral e a eletricidade.

Aplicar

3. Leia o texto e responda às questões.

> [...] O "poder branco", além de solidamente apoiado economicamente pela Europa e [pelos] Estados Unidos, conta a seu favor com a fragmentação política e ideológica presente em toda a África Negra, bem como as rivalidades tribais, notadamente entre os shosas e os zulus.
>
> Como resultado de todo esse processo de estilhaçamento, o continente africano em seu conjunto apresenta 44% de suas fronteiras apoiadas em meridianos e paralelos; 30% por linhas retas e arqueadas, e apenas 26% se referem a limites naturais que geralmente coincidem com os de locais de habitação dos grupos étnicos. Contraditoriamente, a luta pela libertação contra o dominador extra-africano acabou por reconhecer a necessidade de manutenção dos limites deixados pelo colonizador, pois sua modificação implicaria transtornos ainda maiores. Como já disse Marcel Duchamps, essas fronteiras, ainda que "artificiais", tornaram-se "sagradas".
>
> André Roberto Martin. *Fronteiras e nações*. São Paulo: Contexto, 1992. p. 80-82. (Repensando a Geografia).

a) Por quais motivos as fronteiras da África foram determinadas da maneira descrita no texto? Explique.

b) Qual é o nome da conferência que deu origem às fronteiras africanas mencionadas no texto e por que ela foi realizada?

4. No final do século XIX e no início do século XX, arquitetos e artistas criaram um estilo estético inspirado nas formas da natureza e que valorizava ornamentos e curvas. Suas obras eram elaboradas com novos materiais, como o ferro e o vidro, que se tornaram viáveis em razão dos avanços tecnológicos que impulsionaram a Revolução Industrial. Esse estilo foi chamado na França de *art nouveau* (ou arte nova). Na arquitetura, a *art nouveau* está presente em fachadas e detalhes de edificações construídas, principalmente, nos primeiros anos do século XX, não só na Europa, mas em diversos lugares do mundo.

Observe a foto, leia a legenda e, depois, responda às questões.

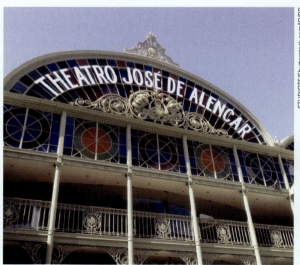

▲ Fachada do Theatro José de Alencar, em Fortaleza (CE). Foto de 2020. O prédio de arquitetura eclética, com predomínio do estilo *art nouveau*, foi inaugurado em 1910.

a) Dois materiais se tornaram bastante viáveis com os avanços tecnológicos ocorridos entre o final do século XIX e o início do século XX. Que materiais são esses e em quais partes da fachada desse teatro eles foram utilizados?

b) Além do uso desses dois materiais, quais outras características observadas nessa fachada são típicas da *art nouveau*?

c) A estrutura arquitetônica do teatro foi construída com peças importadas de Glasgow, na atual Escócia. Qual é a relação da política imperialista da Grã-Bretanha com a construção do Theatro José de Alencar, no Brasil?

Analisar e verificar

5. Leia atentamente o trecho de um livro escrito por Julio Antonio Mella (um dos fundadores do Partido Comunista de Cuba) em 1928. Em seguida, responda às questões propostas.

> Os Estados Unidos — é uma característica do moderno imperialismo financeiro — não desejam mais tomar os territórios da América [...] mas alugá-los, colocando-os a seu serviço, chegando até mesmo a melhorá-los, desde que lhes deem a exploração daquilo que necessitam. Um bom país burguês com um governo estável, isso é o que os Estados Unidos querem em cada nação da América...
>
> Julio Antonio Mella. O proletariado e a libertação nacional. Em: Michael Löwy. *O marxismo na América Latina*: uma antologia de 1909 aos dias atuais. São Paulo: Fundação Perseu Abramo, 2006. p. 100.

a) O trecho retrata a tradicional tática de intervenção imperialista baseada na ocupação territorial? Justifique.

b) Com base no que aprendeu sobre as relações entre os Estados Unidos e a América Latina, que tipo de política imperialista você identifica no trecho citado?

6. A charge a seguir retrata o rei Leopoldo II, da Bélgica. Observe-a e responda às questões.

▲ Charge alemã de 1905 representando o rei belga Leopoldo II.

a) Como o rei belga foi representado?

b) Qual é o significado das cabeças retratadas ao redor de Leopoldo II?

c) Retome o que você estudou nesta unidade e explique a mensagem que a charge procura transmitir.

Criar

7. No século XIX, na França, foram desenvolvidas técnicas de captação de imagem em movimento que possibilitaram a criação do cinematógrafo, aparelho que captava e projetava imagens em alta velocidade. Essas imagens registravam aspectos do cotidiano e hoje podem ser analisadas pelos historiadores como fontes sobre o dia a dia dos franceses. Junte-se a um colega para, em duplas, gravar um vídeo curto, de até 60 segundos, mostrando um aspecto do cotidiano de vocês que considerem um marco da vida atual.

- Para isso, conversem sobre seus hábitos e identifiquem aqueles que são representativos na vida dos jovens do século XXI.
- Escolham um aplicativo de gravação de vídeos e captem as imagens necessárias ao registro.
- Na data combinada, comentem com a turma a escolha de vocês e compartilhem o registro feito.

CIDADANIA GLOBAL
UNIDADE 9

1 ERRADICAÇÃO DA POBREZA

Retomando o tema

Ao longo desta unidade, você estudou o desenvolvimento do capitalismo e do imperialismo e refletiu sobre esse processo. Ao fazê-lo, você observou, por exemplo, que os avanços tecnológicos e o sucesso econômico alcançados não foram acessados por parte significativa das pessoas em diferentes partes do globo.

A existência de profundas desigualdades coloca em risco a sobrevivência de milhares de pessoas e inviabiliza a formação de um mundo justo e igualitário.

1. No período da Segunda Revolução Industrial, as populações dos países industriais se beneficiavam de bens e de direitos de forma igualitária?

2. Quais são os critérios atribuídos por órgãos mundiais que determinam se um indivíduo é pobre ou vive abaixo da linha da pobreza? Você e sua família se encaixam nesses critérios?

Geração da mudança

- Para responder ao item 2, busque informações sobre o tema na internet e anote suas descobertas no caderno.

- Junte-se a três colegas e, de modo coletivo, listem os gastos mensais de uma família, contemplando o que seria necessário para a sobrevivência de quatro pessoas. Em seguida, busquem informações sobre os valores médios dos gastos listados por vocês.

- Com base nesses dados, dialoguem sobre a questão: É possível a uma família brasileira viver com dignidade caso o orçamento dela seja semelhante ao orçamento que define os critérios de pobreza?

- Compartilhem as impressões de vocês com a turma e observem se os outros grupos chegaram a conclusões semelhantes.

Autoavaliação

PREPARE-SE!

PARTE 1

Questão 1

Observe a imagem a seguir.

▲ Autoria desconhecida. Gravura de 1866 representando o perigo da poluição da água.

Na Inglaterra, na passagem do século XVIII para o XIX, o fenômeno dos cercamentos forçou os camponeses a migrar em massa para as cidades, formando a primeira geração do proletariado, cuja força de trabalho foi utilizada nas fábricas. A imagem representa um dos aspectos da vida das pessoas que viviam nas cidades inglesas naquele período. Essas informações revelam

a) a dificuldade de as pessoas terem suas necessidades básicas atendidas nas cidades industriais, o que as obrigava a retornar para o campo.

b) o crescimento desordenado das cidades, que promoveu mudanças positivas na vida das pessoas, como o acesso a bens e produtos.

c) o crescimento acelerado e desordenado das cidades, onde a maior parte das pessoas vivia em condições precárias, facilitando a proliferação de doenças.

d) a divisão do trabalho entre homens e mulheres no ambiente doméstico e fabril, caracterizando a entrada da mulher no mundo do trabalho.

e) o momento de progresso da vida urbana, melhorando consideravelmente as condições de vida do proletariado.

Questão 2

Observe a imagem a seguir.

▲ Autoria desconhecida. Ilustração da década de 1860 que representa eventos da Festa do Chá em Boston, evento ocorrido em 1773.

De acordo com essa obra, pode-se inferir que as medidas adotadas pela Coroa inglesa levaram

a) à paz entre as colônias e a Metrópole, o que garantiu maior representação política para os colonos estadunidenses.

b) à cooperação das colônias em relação às necessidades da Metrópole, diante do aumento de impostos.

c) ao aumento de arrecadação de impostos da Metrópole e também de representação política dos colonos.

d) ao conflito de interesses com os colonos, após o fim da arrecadação de impostos da Metrópole.

e) ao descontentamento entre os colonos estadunidenses, sobretudo com as leis intoleráveis.

Questão 3

Leia o texto a seguir.

> A criação da Guarda Nacional, em agosto de 1831, atribuindo parte da responsabilidade pela manutenção da ordem aos cidadãos ativos e introduzindo o critério eletivo para a escolha de oficiais de baixa patente, figurou entre as principais medidas dos governos regenciais na reformulação das bases da organização do Estado.
>
> Ronaldo Vainfas (dir.). *Dicionário do Brasil imperial.* Rio de Janeiro: Objetiva, 2008. p. 623.

A Guarda Nacional foi criada durante o período Regencial. O alistamento era obrigatório para os homens com idade entre 21 e 60 anos que tivessem direito de voto. Esse critério

a) reconfigurou a organização do Estado, ao retirar parte da responsabilidade dos cidadãos ativos.
b) reformulou as bases da organização do Estado, colocando o Exército brasileiro em segundo plano.
c) evitou que o Estado reconfigurasse a organização do Brasil, mantendo-o subordinado ao poder do Exército.
d) garantia a manutenção da ordem social estabelecida, ao restringir o alistamento.
e) possibilitou a formação de uma nova elite, que pôs fim ao poder da antiga elite agrária.

Questão 4

Observe a imagem a seguir.

▲ Autoria desconhecida. Ilustração do fim do século XVIII.

A imagem representa um aspecto da sociedade do Antigo Regime. A cena revela

a) a cadeia produtiva desse sistema político, com destaque para a divisão do trabalho entre os diferentes estamentos.
b) a estrutura social desse sistema político que consolidou os privilégios da nobreza e do clero a partir do final do século XVIII.
c) a alteração da pirâmide social desse sistema político, em que os camponeses eram explorados pela nobreza e pelo clero.
d) o funcionamento dos três Estados do Antigo Regime, mostrando a exploração a que os camponeses eram submetidos.
e) a forma como os camponeses eram explorados e a indignação da nobreza e do clero durante o Antigo Regime na França.

Questão 5

Leia o texto a seguir.

> No Brasil, a consolidação do domínio português nas fronteiras do Norte e do Sul passava, segundo Pombal, pela integração dos índios à civilização portuguesa. Se não se contasse com uma população nascida no Brasil identificada com os objetivos lusos, seria inviável assegurar o controle de vastas regiões semidespovoadas. Daí a adoção de uma série de medidas com relação aos indígenas. A escravidão indígena [...] foi extinta em 1757; muitas aldeias na Amazônia foram transformadas em vilas sob administração civil; a legislação incentivou os casamentos mistos entre brancos e índios.
>
> Boris Fausto. *História do Brasil.* São Paulo: Edusp, 2007. p. 111.

O impacto desse projeto para os indígenas da colônia portuguesa indicou

a) o fim da escravidão desses povos, o que melhorou suas condições de vida.
b) a perda da identidade e, consequentemente, a perda de seus territórios.
c) a integração na sociedade portuguesa e a conquista de direitos.
d) a inclusão na cultura letrada e a melhora nas condições de vida.
e) o retorno às antigas aldeias e o resgate de suas tradições.

Questão 6

A imagem mostra a praça da Bastilha, em Paris. Trata-se de um lugar onde, atualmente, ocorrem *shows* e outros eventos culturais. Muito frequentada tanto por franceses quanto por turistas de todo o mundo, essa praça também é considerada um lugar de memória porque

a) nela estava instalada uma prisão de segurança máxima para os revolucionários detidos durante as manifestações de 1789.
b) nela foi construído o palácio de Luís XVI, onde se encontrava também a maior parte do armamento do Exército francês.
c) nela estava instalada a antiga prisão da Bastilha, tomada pelo povo no evento considerado o estopim da Revolução Francesa.
d) foi invadida por Napoleão Bonaparte, que depôs Luís XVI e libertou a França do absolutismo.
e) sediou reuniões da Assembleia Nacional Constituinte.

▲ Praça da Bastilha, em Paris, França. Foto de 2023.

Questão 7

Leia o texto a seguir.

Declaração de Direitos do Homem e do Cidadão – 1789

Artigo 1º- Os homens nascem e são livres e iguais em direitos. As distinções sociais só podem fundar-se na utilidade comum.

Artigo 2º- O fim de toda a associação política é a conservação dos direitos naturais e imprescritíveis do homem. Esses Direitos são a liberdade. a propriedade, a segurança e a resistência à opressão.

[...]

Artigo 6º- A Lei é a expressão da vontade geral. Todos os cidadãos têm o direito de concorrer, pessoalmente ou através dos seus representantes, para a sua formação. Ela deve ser a mesma para todos, quer se destine a proteger quer a punir. Todos os cidadãos são iguais a seus olhos, são igualmente admissíveis a todas as dignidades, lugares e empregos públicos, segundo a sua capacidade, e sem outra distinção que não seja a das suas virtudes e dos seus talentos.

Declaração de Direitos do Homem e do Cidadão – 1789. Disponível em: https://www.ufsm.br/app/uploads/sites/414/2018/10/1789.pdf. Acesso em: 14 jun. 2023.

A Declaração de Direitos do Homem e do Cidadão representou um grande avanço na garantia dos direitos civis. O trecho acima revela

a) a garantia do direito individual, mas sem estabelecer as bases para a existência dos direitos sociais.
b) a continuidade da lei como expressão divina, em que o rei era o representante de Deus na Terra.
c) o estabelecimento do respeito à igualdade civil e social entre as pessoas de todas as classes sociais durante a Revolução Francesa.
d) o fim da hierarquia, ao estabelecer as bases de uma nova sociedade fundada no mérito individual, que permitia romper as desigualdades sociais.
e) a igualdade entre as pessoas como o principal objetivo desse documento, ao garantir o sucesso a todos os cidadãos da França revolucionária.

Questão 8

Leia o texto a seguir.

> [...] A política externa de Portugal passou a ser decidida na Colônia, instalando-se no Rio de Janeiro o Ministério da Guerra e Assuntos Estrangeiros. [...] a Coroa concentrou sua ação na área do [rio da] Prata, especificamente na Banda Oriental – atual Uruguai –, região onde espanhóis e portugueses se chocavam desde as últimas décadas do século XVII.
> Boris Fausto. *História do Brasil*. São Paulo: Edusp, 2007. p. 125.

O período a que o trecho se refere evidencia a

a) mudança nas relações internacionais do Brasil, especificamente no contexto sul-americano.
b) preocupação com os conflitos coloniais.
c) importância dada aos assuntos de guerra.
d) visão limitada da Coroa portuguesa.
e) busca por novos mercados consumidores para os manufaturados produzidos no Brasil.

Questão 9

Leia o texto a seguir.

> Como outros tantos homens públicos que marcaram época, Napoleão não escapou aos anseios e à necessidade de se eternizar. Promovendo desde o Consulado várias modificações na textura urbana parisiense e de outras cidades sob domínio francês, inscreveu em pedra seu poder e suas realizações, em um discurso visual silencioso, mas nem por isso menos ambicioso. A exemplo do símbolo-mor de seu poder – a águia –, ele construiu sobre os escombros da Bastilha e de Versalhes seu "ninho", buscando criar sua própria cenografia política.
> Raquel Stoiani. O ninho da águia: Napoleão e sua política de lugares – Paris como centro do mundo. *Revista de História*, [s. l.], n. 146, p. 178, 2002.

Para a autora do texto, as modificações realizadas por Napoleão na cidade de Paris pretendiam

a) impressionar as nações estrangeiras, especialmente a rival Inglaterra.
b) simbolizar o poder e o estabelecimento de uma nova ordem política.
c) criar um lugar de encontro entre os indivíduos unidos por sentimentos nacionalistas.
d) simbolizar a nação revolucionária.
e) fortalecer os laços de identidade e de comunidade entre os franceses.

Questão 10

Leia o texto a seguir.

> A revolução em Saint-Domingue, atual Haiti, em 1791-1804 constituiu a primeira revolução de escravos bem-sucedida da História. A antiga colônia francesa de Saint-Domingue tornou-se a primeira nação negra independente na longa história das lutas nativas contra o imperialismo colonial. O fim da escravidão na joia das Antilhas resultou de uma revolução negra na qual a maioria da população branca foi massacrada ou levada ao exílio. A luta dos escravos foi dupla. Conquanto obtivessem a abolição total da escravatura em 1793, só conseguiram garantia permanente dessa liberdade quando derrotaram e expulsaram as potências colonialistas: a Espanha, a Grã-Bretanha e, finalmente, a própria França.
> Camila Pizzolotto; Felipe Rimes; Regina Helena da Silva. *Revolução haitiana e a Declaração dos Direitos do Homem e do Cidadão*. Disponível em: https://docplayer.com.br/6847314-Revolucao-haitiana-e-a-declaracao-dos-direitos-do-homem-e-do-cidadao.html. Acesso em: 14 jun. 2023.

O trecho descreve aspectos da Revolução de São Domingo, ocorrida na passagem do século XVIII para o XIX. Esse movimento revolucionário eliminou

a) o Terceiro Estado e a escravidão.
b) a propriedade privada e o sistema escravista.
c) a *plantation* e a escravidão.
d) o sistema escravista e a dependência colonial.
e) a submissão colonial e a imobilidade social.

Questão 11

Observe o mapa a seguir.

■ Europa: Principais ações francesas (1811)

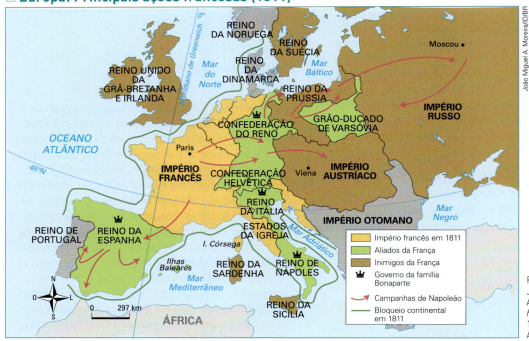

Fonte de pesquisa: José Jobson de A. Arruda. *Atlas histórico básico.* 12. ed. São Paulo: Ática, 1996. p. 24.

Em 1811, a França tornou-se um vasto império sob o domínio de Napoleão Bonaparte. Um dos objetivos da política expansionista napoleônica era superar a economia britânica, ampliando o mercado consumidor para os produtos franceses. O Bloqueio Continental aos navios ingleses determinado por Napoleão teve impactos no Brasil, pois

a) os portos da América portuguesa também foram bloqueados, impedindo as transações econômicas com a Europa.

b) os portos da colônia portuguesa na América passaram a ser fiscalizados pelas tropas francesas.

c) os produtos de origem brasileira passaram a ser sobretaxados pela França, o que diminuiu a lucratividade das trocas comerciais.

d) a Família Real portuguesa transferiu-se para o Rio de Janeiro, que se tornou a capital do Império Português.

e) os produtos da América portuguesa tiveram a entrada facilitada na Europa pelo Reino de Portugal, o que afetou diretamente a França.

Questão 12

Leia o texto a seguir.

> A Grã-Bretanha forneceu o modelo para as ferrovias e fábricas, o explosivo econômico que rompeu com as estruturas socioeconômicas tradicionais do mundo não europeu; mas foi a França que fez suas revoluções e a elas deu suas ideias a ponto de bandeiras tricolores de um tipo ou de outro terem-se tornado emblema de praticamente todas as nações emergentes [...].

Eric J. Hobsbawm. *A era das revoluções:* 1789-1848. São Paulo: Paz e Terra, 2010. p. 97-98.

Os processos históricos a que o texto se refere são, respectivamente,

a) a Revolução Industrial e a Revolução Russa.

b) a Revolução Industrial e a Revolução Francesa.

c) a Revolução Russa e a Revolução Francesa.

d) a Revolução Industrial e a Primavera dos Povos.

e) o 18 Brumário e a Revolução Francesa.

Questão 13

Leia o texto a seguir.

> Os escravos de São Domingos, por meio da insurreição, haviam mostrado à França revolucionária que poderiam lutar e morrer pela liberdade, e o progresso lógico da Revolução da França havia levado à ribalta massas que, quando falavam em abolição, pensavam tanto na teoria quanto na prática.
>
> Cyril Lionel Robert James. *Os jacobinos negros*: Toussaint L'Ouverture e a Revolução de São Domingos. São Paulo: Boitempo, 2010. p. 122.

Os escravizados de São Domingo foram influenciados pelos ideais iluministas, o que culminou

a) no entendimento difuso das ideias iluministas, diferenciando a prática da teoria sobre a conquista da liberdade.

b) em sua insurreição, contrariando assim a ideia de liberdade defendida pelos jacobinos franceses.

c) no êxito de sua insurreição, expandindo o processo revolucionário a outras colônias na América.

d) na derrota de sua insurreição, impedindo-os de colocar fim à escravidão.

e) na primeira e única insurreição organizada por escravizados a se tornar bem-sucedida no continente americano.

Questão 14

Leia o texto a seguir.

> A maior das rebeliões ocorridas nesses anos foi liderada pelo curaca indígena Tupác Amaru, descendente de uma linhagem da nobreza inca. O movimento, iniciado em 1781, articulou-se em torno do combate à opressão colonial, postulando o rompimento dos vínculos com a Espanha e a restauração do Império Inca.
>
> Gabriela Pellegrino Soares; Sylvia Colombo. *Reforma liberal e lutas camponesas na América Latina*: México e Peru nas últimas décadas do século XIX e princípios do XX. São Paulo: Humanitas, 1999. p. 26.

curaca: líder.

Combatido com vigor pela Coroa espanhola até sua total desintegração, o movimento tupamarista caracterizou-se pela

a) defesa de ideias separatistas e pela formação de um Estado federalista.

b) reestruturação do Império Inca sob o comando do curaca Tupác Amaru.

c) extinção da escravidão e pela independência do Peru.

d) ampliação de representação política da elite composta de *criollos*.

e) supressão das diferenças entre indígenas e pela maior representação política dos *criollos*.

Questão 15

Leia o texto a seguir.

> A Conjuração Mineira foi o mais relevante movimento anticolonial da América portuguesa: pôs em dúvida o próprio sistema e adaptou para as Minas um projeto de poder de natureza nitidamente republicana. Essa Conjuração — disso às vezes nos esquecemos — também antecedeu a Revolução Francesa. Mas não foi o único momento de insubmissão na área colonial. Diferentemente da imagem oficial que o país gosta de apresentar, para dentro e para fora, a história brasileira está longe de se assemelhar a um "conto de fadas", uma narrativa destituída de guerras, conflitos ou da prática cotidiana da violência.
>
> Lilia M. Schwarcz; Heloisa M. Starling. *Brasil*: uma biografia. São Paulo: Companhia das Letras, 2015. p. 129.

A observação das autoras a respeito da Conjuração Mineira demonstra

a) a proposta de ruptura política da região das minas diante da opressão metropolitana.

b) a insubmissão colonial diante do clamor popular pelo sistema republicano.

c) a evidência de práticas cotidianas de violência nesse movimento anticolonial.

d) o fim do colonialismo na região das minas após a deflagração desse movimento anticolonial.

e) como a história brasileira é destituída de guerras, de conflitos ou de práticas cotidianas de violência.

Questão 16

Leia o texto a seguir.

> Dentre os vários símbolos criados pela República, alguns tiveram a aceitação pelo público, como é o caso do [...] herói nacional, Tiradentes. [...] A República tratou de conferir um rosto ao herói, pois que o mesmo não deixou um retrato. [...] A imagem não importava, mas, sim, o ideal que Tiradentes representava e que a República queria alcançar.
>
> Carlos Roberto Ballarotti. A construção do mito de Tiradentes: de mártir republicano a herói cívico na atualidade. *Antíteses*, Londrina, v. 2, n. 3, jan./jun. 2009. Disponível em: http://www.uel.br/revistas/uel/index.php/antiteses/article/download/1946/2194. Acesso em: 14 jun. 2023.

A construção da ideia de Tiradentes como um mito nacional está relacionada

a) à imagem desse conjurado, produzida de modo semelhante à de Jesus Cristo.

b) à necessidade de os inconfidentes conseguirem apoio na sociedade mineradora.

c) à literatura brasileira, que fez dessa personagem um herói nacional.

d) ao modo como o movimento popular foi eliminado pela Coroa portuguesa.

e) à necessidade de construção de um herói que garantisse a unidade política.

Questão 17

Veja a tabela a seguir.

| Região | População do Brasil (1819) |||
	Livre	Escravizada	Total
Norte	104 211	39 040	143 251
Nordeste	719 468	393 735	1 110 203
Leste	1 299 287	508 351	1 807 638
Sul	309 193	125 283	434 476
Centro-Oeste	59 584	40 980	100 564
Brasil	2 488 743	1 107 389	3 596 132

Fonte de pesquisa: Leslie Bethel. *The Cambridge history of Latin America*: colonial Latin America. Cambridge: Cambridge University Press, 2008. p. 63. v. II. Adaptado.

Com base nos dados da tabela sobre a população do Brasil em 1819, pode-se afirmar que

a) a população total de escravizados superava a de pessoas livres.

b) o número total de pessoas livres era superior ao de pessoas escravizadas.

c) a população composta de pessoas livres era menor que a de escravizados naquele ano.

d) o número de pessoas livres na Região Nordeste era inferior ao de pessoas escravizadas.

e) o número de pessoas escravizadas era maior que o de pessoas livres na maioria das regiões do Brasil.

Questão 18

Observe a charge a seguir.

▲ Charge de Carlos Eduardo Novaes e Cesar Lobo publicada na obra *História do Brasil para principiantes*. São Paulo: Ática, 1998. p. 132.

A charge acima satiriza a abertura dos portos brasileiros estabelecida em decreto por dom João VI. Essa medida

a) impediu a entrada de produtos industrializados da Inglaterra após a chegada da Família Real ao Brasil.

b) estipulou taxação maior para os produtos ingleses que entravam no Brasil em relação aos produtos portugueses.

c) pôs fim ao pacto colonial em 1808, permitindo a entrada de diversos produtos ingleses no Brasil.

d) rompeu os laços comerciais de Portugal com a Inglaterra após a transferência da Família Real para o Brasil.

e) estabeleceu os primeiros laços entre Portugal e Inglaterra, intensificando inclusive o tráfico de escravizados.

Questão 19

Leia o texto a seguir.

> Com a proclamação da independência, as elites da antiga América portuguesa assumiram a direção da construção de um novo Estado, da organização de uma comunidade nacional, através de laços simbólicos e concretos que reunissem a população do novo país e, em certa medida, da reestruturação de uma economia que se tornava também ela nacional. Compreender esse processo contribui para o entendimento, em uma perspectiva histórica, das características da nação e do Estado brasileiros que foram sendo moldadas ao longo do tempo.
>
> Miriam Dolhnikoff. *História do Brasil Império*. São Paulo: Contexto, 2017. p. 31.

Os projetos implementados no Brasil após a Independência

a) romperam os laços com as antigas elites da América portuguesa ao longo do processo de construção de um novo Estado.

b) organizaram uma nova comunidade nacional, combinando símbolos que caracterizavam a população do Estado brasileiro.

c) permitiram a consolidação de diferenças regionais por meio da diversificação econômica que o país passou a ter a partir de então.

d) contribuíram para a consolidação das características regionais dadas pela manutenção da elite da antiga América portuguesa.

e) estabeleceram à nação e ao Estado brasileiros novas características de ordem nacional mantida desde aquela época até o presente.

Questão 20

Observe a imagem a seguir.

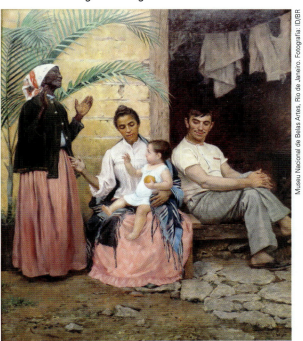

▲ Modesto Broccos y Gomes. *Redenção de Cam*, de 1895. Óleo sobre tela.

Durante a segunda metade do século XIX, algumas teorias racistas tiveram grande adesão entre a elite econômica do Brasil Império. A síntese de uma dessas teorias pode ser observada na tela de Modesto Brocco y Gomes. Com base nessas informações, pode-se inferir que

a) a pintura refuta a teoria do branqueamento adotada no Brasil durante a segunda metade do século XIX.

b) a obra ilustrou a teoria do branqueamento defendida pela elite econômica do Brasil Império.

c) a tela exalta o processo de miscigenação pelo qual o Brasil passou após a chegada de imigrantes europeus.

d) a imigração europeia contrariava a política de branqueamento da sociedade brasileira.

e) a imigração pouco contribuiu para a composição atual da sociedade brasileira.

265

PARTE 2

Questão 1

Veja a tabela a seguir.

Número de escravizados na província do Rio de Janeiro	
Ano	Número
1819	146 060
1821	173 775
1823	150 549
1840	224 850
1851	229 637
1872	301 352
1873	289 239
1880	268 881
1882	218 000
1885	162 421

Fonte de pesquisa: Lilia M. Schwarcz. *As barbas do imperador*: D. Pedro II, um monarca nos trópicos. São Paulo: Companhia das Letras, 1998. p. 437.

Os dados da tabela foram organizados pela historiadora Lilia M. Schwarcz. Essas informações revelam

a) a redução do número de cativos nas últimas décadas do século XIX na província do Rio de Janeiro.

b) a redução do número de cativos na província do Rio de Janeiro, atingindo o menor patamar em 1885.

c) o crescimento constante do número de escravos após 1819, atingindo mais de 300 mil no fim do século XIX.

d) a redução do número de cativos imediatamente após a proibição do tráfico de escravos em 1850.

e) a intensificação do tráfico interno após a proibição do tráfico internacional de escravos, aumentando o número de cativos.

Questão 2

Leia os textos a seguir.

Texto I

No século imperial, no período da Regência – com revoltas rurais em Pernambuco e Alagoas (Cabanada), no Maranhão (Balaiada), no Rio Grande (Farroupilha) e no Grão-Pará (Cabanagem) –, houve o recrudescimento das deserções.

Flávio dos Santos Gomes. *Mocambos e quilombos*. São Paulo: Claro Enigma, 2015. p. 13.

Texto II

Havia ainda o medo de rebeliões negras, fenômeno que ficou conhecido como "haitianismo", em alusão à tomada da colônia francesa do Haiti pelos negros. Esse movimento teve a capacidade de exportar o medo (por parte das elites) e a esperança (para os escravizados).

Lilia M. Schwarcz; Heloisa M. Starling. *Brasil*: uma biografia. São Paulo: Companhia das Letras, 2015. p. 187.

De acordo com os textos I e II, a resistência dos escravizados durante o período Regencial no Brasil foi marcada

a) por se organizar de modo semelhante aos movimentos populares haitianos, transformando em realidade o direito à liberdade.

b) por conflitos sociais que a fortaleceram, embora as rebeliões de escravizados tenham sido reprimidas violentamente.

c) pelo descontentamento da população com as reformas regenciais, o que a levou a apoiar as revoltas lideradas por escravizados.

d) por conflitos populares que facilitaram as fugas de escravizados, pois a repressão do sistema escravista concentrava-se no controle das rebeliões.

e) pela formação de grande número de quilombos e mocambos, o que indica um aumento nas fugas e na ocorrência de rebeliões.

Questão 3

Leia o texto a seguir.

> Imersa nas forças conservadoras de seu tempo, a Praieira inscreveu-se no processo de gestação das nações ocorrido ao longo do século XIX na Europa e nas antigas áreas coloniais, entre elas o Brasil, como parte das transformações que remodelaram o capitalismo a partir da revolução industrial inglesa.
>
> Izabel A. Marson. *A Rebelião Praieira*. São Paulo: Brasiliense, 1981. p. 12.

A Rebelião Praieira foi um movimento

a) liderado pela elite conservadora e formado por proprietários de engenho descontentes com as imposições estabelecidas sobre o comércio de escravizados.

b) caracterizado por posições radicais, pois reivindicava a autonomia de Pernambuco com o objetivo de pôr fim à escravidão nessa província.

c) moderado, em comparação com as demais revoltas ocorridas no mesmo período, e que visava à maior autonomia administrativa para a elite pernambucana.

d) de ideias progressistas, que reivindicava o voto livre e universal ao mesmo tempo que era favorável à manutenção do Poder Moderador.

e) de ideias radicais, ao exigir o fim do Poder Moderador, o separatismo e o fim do sistema escravista na província de Pernambuco.

Questão 4

Leia o texto a seguir.

> Um espectro ronda a Europa [...]. Todas as potências da velha Europa uniram-se numa Santa Aliança para exorcismá-lo: o papa e o czar, [...] os radicais franceses e os espiões da polícia alemã.
>
> Karl Marx; Friedrich Engels. *O manifesto comunista*. Citado por: Florestan Fernandes (org.). *Marx e Engels*: história. São Paulo: Ática, 1983. p. 25 (Coleção Grandes Cientistas Sociais, v. 36).

espectro: fantasma.

O termo espectro, no trecho, refere-se ao

a) comunismo.   b) capitalismo.   c) liberalismo.   d) anarquismo.   e) sindicalismo.

Questão 5

Leia o texto a seguir.

> Não há sombra de dúvida sobre o papel desempenhado pelos muçulmanos na rebelião de 1835. Os rebeldes foram para as ruas com roupas só usadas na Bahia pelos adeptos do Islã. No corpo dos que morreram, a polícia encontrou amuletos muçulmanos e papéis com rezas e passagens do Alcorão. Estas e outras marcas levaram à conclusão [de] que a religião tinha sua parte na sublevação.
>
> Ilê Aiyê. *O papel dos muçulmanos na rebelião de 1835*. Salvador: Associação Cultural Ilê Aiyê, 2002 (Caderno de Educação, v. X).

No fragmento acima, analisa-se a influência do islamismo em uma das revoltas ocorridas no Brasil durante o período Regencial. Considerada uma das mais importantes para o movimento negro brasileiro, essa revolta é a

a) da Chibata.

b) da Vacina.

c) dos Malês.

d) dos Palmares.

e) dos quilombos e mocambos.

Questão 6

Leia o texto a seguir.

> Posturas e concepções presentes nos movimentos religiosos, como a ideia de que existem povos escolhidos e abençoados por Deus, passariam a povoar o imaginário coletivo da nação que se acreditava eleita para um destino glorioso. [...] A partir disso, desenvolveu-se a ideia de "destino manifesto": seria uma missão espalhar a concepção de sociedade norte-americana para as regiões vistas como carentes e necessitadas de ajuda.
>
> Leandro Karnal e outros. *História dos Estados Unidos*: das origens ao século XXI. São Paulo: Contexto, 2004. p. 125.

O trecho trata do período de consolidação nacional dos Estados Unidos. A doutrina do Destino Manifesto foi usada pelos Estados Unidos para legitimar as ações políticas da(o)

a) *big stick*.
b) Marcha para o Oeste.
c) Doutrina Monroe.
d) Lei de Terras.
e) medida anti-imigração.

Questão 7

Leia o texto a seguir.

> Na época, porém, a tese de Martius estava em dia com os mais avançados debates científicos que, por intermédio da análise das diferentes misturas entre anglo-saxões, francos, normandos, celtas e romanos, tentavam explicar as diferentes nacionalidades europeias. Talvez a extraordinária repercussão da interpretação adotada pelo IHGB [Instituto Histórico e Geográfico do Brasil] resulte desse pretenso rigor, que encantou não só a historiadores, mas também a romancistas e poetas.
>
> Mary del Priore; Renato Venancio. *Uma breve história do Brasil*. São Paulo: Planeta, 2016. p. 173.

O trecho expõe a tese apresentada pelo naturalista alemão Karl von Martius ao Instituto Histórico e Geográfico do Brasil, em 1847. O trabalho de Martius

a) tratava de uma questão muito importante para dom Pedro II: a legitimação da cultura lusitana como norteadora da nação brasileira.
b) tratava de uma preocupação relacionada não só às recém-criadas nações americanas, mas também às nações europeias no século XIX: a identidade coletiva.
c) afirmava a existência de diversas identidades no território brasileiro, justificando os movimentos separatistas defendidos pelas elites regionais.
d) apontava a necessidade de o IHGB desenvolver uma teoria que explicasse a influência de diversos povos na identidade brasileira.
e) apontava a necessidade de o IHGB elaborar uma historiografia sobre a origem do povo brasileiro com figuras de linguagem e escolas literárias, agradando a romancistas e poetas.

Questão 8

Veja a charge a seguir.

O grande Condé dizia que para concluir-se a guerra no mais breve espaço de tempo, erão necessarias duas coisas: homens e dinheiro; e o Sr. José Luiz Alves, negociante de grosso trato n'esta praça, comprehendeu perfeitamente o axioma de Condé; comprando e libertando um escravo, offerecendo-o para marchar para o theatro da guerra, pagou-lhe adiantado um anno de fardamento, soldo e etapa. Assim, praticou elle um acto de patriotismo, diminuio o numero dos escravos e augmentou o dos soldados. Parabens ao honrado Fluminense. Honra a elle e a todos os que seguem tão nobre exemplo!

◀ Charge publicada na revista *Semana Illustrada*, de 11 de novembro de 1866.

A charge acima, sobre a participação dos escravizados na Guerra do Paraguai, revela que

a) o senhor libertou o escravizado para lutar nessa guerra em seu lugar ao receber indenizações em dinheiro e títulos públicos.

b) por ordem imperial, o senhor foi obrigado a libertar o escravizado para lutar nessa guerra, mas o fez contrariado.

c) a abolição era iminente, e o senhor optou por alforriar o escravizado, deixando-o livre para unir-se ou não às tropas brasileiras que lutavam no Paraguai.

d) eram opções do escravizado o alistamento no Exército e o serviço à nação.

e) era menos custoso, naquele período, enviar um escravizado para a guerra do que mantê-lo, pois a economia açucareira estava em crise.

Questão 9

Leia o texto a seguir.

> Assim, na Europa, as forças e ideias que projetavam a substituição da nova sociedade triunfante já estavam aparecendo. O "espectro do comunismo" já assustava a Europa por volta de 1848, sendo exorcizado nesse mesmo ano.
>
> Eric J. Hobsbawm. *A era das revoluções*: 1789-1848. São Paulo: Paz e Terra, 2010. p. 23.

O tema em destaque nesse texto do historiador inglês Eric Hobsbawm é a

a) dupla revolução.
b) a revolução inglesa e a francesa.
c) a Primavera dos Povos.
d) restauração das antigas monarquias.
e) revolução burguesa.

Questão 10

Leia o texto a seguir.

> O fracasso das revoluções de 1848 e o medo crescente da violência da classe trabalhadora levaram os liberais a abandonar a revolução e pressionar por reformas mediante o processo político. Na última parte do século XIX, os socialistas e anarquistas tornaram-se os principais proponentes da revolução. Tanto o liberalismo quanto o marxismo compartilhavam princípios comuns derivados do Iluminismo. Seus adeptos acreditavam na bondade essencial e perfectibilidade da natureza humana e afirmavam que suas doutrinas baseavam-se em fundamentos racionais.
>
> Marvin Perry. *Civilização ocidental*: uma história concisa. São Paulo: WMF Martins Fontes, 2015. p. 428-429.

Os movimentos revolucionários iniciados na França em 1848 defendiam a mobilização dos trabalhadores. Nesse contexto, liberais e marxistas tinham em comum

a) o temor da crescente violência proporcionada pela classe trabalhadora.

b) o desejo de colocar reformas em prática por meio do processo político.

c) a desistência deles de alcançar o poder pelas vias democráticas.

d) a recusa aos princípios do Iluminismo, o que determinou o fracasso das revoluções de 1848.

e) os fundamentos do pensamento iluminista postos em prática em 1848.

Questão 11

Observe a imagem. A Segunda Revolução Industrial impulsionou o processo de industrialização, principalmente nos países europeus, ocasionando profundas mudanças na urbanização e no cotidiano das pessoas, que passaram a usar trens, telégrafos e telefones. Outras inovações desse período foram

Avenida da Ópera, em Paris, França. Foto de cerca de 1890.

a) o surgimento das cidades e a invenção do automóvel e do rádio.

b) a invenção do rádio e do motor a vapor e o uso da energia elétrica.

c) o uso do petróleo e a invenção do motor de combustão interna e do relógio de bolso.

d) o uso da energia elétrica e do petróleo e a invenção do motor de combustão interna.

e) a invenção do automóvel, do motor a vapor e do relógio de bolso.

Questão 12

Observe o cartaz a seguir.

▲ Cartaz de 1888 sobre o fim da escravidão no Brasil.

O cartaz comemorativo indica um fim satisfatório para os negros do Brasil. Sobre a condição dessa população após a abolição, é correto afirmar que

a) sem capacitação, os negros libertos não encontraram trabalho nem nas áreas rurais nem nas urbanas.

b) a crescente urbanização pela qual passava o país não foi suficiente para integrar sua mão de obra, gerando a exclusão social dos negros libertos.

c) a grande maioria dos negros libertos era formada por analfabetos e trabalhadores rurais, o que dificultou a participação desses grupos na economia industrializada.

d) a opção pela mão de obra do trabalhador imigrante em áreas de forte produção econômica e a falta de oportunidade de trabalho para os negros libertos provocaram enorme desigualdade social e reforçaram o preconceito contra esse grupo.

e) mesmo após a abolição ter sido promulgada, muitos senhores de escravos agiram contra a lei e não os libertaram, aumentando a produtividade de suas terras.

Questão 13

Leia o texto a seguir.

> [...] Na era da construção de nações acreditava-se que isso implicava a lógica necessária assim como a desejada transformação de "nações" em [Estados-nação] soberanos, com um território coerente, definido pela área ocupada pelos membros da "nação", que por sua vez era definida por sua história, cultura comum, composição étnica e, com crescente importância, a língua.
>
> Eric J. Hobsbawm. *A era do capital*: 1848-1875. Rio de Janeiro: Paz e Terra, 1996. p. 127-128.

Nesse trecho, o historiador Eric Hobsbawm faz uma análise do processo de formação dos Estados-nação na Europa na segunda metade do século XIX. A transformação de nações para Estados-nação soberanos implicou a

a) formação de áreas autônomas, cujos habitantes falavam línguas diferentes e tinham histórias distintas, compondo Estados multiétnicos.

b) dispersão de diferentes povos pelo continente europeu, o que aumentou a perseguição generalizada àqueles que não eram da mesma nacionalidade.

c) implementação de projetos unificadores que valorizavam a história, a cultura e a língua comuns, com a pretensão de formar territórios coerentes.

d) imigração em massa dos grupos étnicos não hegemônicos, que passaram a viver dispersos em diversas divisões político-geográficas da Europa.

e) perseguição aos grupos étnicos que tinham história, cultura e língua distintas da maioria das pessoas dos países formados nesse período.

Questão 14

Observe a charge a seguir.

▲ Charge estadunidense de 1882. Na legenda, em tradução livre do inglês, lê-se: "O polvo em águas egípcias".

A charge acima faz uma crítica à política imperialista da Grã-Bretanha no final do século XIX, ao representá-la como personagem em forma de polvo, cujos tentáculos se estendem sobre diversos países de diferentes continentes. Essa crítica revela

a) a intenção da Grã-Bretanha de estender seu poder sobre o Egito, a Índia, o Canadá, a Jamaica, a Austrália e outros países de diversos continentes.

b) a perda do controle britânico sobre o Egito durante o processo de construção do canal de Suez no final do século XIX.

c) a resistência do Egito ao controle do Império Britânico no final do século XIX, diante da grande lucratividade do canal de Suez.

d) a intenção da Grã-Bretanha de auxiliar o Egito a construir o canal de Suez em troca da concessão aos britânicos.

e) o interesse da Grã-Bretanha em obter o controle total do canal de Suez, ao ocupar o Egito em 1882.

Questão 15

Observe a imagem a seguir.

▲ John Gast. *Progresso americano*, de 1872. Óleo sobre tela.

Durante o processo de expansão territorial dos Estados Unidos, a ideia de destino manifesto fez parte do imaginário dos estadunidenses. Essa ideia foi

a) combinada com a força dos movimentos religiosos que exigiam a expansão territorial.

b) utilizada apenas como pretexto para a expansão territorial dos Estados Unidos no século XIX.

c) permeada pela oposição entre a religiosidade e a confiança nas instituições estadunidenses.

d) contestada pela missão civilizatória, diante dos rumos tomados durante a expansão territorial.

e) baseada na missão moral dos estadunidenses de levar o progresso e na promoção do nacionalismo.

Questão 16

Leia o texto a seguir.

> Em 1884, a empresa Newcastle-upon-Tyne and Gateshead Gas Company alugou apenas 95 fogões a gás; em 1920, esse número havia subido para 16 110. Em 1901, uma em cada três casas britânicas tinha um fogão a gás; em 1939, às vésperas da Segunda Guerra Mundial, três quartos das famílias cozinhavam a gás.
>
> Bee Wilson. Pense no garfo! Rio de Janeiro: Zahar, 2014. p. 56.

O texto indica que houve uma mudança nos hábitos de consumo de determinado produto. A euforia europeia com novos inventos

a) não promoveu nenhum avanço técnico real.

b) trouxe benefícios materiais para grande parte da população, incluindo as classes baixa e média.

c) foi um fenômeno reservado às elites europeias.

d) teve como consequência a propaganda feita pelas indústrias europeias e estadunidenses.

e) levou a população mundial ao pleno acesso a bens de consumo duráveis.

Questão 17

Observe a charge. Ela faz uma crítica à política externa do presidente Theodore Roosevelt conhecida como *big stick* e implementada na passagem do século XIX para o XX. Com base nessas informações, pode-se afirmar que essa política

a) tinha o pretexto de defender a liberdade, ao intervir em diversos países latinos quando os interesses estadunidenses fossem confrontados.

b) defendia a liberdade dos países da América Latina, garantindo-lhes autonomia diante do processo de inserção no mundo capitalista.

c) colaborou com o desenvolvimento econômico dos países do Caribe por meio da fiscalização das dívidas desses países.

d) impediu o intervencionismo europeu nos países da América Latina, que se tornou área de influência estadunidense.

e) entrou em conflito com a política interna dos países da América Latina, que impediram as investidas dos Estados Unidos.

▲ Charge sobre a política do *big stick* no mar do Caribe, datada de 1904. Na legenda, em tradução livre do inglês, lê-se: O *big stick* no mar do Caribe.

Questão 18

Leia o texto a seguir.

> Embora na primeira metade do século XIX o regime Manchu parecesse funcionar sem maiores problemas, com inteligência e eficiência – apesar de se dizer que havia uma grande quantidade de corrupção –, já se percebiam sinais de crise e rebelião desde a década de 1790. [...] O novo elemento dramático na situação chinesa era a conquista ocidental [...].
>
> Eric J. Hobsbawm. *A era do capital*: 1848-1875. Rio de Janeiro: Paz e Terra, 2009. p. 141-142.

O conflito que demonstrou para a população a fraqueza do Império Manchu e abriu caminho para a oposição interna foi a

a) Revolta dos Boxers.
b) Guerra dos Bôeres.
c) Guerra Sino-Japonesa.
d) Revolta dos Sipaios.
e) Guerra do Ópio.

Questão 19

Leia o texto a seguir.

> Sustento que somos a primeira raça no mundo, e quanto mais do mundo habitarmos, tanto melhor será para a raça humana. [...] Se houver um Deus, creio que Ele gostaria que eu pintasse o mapa da África com cores britânicas.
>
> Cecil Rhodes. Citado por: Leo Huberman. *História da riqueza do homem*. Rio de Janeiro: Guanabara, 1986. p. 250-251.

A atitude das populações africanas diante do imperialismo, defendido pelo colonizador britânico Cecil Rhodes, criador da Companhia Britânica da África do Sul, foi de

a) gratidão, porque os europeus garantiram o fim da fome e das doenças entre os africanos.
b) oposição, com insurreições que foram amplamente ignoradas pelos historiadores.
c) resistência, com vários graus de organização e diferentes tipos de revolta.
d) passividade, pois representou o fim das disputas internas entre tribos.
e) repúdio, com apenas uma guerra entre o Exército africano e o Exército imperialista.

Questão 20

Leia o texto a seguir.

> Alguns historiadores sugerem que o novo imperialismo (para diferenciá-lo do colonialismo de povoamento e comércio que floresceu entre os séculos XVI e XVIII) foi o resultado direto da industrialização. À medida que se intensificaram a atividade e a competição econômicas, os europeus disputaram matérias-primas, mercados para seus produtos manufaturados e lugares onde investir seu capital. No final do século XIX, muitos políticos e industriais acreditavam que a única maneira de garantir as necessidades econômicas de suas nações era a aquisição de territórios ultramarinos.
>
> Marvin Perry. *Civilização ocidental*: uma história concisa. São Paulo: WMF Martins Fontes, 2015. p. 465.

De acordo com o trecho acima, o imperialismo no continente asiático caracterizou-se

a) pela dominação das potências imperialistas, no contexto da expansão marítima europeia entre os séculos XVI e XVIII.
b) pela competição econômica entre as potências imperialistas, ocorrida entre os séculos XVI e XVIII.
c) pela presença europeia na Ásia por meio do controle de postos comerciais até o final do século XVIII.
d) pela presença das potências europeias ao longo do século XVIII e foi motivado pela busca de locais para investir capital.
e) pelo avanço das potências imperialistas no final do século XIX na Ásia e foi motivado pela busca de novos mercados consumidores e fontes de matéria-prima.

INTERAÇÃO

A MISSÃO ARTÍSTICA FRANCESA

◀ Portal da Real Academia de Belas Artes no Rio de Janeiro. Foto de 2020.

Desde os tempos de Luís XIV, as cortes e cidades importantes de todo o Ocidente acompanhavam atentamente os usos e costumes da capital francesa, Paris. Com a queda de Napoleão, em 1815, inúmeros artistas ligados a esse imperador temeram por perseguições de partidários do novo rei, Luís XVIII, e deixaram a França. A repentina oferta de artistas franceses desempregados foi muito conveniente para a Corte tropical de dom João VI, a qual acolheu um grupo de pintores, arquitetos, escultores e artesãos que chegou ao Rio de Janeiro em 1816, vindo de Paris. Esse grupo ficou conhecido como Missão Artística Francesa.

Durante o período em que esteve no Brasil, a monarquia portuguesa necessitava de artistas que servissem à Corte do Rio de Janeiro: pintores para fazer retratos, registrar em tela acontecimentos importantes e criar cenários para cerimônias públicas; arquitetos para projetar os palácios e também as estruturas frágeis de cenário, feitas de madeira e gesso, que imitavam grandes edifícios e duravam apenas o tempo da cerimônia a que eram destinadas; e escultores para elaborar relevos e estátuas a serem instalados em palácios. Neste projeto, você e os colegas vão conhecer melhor o que foi a Missão Artística Francesa no Brasil.

Objetivos

- Fazer uma pesquisa sobre a Missão Artística Francesa no Brasil.
- Conhecer os principais artistas que integraram essa missão.
- Pesquisar as obras desses artistas.
- Elaborar um mural para expor essas obras e contar um pouco a história dos integrantes da Missão Artística.

Material

- livros e revistas de História e Arte
- cartolina
- canetas coloridas
- tesoura com pontas arredondadas
- cola
- folhas de papel

Planejamento

Para a realização deste trabalho, organizem-se, com a orientação do professor, em grupos de até cinco estudantes.

Cada grupo deverá levantar informações de pelo menos dois artistas que tenham participado da Missão Artística Francesa no Brasil.

Dados da biografia desses artistas e reproduções de algumas de suas obras podem compor o mural.

Alguns dos principais nomes que integraram essa missão foram:

- Auguste Henri Victor Grandjean de Montigny, arquiteto;
- Auguste-Marie Taunay, escultor e professor franco-brasileiro;
- Jean-Baptiste Debret, pintor e desenhista;
- Marc Ferrez, fotógrafo brasileiro de origem francesa;
- Nicolas-Antoine Taunay, pintor;
- Zéphyrin Ferrez, escultor, gravurista e professor franco-brasileiro.

Uma vez definidos os artistas, marquem uma reunião para organizar a divisão do trabalho.

Litografia presente na obra *Viagem pitoresca e histórica ao Brasil*, de Jean-Baptiste Debret, publicada na década de 1830. Essa gravura representa plantas utilizadas por indígenas em colares e tatuagens e no preparo de alimentos.

Procedimentos

Parte I – Pesquisa a respeito dos artistas escolhidos

1. Depois de definidos os artistas, façam uma pesquisa – em livros, revistas e na internet – sobre suas respectivas biografias e obras ou sobre fatos interessantes da vida de cada um. Não se esqueçam de buscar as seguintes informações:
   - pequena biografia;
   - data de chegada ao Brasil e data de saída do país.
2. Descubram o que eles produziram.
   - Quais foram suas obras principais?
   - Quando foram criadas?
   - Que temáticas aparecem nas produções realizadas por esses artistas?
3. Durante a pesquisa, separem as imagens que julgarem mais interessantes para integrar o mural a ser confeccionado. Não se esqueçam de inserir legendas que identifiquem cada imagem.
4. Para obter essas e outras informações, vocês podem utilizar as seguintes fontes:

   Revistas e livros:
   - Jean-Baptiste Debret. *Viagem pitoresca e histórica ao Brasil*. São Paulo: Imprensa Oficial do Estado de São Paulo, 2016.
   - Spacca. *Debret em viagem histórica e quadrinhesca*. São Paulo: Companhia das Letrinhas, 2006.
   - Valéria Lima. *Uma viagem com Debret*. Rio de Janeiro: Zahar, 2004.
   - Pedro Fernandes Saad (org.). *Franceses no Brasil*: 200 anos da missão artística. São Paulo: Queen Books, 2015.

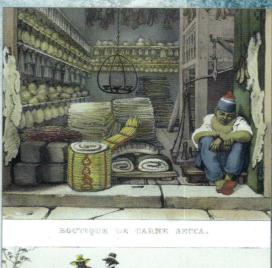

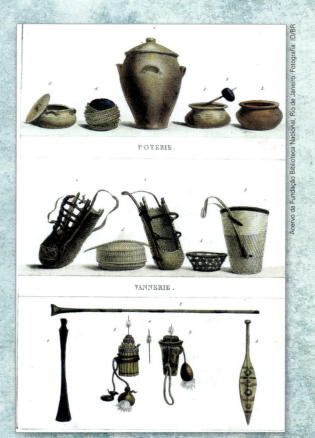

Litografias presentes na obra *Viagem pitoresca e histórica ao Brasil*, de Jean-Baptiste Debret, publicada na década de 1830. Acima, representação de comércio de carne-seca e de viajantes na província de Rio Grande; abaixo, representação de utensílios e armas indígenas.

Sites:
- Enciclopédia Itaú Cultural. Disponível em: http://enciclopedia.itaucultural.org.br/termo340/missao-artistica-francesa.
- História das Artes. Disponível em: http://www.historiadasartes.com/nobrasil/arte-no-seculo-19/missao-francesa/.
- 200 anos da Missão Artística Francesa. Disponível em: http://portal.iphan.gov.br/galeria/detalhes/153.

Acessos em: 13 jun. 2023.

Parte II – Elaboração do mural

No mural, deverão constar as seguintes informações:
- introdução: texto de apresentação com informações resumidas sobre o tema do mural;
- pequena biografia dos artistas escolhidos;
- seleção de algumas obras produzidas por esses artistas, com legendas.

▲ Planta de um trecho da cidade do Rio de Janeiro. Obra em nanquim e aquarela por Grandjean de Montigny, século XIX.

Compartilhamento

Depois de finalizados, os murais podem ser expostos nos corredores da escola. Assim, todos os estudantes e demais pessoas da comunidade escolar poderão conhecer o resultado das pesquisas da turma.

Autoavaliação

1. O que mais chamou sua atenção sobre a Missão Artística Francesa no Brasil?
2. Dos artistas pesquisados, qual você achou mais interessante? Justifique.
3. Observando os cartazes produzidos pelos grupos, que outros aspectos da Missão Artística Francesa você destacaria? Que papel você acredita que ela teve na história do Brasil?

▲ Ferramentas para entalhar esculturas em madeira.

BIBLIOGRAFIA COMENTADA

ALENCASTRO, L. F. de. *O trato dos viventes*: formação do Brasil no Atlântico Sul. São Paulo: Companhia das Letras, 2000.

Nessa obra, Alencastro discute a importância e os impactos do tráfico transatlântico de escravizados na formação do Brasil.

ARNAUT, L. *Reações africanas ao imperialismo*. Universidade Federal de Minas Gerais. Disponível em: http://www.fafich.ufmg.br/~luarnaut/Reacoes%20africanas.pdf. Acesso em: 15 jun. 2023.

Seleção de trechos de depoimentos que registram a reação dos governantes africanos, de diferentes povos e reinos, diante da ação imperialista implementada pelos europeus.

BETHELL, L. (org.). *História da América Latina*: da independência a 1870. São Paulo: Edusp, 2001. v. 3.

A obra analisa as origens das revoluções e guerras de independência da América espanhola continental, a separação entre Portugal e o Brasil e a dimensão internacional dos novos Estados latino-americanos. Ao tratar da derrocada do domínio colonial espanhol e português, no primeiro quarto do século XIX, os autores analisam a história econômica, social e política dos países hispano-americanos após a independência, no período entre cerca de 1820 a 1870.

BOTO, C. *A escola do homem novo*: entre o Iluminismo e a Revolução Francesa. São Paulo: Ed. da Unesp, 1996.

A autora reflete sobre o projeto iluminista sob a perspectiva pedagógica atual. Ao retomar as ideias e os conceitos dos pensadores Rousseau, Diderot e Voltaire, Carlota evidencia a tese de que alguns elementos do projeto iluminista já apresentavam questões relevantes na atualidade, como as funções do Estado, a estrutura das políticas públicas e os processos educacionais.

BRASIL. Ministério da Educação. *Base nacional comum curricular*: educação é a base. Brasília: MEC/SEB, 2018. Disponível em: http://basenacionalcomum.mec.gov.br/. Acesso em: 15 jun. 2023.

A Base Nacional Comum Curricular (BNCC) é um documento normativo que se propõe a equalizar o aprendizado, criando parâmetros para a aferição da qualidade da educação em todo o Brasil e padronizando os patamares de aprendizagem ao longo das etapas da Educação Básica em todas as modalidades de conhecimento. Para isso, a BNCC estabelece competências e habilidades que devem ser desenvolvidas por todos os estudantes.

CARVALHO, J. M. de. *Cidadania no Brasil*: o longo caminho. 13. ed. Rio de Janeiro: Civilização Brasileira, 2010.

Nessa obra, o autor traça um panorama histórico dos processos que produziram a democracia no Brasil, desde o Império até o fim do século XX, refletindo sobre questões como cidadania, liberdade e igualdade na realidade brasileira.

CARVALHO, J. M. de. *D. Pedro II*. São Paulo: Companhia das Letras, 2007. (Coleção Perfis Brasileiros).

O historiador José Murilo de Carvalho descreve, nessa obra, a vida do monarca dom Pedro II, que governou o Brasil por quase meio século, de 1840 até a proclamação da República, em 1889. O autor busca ressaltar aspectos opostos da personalidade do governante no desempenho das funções públicas e nas relações e ações da vida pessoal.

CHALHOUB, S. *Visões da liberdade*: uma história das últimas décadas da escravidão na corte. São Paulo: Companhia das Letras, 1990.

Em narrativa atraente e acessível, o autor expõe o resultado de pesquisas a respeito da forma como os escravizados que viviam no Rio de Janeiro nas últimas décadas do século XIX compreendiam sua realidade e atuavam nela.

COSTA, E. V. da. *Da monarquia à república*: momentos decisivos. São Paulo: Ed. da Unesp, 2011.

A historiadora Emília Viotti da Costa analisa a instauração do Brasil republicano partindo da formação de instituições democráticas frágeis e da influência da ideologia liberal no período. Com isso, a autora pretende compreender a origem dos processos de marginalização de parcela significativa da sociedade brasileira.

DUBY, Georges. *Atlas historique mondial*. Paris: Larousse, 2011.

O historiador Georges Duby apresenta, nessa obra, as principais etapas da história da humanidade, destacando conflitos significativos e períodos conturbados, assim como o desenvolvimento de processos econômicos e movimentos artísticos.

FAUSTO, B. *História do Brasil*. São Paulo: Edusp, 2007.

Nesse livro, o historiador Boris Fausto faz uma análise de mais de quinhentos anos da história brasileira, dando ênfase às práticas sociopolíticas, com destaque para o sistema colonial, o sistema escravista e os regimes autoritários do século XX.

GARCIA, G. I. A Guerra do Paraguai em diferentes interpretações. *Revista Cadernos de Clio*, Curitiba, n. 5, p. 15, 2014.

O artigo tem por objetivo apresentar distintas correntes historiográficas que trataram da Guerra do Paraguai. O autor questiona abordagens mais tradicionais acerca da guerra, que atribuíam significativo protagonismo ao governante paraguaio Solano López como agente causador do conflito e que defendiam veementemente a participação brasileira na guerra. A partir da década de 1960, historiadores revisionistas ressaltaram a influência do imperialismo britânico como fator fundamental para o início do conflito e a derrota do Paraguai. Pesquisas recentes, da década de 1990, consideram que a guerra teve origem nas contradições e rivalidades platinas e na influência dos Estados nacionais na região.

GOMES, M. P. *Os índios e o Brasil*: passado, presente e futuro. São Paulo: Contexto, 2012.

Essa obra, escrita pelo antropólogo e ex-presidente da Funai Mércio Pereira Gomes, pretende discutir o passado, o presente e os desafios para o futuro dos indígenas no Brasil. Com informações revisadas, o autor apresenta as políticas indigenistas desde a colonização, revela os interesses econômicos relacionados a essas políticas e analisa a reversão demográfica que se caracteriza pelo aumento da população indígena nas últimas décadas.

GRESPAN, J. *Revolução Francesa e Iluminismo*. São Paulo: Contexto, 2014.

O historiador Jorge Grespan faz uma reflexão sobre o processo revolucionário francês do final do século XVIII, com foco no debate sobre as ideias de liberdade e de igualdade.

HOBSBAWM, E. J. *A era do capital*: 1848-1875. São Paulo: Paz e Terra, 2010.

A obra analisa a ascensão do capitalismo industrial e a consolidação da cultura burguesa. No período de 1848 a 1875, época de relativa paz, o processo de industrialização representou a consolidação da transição do feudalismo para o liberalismo clássico.

HOBSBAWM, E. J. *A era dos impérios*: 1875-1914. São Paulo: Paz e Terra, 2010.

O historiador Eric Hobsbawm busca entender os anos que definiram o século XIX, propondo um olhar crítico sobre a expansão capitalista e a dominação europeia. A obra analisa a cultura, a política e a vida social das décadas que antecederam a Primeira Guerra Mundial.

Hobsbawm, E. J. *As origens da Revolução Industrial*. São Paulo: Global, 1979.

Nessa obra, Hobsbawm apresenta a Revolução Industrial como uma resposta à economia global dos séculos XVII e XVIII, que modificou toda a estrutura econômica e social da Europa e, por conseguinte, de todo o mundo.

Hobsbawm, E. J. *Nações e nacionalismo desde 1780*: programa, mito e realidade. Rio de Janeiro: Paz e Terra, 2013.

Nesse livro, organizado com base em uma série de conferências, o autor busca traçar um panorama sobre nações e nacionalismo e faz uma reflexão a respeito desses conceitos.

Karnal, L. et al. *História dos Estados Unidos*: das origens ao século XXI. São Paulo: Contexto, 2007.

A obra está organizada em partes e é o resultado conjunto do trabalho de quatro autores que analisam as complexidades da sociedade estadunidense desde suas origens ao século XXI. Os textos apresentam discutem criticamente a história e as características contraditórias dos Estados Unidos, sobretudo pelas contribuições do ponto de vista cultural e científico, ao mesmo tempo que as políticas estadunidenses despertaram rivalidades com outras nações.

Prado, M. L. C. *América Latina no século XIX*: tramas, telas e textos. São Paulo: Edusp, 2014.

A partir do recorte temporal do século XIX, a autora analisa aspectos culturais e ideias políticas que caracterizaram a independência e a identidade de diversos países da América Latina, relacionando-os a temas contemporâneos, como o papel da mulher, a atuação dos intelectuais e o envolvimento da Igreja em questões do Estado.

Prado, M. L. C.; Pellegrino, G. *História da América Latina*. São Paulo: Contexto, 2016.

Essa obra apresenta temas clássicos do pensamento político latino-americano do século XIX, como a crise dos domínios coloniais na América e a construção de identidades. Além disso, propõe novas abordagens da história das ideias políticas e das representações e imaginários sociais.

Ricupero, B. *O Romantismo e a ideia de nação no Brasil (1830-1870)*. São Paulo: Martins Fontes, 2004.

A obra de Bernardo Ricupero faz parte da coleção Temas Brasileiros e tem o objetivo de promover um debate sobre as transformações do Estado e da sociedade brasileiros. O autor propõe, ainda, examinar o papel do Romantismo, para além da corrente artística literária, na construção da ideia de nação do Brasil.

Santos, D. J. B. Identidade escrava: a revolta de 1789 no engenho de Santana. In: *Anais do XXIX Simpósio Nacional de História*. Contra os preconceitos: história e democracia. Brasília: UnB, 2017. p. 1-8.

O artigo do historiador Dagson Santos tem como objetivo discutir o conceito de uma identidade escrava construída com base na experiência do cativeiro. Para isso, analisa a revolta de escravizados do engenho de Santana, em Ilhéus, Bahia, em 1789, na qual os cativos elaboraram uma carta e fizeram uma série de reivindicações a seu senhor. Com base nesse documento histórico, o autor identifica as diversas solidariedades e rivalidades dentro do sistema escravista.

Schwarcz, L. M.; Starling, H. M. *Brasil*: uma biografia. São Paulo: Companhia das Letras, 2015.

As historiadoras Lilia M. Schwarcz e Heloisa M. Starling partem de uma extensa bibliografia e documentos-chave para analisar acontecimentos significativos e períodos marcantes da história brasileira. Em constante diálogo com o clássico livro *Raízes do Brasil*, de Sérgio Buarque de Hollanda, publicado em 1936, as autoras optaram por uma narrativa na qual o Brasil aparece na categoria de personagem dotado de vontades, interesses e dilemas.

Soares, G. P.; Colombo, S. *Reforma liberal e lutas camponesas na América Latina*: México e Peru nas últimas décadas do século XIX e princípios do XX. São Paulo: Humanitas, 1999.

Essa obra parte do estudo específico das regiões do México e do Peru, buscando situar a questão agrária e a questão camponesa no processo de formação dos Estados Nacionais latino-americanos.

Thompson, E. P. *A formação da classe operária inglesa*. Rio de Janeiro: Paz e Terra, 1987. v. 1 e 2.

A obra, um clássico da história social inglesa, aborda o estudo sobre a sociedade de artesãos e da classe operária em seus anos de formação, de 1780 a 1832. Thompson polemiza ao atribuir protagonismo aos artesãos e ao movimento operário como agentes de sua própria história, criticando as concepções marxistas que viam a formação da classe operária inglesa como um mero fator do sistema industrial impulsionado pela máquina a vapor.

Thompson, E. P. *Costumes em comum*: estudos sobre a cultura popular e tradicional. São Paulo: Companhia das Letras, 2002.

Nessa obra, Thompson analisa hábitos dos setores populares britânicos, estabelecendo um diálogo com a antropologia, o direito e a economia. Entre os costumes e tradições estudados, estão a defesa do uso comunal das terras, a venda de esposas como estratégia de divórcio, as punições cruéis estabelecidas para quem infringisse as normas dos vilarejos, e as novas noções de tempo vinculadas ao capitalismo industrial.

Vainfas, R. (org.). *Dicionário do Brasil Imperial (1822-1889)*. Rio de Janeiro: Objetiva, 2008.

Nessa obra, os verbetes foram organizados em ordem alfabética e sempre relacionados a quatro categorias de vocabulário: conceitos ou estruturas históricas, instituições, eventos e sujeitos históricos. De modo especial, alguns verbetes revelam personagens diversas que são ou representantes da história dos vencidos, ou anônimos.

Viana, L. A independência das treze colônias inglesas na América. *Associação Nacional de Pesquisadores e Professores de História das Américas (Anphlac)*. Disponível em: https://www.anphlac.org/conteudo/view?ID_CONTEUDO=415. Acesso em: 15 jun. 2023.

O texto discute o evento da Independência estadunidense com base no contexto de lutas e conflitos entre as colônias e a metrópole inglesa. A independência política e a criação de uma nova forma de governo surgem como uma possibilidade para manter a integridade territorial estadunidense e evitar a ocorrência de guerras civis.

Vidal-Naquet, P.; Bertin, J. *Atlas histórico*: da Pré-História aos nossos dias. Lisboa: Círculo de Leitores, 1990.

A obra está organizada em diferentes períodos da história da humanidade e contempla informações geográficas, cartográficas e estatísticas de sociedades diversas em todos os continentes.